특수교육에서의
교육과정
재구성과 수업

특수교육에서의 교육과정 재구성과 수업

초판 1쇄 발행 2021년 12월 15일

지은이 한재희
발행인 최윤서
편집장 이경혜
디자인 신미연
마케팅 지원 김수경, 최수정
펴낸 곳 ㈜교육과실천
도서 문의 02-2264-7775
인쇄 031-945-6554 두성P&L
일원화구입처 031-407-6368 ㈜태양서적
등록 2020년 2월 3일 제2020-000024호
주소 서울특별시 중구 창경궁로 18-1 동림비즈니스센터 505호
ISBN 979-11-91724-06-6 (13370)

책값은 뒤표지에 있습니다.

이미지 www.shutterstock.com / www.freepik.com

특수교육에서의 교육과정 재구성과 수업

— 교육적 상상력의 시작 —

한재희 지음

교육 담론이 쏟아지는 시대에 살고 있다. 넘쳐 나는 교육 정책이 제대로 실행되기만 해도 우리 교육은 제대로 길을 찾아갈 것으로 보인다.

이 책은 혁신학교에서 또 미래 학교에서, 특수교육은 무엇인지, 특수교사는 어떤 존재인지를 자기 경험을 통해 생생하게 토로하고 있다. 뿐만 아니다. 자신이 계획하고 도전했던 수많은 교육적 경험을 친절하게 담고 있다. 그의 고민과 도전을 보면서 우리는 학교 내 '작은 섬'의 존재를 잊어버렸다는 사실을 깨달았다.

그는 학교에서 두 번째로 중요한 학급을 만들고 싶다고 했다. 첫 번째가 아니고 왜 두 번째일까. 2등이지만 최선을 다하는 모습을 특수학급에 담고 싶다고 했다. 오해와 동정에서 벗어나 당당한 모습으로 세상과 어깨를 나란히 하고 싶다는 의지를 고스란히 담아낸 것 같다.

그런데 그 속에서도 필자의 일성은 여전히 '광야에서 외치는 목소리'다. 왜 그럴까. 그 답은 이 책에서 찾을 수 있다. 흔히 장애를 '무언가 할 수 없음'이라고 말한다. 그러나 필자는 단호하게 말한다. '그것은 기만'이라고.

이 책은 단순히 특수학급에 관한 이야기가 아니다. 특수학급의 교육과정, 수업, 평가에 관한 이야기가 아니라, 모든 교사가 함께 읽고 우리 안에 있는 기만을 떨쳐 내야 할 교과서다. 안내서다.

— 김덕년 **구리 인창고등학교 교장**

저자와 우연한 기회에 만나 서로 '통합'을 느끼고 특수교육의 비전에 관해 의견을 나누고 있다. 우리는 특수교육과 일반교육의 경계를 허물어야 한다는 데 의견을 같이한다. 그 경계는 아이들에게 거대한 벽과 같기 때문이다.

이 책은 저자가 치열하게 고민하고 실천한 수업 과정을 담고 있다. 저자는 경계와 벽을 허물기 위해 교실 문을 활짝 열어 학교 내 모두가 배움을 공유하고 자연스럽게 소통하도록 했다. 또한 '차이'를 '개별화 교육'으로 인식하고 학생들의 개성과 강점에 집중해 교육과정을 재구성하고 있다. 책의 32쪽 "유심히 살펴보면 특수교육과 혁신교육은 서로 너무나 닮았다"는 데에도 십분 공감한다. 혁신학교에 몸담고 있으면서 혁신학교의 비전과 철학을 실현하기 위해 희생을 자처하고 수업을 통해 하나씩 실천해 나가는 모습은 가까이서 오래 지켜봐 온 그대로다.

이 책에는 저자가 학생들의 잠재력을 믿고 저마다의 역량을 이끌어 낸 자료와 과정들이 풍부하다. 나 역시 아이들과 같이 배우고 성장하는 학급을 만들고 싶은 욕구가 생긴다.

'특수교육이 미래 교육의 표본'이 될 거라는 주장은 충분히 설득적이다. 특수교육과 일반교육의 경계를 없애고 '함께' 성공하는 교육을 만들어 가는 저자에게 박수를 보낸다.

— 박주현 **아름학교 교사**

혁신 교육의 열망이 식어 갈 무렵 특수교사 한 분을 만났다. 놀랍게 그 자리는 혁신부장들의 모임이었다. 경기도에서 특수교사가 혁신부장을 맡기는 처음일뿐더러 전국에서도 최초였다. 그는 처음 했을 법한 일들을 해 나가는 데 있어 어려움이 없어 보였다. 어느 정도 알고 난 후에는 그 힘이 어디서 나오는지도 알게 되었다. 항상 아이들이 옆에 있었기 때문이다.

간혹 학교에서만 반짝이고 마는 그런 사람도 아니었다. 늘 특수교육과 보통교육의 경계에서 힘들어했지만, 경계에 서 있기보다는 분주히 경계를 없애는 편에 가까웠다. 그래서 처음 만났을 때만 특수교사라고 생각했지, 나중엔 특수교사임을 인지하는 순간이 더 이상했다.

사실 이상한 것은 한둘이 아니었다. 학교 문화와 민주주의를 이야기하다가 '장인'을 이야기했다. '장애인을 위한 인문학 교육'의 앞 글자를 딴 것을 이후에 알았다. 역사 이야기는 더 거침없었다. 보통학급 아이들이 한국사 연표를 외우고 있을 때 그의 반 아이들은 '답이 정해져 있지 않은 한국사'를 배우고 있었다. 고구려, 백제, 신라 시대 이야기가 장애가 있는 우리에게 무엇을 말하는지 토론하였다. 생(生)과 노(老)로 살피는 수업 중에 산울림의 노래 〈청춘〉을 함께 듣고 선생님의 성장 과정 사진을 본다는 교육과정은 실제로 가서 꼭 한 번 보고 싶었다.

가장 이상한 것은 해맑게 잘 웃기도 하지만 잘 울기도 한다는 점이다.

5월 15일, 어느 스승의 날에 생긴 일이란다. 아이들과 함께 요리를 준비해 샌드위치를 만들었는데 사전에 학교의 모든 선생님과 행정실, 기사님께도 메뉴를 주문받아 왔다. 학교에서 일하는 모든 사람은 스승이라는 마음이었고, 보통학급 수업을 하지 않는 특수교사지만 먼저 다가서는 모습을 아이들에게 보여 주고 싶었기 때문이란다. 그런데 학생회에서 특수학급 선생님께도 종이로 접은 카네이션과 정성껏 쓴 롤링 페이퍼를 스승의 날 선물로 준비하였다. 그날도 펑펑 울면서 학생회에 찾아가 고마움을 전했단다.

이 책은 그런 책이다. 묵직한 이야기도 있지만 특수학급인지 보통학급인지 가르치는 대상을 구분할 수 없는, 구분하기도 싫은 교사의 웃기기도 슬프기도 한 이야기가 가득하다. 마지막으로, 힘들면 연대하고 싶거나 연대의 필요성을 느끼는데, 한재희 선생님은 연대를 하면 해방된다고 생각한다. 해방구로서 연대를 고민하는 그를 만나면 어쩔 것인가? 힘듦을 나누며 함께하든지 아니면 바로 돌아가야 한다. 만약, 여기까지 글을 읽으셨다면 연대할 준비를 하시라.

— 김태호 **경기도미래교육연구회 교사**

'수업'이라는 공통분모를 바라보며

내가 처음 맡았던 부장은 특수교육부장이나 통합교육부장이 아니었다. 조금은 거창해 보이는 '혁신역량계발부장'이었다. 혁신학교의 역량을 계발해야 하는 부장. 소위 '혁신부장'이었고, 연구부장 역할도 겸하는 자리였다. 특수교사가 일반고등학교의 연구 혁신부장을 한다? 이 말을 들은 주변 교사들의 반응은 한결같다. "그 학교는 부장 할 사람이 없어서 특수가 부장을 하는구나…."

실제로 심심찮게 그런 말을 들었지만 나는 크게 신경 쓰지 않았다. 다른 이들에게 어떻게 보이든 내 생각과 언어로 내가 할 수 있는 최대치를 만들어 내면 될 일이었다. 그래서 혁신부장이라는 타이틀로 아이들에게 줄 수 있는 최대치를 끌어내기 위해 주어진 조건에서 최대한 능력을 발휘하려 노력했다. 혁신에 필요한 것들을 배우려 수많은 고등학교를 방문했다. 잘 모르는 것은 물었고, 한 글자도 놓치지 않으려 노트에 빼곡히 메모했다. '혁신 리더'라 불리는 교사들을 만나서는 그들 이야기에 숨은 의미를 이해하려 애썼다. 그렇게 3년 동안 혁신부장으로서 내 역할에 충실했다. 충실한 만큼 재미있었다. 그 재미는 단순히 나를 위한 것이 아니라고 여겼고, 역할 속에 배운 것들을 특수교육 안에 녹여 내기 위해 한 발 더 내딛는 데 주저하지 않았다.

특이한 출신(?)의 젊은 혁신부장에게 새로운 역할이 부여되기 시작했다. 덕분에 나는 언제 다시 해 볼지 모를 많은 경험을 했다. 운이 좋았다. 경기도 소속 혁신고 전체가 모이는 포럼을 주관해 운영했고, 경기도 대표로 전국 혁신고 네트워크에도 참여했다. 소속 지역의 혁신교육 토론회에 나가 지역 인사들 앞에서 혁신을 이야기하기도 했다. '지역혁신네트워크 대표' 등은 나를 따라다니는 타이틀이 되었다. 타이틀에 주어진 역할이 부담스럽거나 두렵지는 않았다. 나를 만나는 교사들이 특수교육과 우리 아이들을 한 번 더 생각해 보는 티끌만큼의 기회라도 만들 수 있다면 그것으로 충분하다고 생각했다.

학교를 바꾸고 싶다는 열망도 놓지 않았다. '단 한 명의 아이도 포기하지 않는 학교'를 위해 특수교육과 혁신교육 모두를 고민했고, 고민을 실천하기 위해 노력했다. 그래서 나는 너무나 바빴다. 너무나 바빠서 같이하는 학생들에게 미안할 때도 있었다. 하지만 해 보고 싶고 잘하고 싶었기에 그 기회들을 허투루 흘려보낼 수 없었다. 학기 중에는 수많은 업무에 둘러싸여 있어야 했으므로 방학이면 수업 준비에 온 정신을 집중했다. 도서관에 앉아 교과서와 교육과정을 펼쳐 놓고 2~3개 과목을 재구성했다. 학기 중의 수업만이라도 놓치지 않아야 했다. 그것마저 놓치면 특수교사로서 존재 의미가 없다며 나를 다그쳤다.

그렇게 나는 혁신부장과 특수교사의 두 타이틀을 소화하기 위해 고군분투했다. 하지만 특수교사에게 연구부장 타이틀은 너무나 버거웠다. 한 번도 출제해 보지 못한 지필 평가 원안지를 검토하고, 한 번도 써 보지 않은 평가 계획서를 살펴야 했다. 수행 평가의 비율을 따져야 했고,

변별력 있는 지필 평가를 위해 선생님들과 머리를 맞대고 고민해야 했다. 힘들었다. 일반교사들의 고충을 이해할 수 있었다. 학기 초 특수교사가 개별화 교육 계획 등으로 바쁘듯이, 일반교사는 평가 계획서 등으로 바쁘고 중간중간 지필 평가 문항 제작에 스트레스를 받고 있으며, 수업과 연결된 평가 기록을 위해 나이스NEIS와 씨름한다는 것을 알게 되었다. 나는 조금이라도 내가 할 수 있는 일들로 그들을 돕고 싶었다. 작은 말로라도 공감해 주고, 작은 기운이라도 그들에게 나누어 주고 싶었다. 그게 서로의 힘듦을 보듬을 수 있는 작은 시작이라고 생각했다.

그렇게 나는 혁신부장, 특수교사에 더해 버겁게만 느껴지던 연구부장 타이틀까지 내 안에 녹여 내고 있었다. 노력을 게을리 하지 않은 이유는 딱 한가지였다. '특수교사인 내가 언제 또 이런 경험을 할 수 있을까? 학교를 변화시켜 볼 수 있는 자리에서 내 생각과 철학을 언제 또 이렇게 나누어 볼 수 있을까?' 하는…. 동시에 특수교육이 함께할 수 있는 자리를 자연스럽게 만들고 싶어서 각종 연수와 포럼에 참여해, 귀를 열고 마음에 담으며 이후를 고민했다.

이 책은 그러던 중 내게 다가온 또 하나의 경험이 되었다. 당시 나는 전근과 함께 새로운 미래와 도전을 준비 중이었다. 그러면서 '특수교사로서 내가 혁신교육에 관해 가지고 있는 생각이 설득력을 얻을 수 있을까?'가 늘 궁금했다. 자신이 있었지만 두렵기도 했다. 지금까지 생각하고 실천해 온 것들이 공허한 외침에 지나지 않을 수도 있다는 걱정이 컸기 때문이다. 그래서 아는 이도 기반도 없는 새로운 곳에서 특수교사로서 다시금 혁신교육을 논하는 것이 부담스럽기도 했다. 이런 때 들어온 뜻밖의 집필 제안은 나로 하여금 지난 시간을 되돌아보게 만들었다.

혁신부장과 특수교사, 연구부장이라는 타이틀과 함께 보낸 순간들을 떠올리고 그 의미를 되새겨 보았다. 특수교사 출신(?) 혁신부장의 서툴고 과감했던 지난날의 모습을 반성도 했다. 지금은 다시 포천의 한 중학교에서 혁신부장을 맡아 지난날보다는 한 뼘 성장한 철학과 방식으로 학교 혁신을 위해 고민하고 있다.

이 책의 몇몇 내용은 교사들을 불편하게 만들 수도 있겠다. 조금은 다른 경험을 바탕으로 하기에 이해하기 힘든 부분도 있을 것이고, 혁신교육을 모든 교육의 해법이라 주장하는 것처럼 보일 수도 있겠다. 또 특수교육이 미래 교육을 준비하지 않는다는 말은 공감을 얻지 못할 수도 있다. 아니, 어쩌면 이 글을 쓴 사람이 특수교사인지 일반교사인지 혼란스러울지도 모르겠다. 하지만 특수교사이기에 이런 이야기를 할 수 있다고 생각했다. 조금 다른 경험을 해 보았기에, 무엇을 고민하고 어떻게 풀어야 할지를 더 객관적인 관점에서 이야기할 수 있다고 생각했다. 지금의 교육과 학교를 변화시키는 '작은 외침'이 되기를 바랐다.

그리고 무엇보다, 특수교사들만을 생각하며 이 책을 쓰지 않았다는 점은 꼭 기억해 주면 좋겠다. 교사라면 누구나 하고 있을 '수업에 관한 고민'을 특수교사라는 타이틀 아래 함께 나누려 한 점을 기억해 주기를 바란다. 수업을 통한 변화가 학교를 변화시킨 출발점이었듯, 다시 '수업'이라는 공통분모가 특수교육과 혁신교육, 특수교육과 일반교육, 특수교사와 일반교사의 역동과 변화에 가장 중요한 포인트가 되기를 바란다.

2021년 12월 일요일 늦은 저녁

혁신교육에서 다양성을 담당하고 싶은 교사 한재희

차례

2장 특수교육 교육과정 재구성의 필요성

3장 다양한 시도와 도전, 교육적 상상력의 실행 _교육과정 재구성 사례를 중심으로

1장

지금 우리에게 특수교육이란 무엇인가?

특수학교, 특수학급, 통합학급은 어떻게 다른가?

사람들에게 특수교육은 어떤 의미를 가질까? 그 의미를 진지하게 생각해 봐야 할 이유가 있을까? 대부분의 사람에게 특수교육은 별다른 관심이 없는 먼 나라 이야기일지 모른다. 나 역시 그랬다. 장애가 무엇인지 고민해 볼 이유가 없었다. 특수교육 역시 마찬가지다. 그것이 어떤 교육인지 깊게 고민할 기회가 없었다. 다리를 저는 사람, 휠체어를 타고 다니는 사람, 눈이 보이지 않는 사람, 귀가 들리지 않는 사람 등 도움이 필요한 이들을 막연히 장애인이라 생각했다. 또한 그들을 주변에서 쉽게 만날 수 없었기에 특수교육에 관해서도 무지하고 무심했다. 그렇게 나는 1980년대 말부터 2000년대 초까지, 장애나 특수교육과는 한참 거리가 먼 상태로 학창 시절을 보냈다. 하지만 지금도 잊히지 않는 몇 가지 기억이 있다. 그중 하나는 하굣길에 자주 보이던 노란색 버스였다. 버스 뒷부분에 '다○○학교'라는 이름이 붙어 있었는데, '학교' 앞에 초등, 중등, 고등 같은 으레 붙었을 단어가 없는 게 눈에 띄었다. 특이하긴 했지만 그것 역시 크게 궁금하지 않았고, 애써 알려고도 하지 않았다. 뭔가 좀 다른 형태의 학교인가 생각했을 뿐이다. 또 다른 하나는 앞집에 사는 형제에 대한 기억이다. 우리 집과 가깝다 보니 오며 가며 자주 인사를 나누었다. 형제는 경계심이 많아 짤막한 인사가 전부였지만 그렇게 나누는 인사를 굉장히 소중히 여기는 듯했다. 마주칠 때마다 먼저 인사를 건네 왔고, 나는 나대로 열심히 응대했다. 그러던 어느 날 문득 의문이 들었다. '저 형제는 학교에 안 다니나?' 나와 비슷한 또래였지만 그들을 학교에서 만난 기억이 단 한 번도 없다는 게 생각났다. 하지만 그 역시 스쳐 가는 호기심으로, 더 이상 알려고 하지 않았다.

특수체육교육과에 입학해 특수교육을 전공하고 나서야 그 기억들의 의미를 알았다. 노란색 버스는 특수학교 버스였고, 형제는 다운증후군을 가진 지적 장애인이라는 것을 알게 된 것이다. 그리고 그들은 '다○○학교'에 다녔겠다고 추측할 수 있었다. 초중고등학교 과정 모두를 운영하는 특수학교에 다녔기 때문에 내가 다니는 학교에서 그들을 볼 수 없었던 것이다. 아니, 어쩌면 형제는 유치원부터 특수학교에 다녔을지도 모른다. 그들은 그렇게 나와는 조금 다른 학교에서 조금 다른 교육을 받으며 학창 시절을 보낸 것이다.[1]

그리 머지않은 과거, 장애인은 비장애인과 구분해 교육을 받았다. 교육 장소도 특수학교나 장애인 생활 시설처럼 분리된 곳이 주를 이루었

---

1 특수학교는 특별한 교육적 지원이 필요한 학생을 위한 학교를 말한다. 보통 유치원부터 고등학교 과정까지 한 학교 안에 모든 학제를 포함하여 운영한다.

다. 특수학교에 다니는 장애 학생들은 그나마 사정이 나았을지 모른다. 특수학교 수 자체가 많지 않고 이마저도 생활권에서 먼 경우가 대부분이라, 많은 장애 학생들이 장애인 생활 시설이나 가정에서 교육을 받았다. 그 시절, 우리 사회는 장애를 인식하는 방향이나 철학이 제대로 성립되어 있지 못했다. 그래서 편의상 교육 환경을 분리했고 그것이 장애인을 위한 최선의 방법이라 여겼다. 그렇게 긴 시간 동안 장애 학생들은 자신의 삶에 대한 선택권을 제대로 보장받지 못한 채 분리된 교육 환경에 놓여 있었다. 장애 학생이 자신이 살고 있는 지역의 초중고등학교에 다니기 시작한 것은 지금으로부터 대략 30년 전부터다. 1960~1980년대 미국과 유럽을 중심으로 대두된 '주류화'[2], '최소 제한 환경'[3], '통합교육'[4] 같은 개념들이 특수교육에 영향을 미쳤고, 이는 특수교육이 견지해야 할 철학을 보강해 주었다. 기존 패러다임은 무너졌고 새로운 패러다임을 전제로 특수교육은 변화하기 시작했다. 비슷한 시기 우리나라 역시 급속한 경제 발전에 힘입어 대내외적으로 성장하고 있었고, 특히 장애 인권 문제 등과 관련해 국제적 기준을 따라야 할 필요성이 있었다. 이에 자연스럽게 특수교육계에도 변화가 일었다. 이 변화는 '특수교육진흥법' 제정(1977)과 '국립특수교육원' 설립(1994)으로 이어졌고, 이를 통해 교원 양성 기관을 늘려 가며 특수교육 성장의 토대를 마련하였다. 2007년에는 기존 법을 보완해 '장애인 등에 대한 특수교육법'이 제정되

2 장애 아동을 가능한 한 일반 아동의 생활 흐름에 포함시키는 것

3 장애 학생을 전형적인 일반학교 환경에서 배제하는 것을 최소화해야 한다는 것

4 특수교육 대상 학생을 장애 유형이나 정도에 따라 차별하지 않고 일반학교에서 비장애 또래 학생들과 함께 교육하는 일

었다. 이 법은 장애인 등 특별한 교육적 지원을 필요로 하는 학생을 위한 통합교육 환경을 강조한다. 통합교육은 기존의 분리된 특수교육에 변화를 꾀하였고, 일반학교 안에 특수학급을 설치하는 계기를 마련했다. 당시의 특수학급은 장애 학생도 비장애 학생과 마찬가지로 자신이 사는 지역에서 가장 가까운 학교에 다닐 수 있는 권리를 보장하기 위한 조치였다.

특수학급은 통합교육 철학을 기본으로 특수교육 대상 학생을 위해 만든 별도의 학급이다. 이런 테두리 안에서 특수교육은 장애 학생의 능력 등을 고려하여 적절한 교육적 지원을 받을 수 있는 다양한 학급 형태를 둔다. 일반학교를 기준으로 살펴보면 장애 학생을 위한 학급 형태는 크게 통합학급, 전일제 특수학급, 시간제 특수학급으로 나눌 수 있다. 통합학급은 장애 학생이 포함된 일반학급이며, 전일제 특수학급은 통합학급에서는 수업이 어려워 등교 이후 모든 시간을 특수학급에서 보내는 학생을 위한 학급이다. 시간제 특수학급은 말 그대로 일부 수업은 특수학급에서, 나머지 수업은 통합학급에서 받는 학급이다. 대개의 경우 국어, 영어, 수학, 과학, 사회 등은 특수학급에서 수업을 받고, 음악, 체육, 미술은 통합학급에서 받는다. 한편, 완전 통합학급도 있다. 특수교육 대상 학생이지만 특수학급에서 수업을 받지 않고 통합학급에서만 수업을 받으며, 학생에게 필요한 행정 재정적 지원을 제공한다. 그밖에 건강상 문제나 장애 정도가 심해서 학교에 나오지 못하는 학생들을 위한 병원학교나 순회학급도 있다. 병원학교는 말 그대로 병원 안에 있는 학교라고 생각하면 되고, 순회학급은 교사가 직접 찾아가서 학생과 함께 수업하는 학급이다. 이때 학생이 가정에 있다면 가정 순회학급, 장애인 시설에 거주하고 있다면 시설 순회학급이라고 부른다.

특수교육 대상 학생이라는 개념도 짚고 넘어가자. 흔히 우리는 특수교육 대상 학생과 장애 학생을 동일시하는 경향이 있다. 하지만 개념적으로 두 용어에는 약간 차이가 있다. 특수교육 대상 학생은 '특별한 교육적 요구를 필요로 하는 학생'으로 정의한다. 그런데 장애가 있다고 모두 특수교육 대상 학생인 건 아니다. 장애인복지법상 장애로 등록되어 있더라도 특수교육 대상 학생이 아닐 수도 있으며, 반대로 장애로 등록이 되어 있지 않아도 특수교육 대상 학생으로 선정될 수 있다. 특수교육 대상 학생으로 선정되려면 학생이나 학부모의 의견이 중요하며, 지역의 특수교육운영위원회에서 관련 자료를 검토한 뒤, 학생의 교육적 필요에 따라 특수학교나 특수학급에 배치한다. 이때 학부모나 학생이 특수교육이 필요하지 않다고 판단하면 언제든 대상자 선정을 취소할 수 있다.

학창 시절 앞집에 살던 형제는 특수교육 대상 학생이었을 것이고, 그에 따라 특수학교에 배치받았을 것이다. 학교가 멀어 '다○○학교'라고 쓰인 노란 스쿨버스를 타고 등하교했을 것이며, 초중고가 함께 있기에 학령기인 12년 동안 같은 학교를 다녔을 것이다. 요즘이라면 형제는 나와 같은 학교의 특수학급에 다녔을 것이다. 그리고 비장애 학생들과 함께하는 통합학급에서 자신들의 특수교육적 필요와 요구에 따라 완전통합학급, 전일제 특수학급, 시간제 특수학급, 순회학급 등을 선택했을 것이다. 그래서 우리는 어쩌면 동네에서만 만나는 사이가 아니라 학교에서도 자주 만나 새로운 관계를 만들어 나갔을지도 모른다.

지금 우리에게 특수교육이 가지는 의미

초등학생 시절, 나는 동네에 사는 형들과 많은 시간을 보냈다. 특히 '헐랭이'라는 별명을 가진 형과 함께 지낸 시간이 많았다. 별명이 헐랭이인 이유는 형의 다리와 관련 있었다. 형의 다리는 조금 힘이 없어 보였다. 하지만 같이 어울려 놀고 운동하는 데는 별 문제가 되지 않았다. 형은 말투도 약간 어눌했다. 그리고 화가 나면 입가에 침이 자주 고였다. 나와 조금 다르긴 했지만 한 번도 이상하다고 생각하지는 않았다. 형에게 장애가 있다는 것을 전혀 인식하지 못한 것이다. 그도 그럴 것이 형은 나와 같은 학교에 다녔고, 누구나 그렇듯 놀리기 좋은 별명 하나쯤 가진 동네 형일 뿐이었기 때문이다. 시간이 흘러 대학에 들어가 특수교육과 장애에 관해 배우고서야 형과 보낸 시간들이 특별한 기억으로 자리매김하게 되었다. 형은 뇌성 마비 장애를 가졌고, 헐랭이라는 별명은 뇌성 마비로 인한 신체적 특성 때문에 붙여진 것이었다.

하지만 헐랭이 형에게는 장애가 있었지만 특수교육적 지원이 필요하지 않았다. 앞서 설명했듯 장애를 가졌다고 모두 특수교육 대상자가 되는 것은 아니다. 그래서 형은 특수학교나 특수학급 등에 따로 배치되지 않았다. 나와 같은 학교에서 같은 교육과정으로 같은 수업을 받았고, 같은 시험을 치렀다. 형은 공부도 꽤 잘했다. 인사만 나누던 앞집 형제가 특수교육 과정을 운영하는 특수학교에 다녔다면, 헐랭이 형은 일반교육과정을 운영하는 일반학교에 다닌 것이다. 보통 특수학급이나 특수학교는 특수교육 교육과정에 근거해 교육 활동을 운영한다. 우리가 알고 있는 일반 교육과정이 초중등 학교에서 적용하는 교육과정(공통 교육과정, 선택 중심 교육과정)을 말한다면, 특수교육의 근거가 되는 특수교육 교육과정은 무엇을 의미할까?

특수교육 교육과정은 기본 교육과정, 공통 교육과정, 선택 중심 교육과정으로 이루어져 있다. 일반 교육과정 역시 공통 교육과정과 선택 중심 교육과정을 중심으로 구성되어 있지만, 특수교육에서는 일반 교육과정을 대체할 수 있는 기본 교육과정을 함께 둔다. 기본 교육과정은 공통 교육과정과 선택 중심 교육과정을 적용하기 어려운 초등 1학년부터 고등 3학년까지를 대상으로 한다. 보통 지적 장애, 자폐성 장애, 정서 및 행동 장애 등 발달 장애를 가진 학생들을 위한 교육과정으로, 일반 교육과정과는 조금 다른 특수성을 지녔다고 할 수 있다. 한편 특수교육 교육과정의 공통 교육과정, 선택 중심 교육과정은 감각이나 지체 장애 등을 가지고 있지만 일반 교육과정을 이수할 수 있는 학생들을 위한 교육과정이다. 여기에는 국어, 영어, 체육 등의 교과에서 학생의 특성을 고려해 수정 보완한 교육과정을 제시한다. 따라서 특수교육은 기본 교육과정, 공통 교육과정, 선택 중심 교육과정을 중심에 두고 학생의 필요에 따라 알맞은 교육과정을 선택하여 교육 활동을 운영하고 있다. 이는 특수교육이 일반교육과의 보편성을 유지하면서도 특수교육만이 가진 특수성을 적극적으로 고려하고자 함이다.

한편 특수교육은 1977년 제정된 '특수교육진흥법'과 2007년 제정된 '장애인 등에 대한 특수교육법'을 통해 통합교육의 영향을 받으며 성장하기 시작한다. 특히 특수학급을 중심으로 한 성장이 눈에 띈다. 1971년에는 유일무이했던 특수학급이 1980년에 355개로, 다시 1990년에는 3,181개로 늘었다. 십 년 사이에 열 배 가까이 는 것이다. 이후 증가 폭이 완만해졌지만 매년 300여 개의 특수학급이 일반학교 안에 새로 생기고 있으며, 그 증가세는 당분간 지속될 전망이다. 2021년을 기준으로 현재 12,042개의 특수학급이 있다.[5] 이를 초중고별로 나누어 특수학급 설치율을 살펴보면, 초등학교는 전체 학교 중 75%에 특수학급이 있고, 중학교는 60.1%, 고등학교는 46.8%에 특수학급이 있다.[6] 수치로도 가늠할 수 있지만 분명 특수교육은 특수학급의 양적 팽창과 함께 꾸준히 성장해 왔다. 이는 학생의 배치 형태에서도 확인할 수 있다. 전체 특수교육 대상 학생 중 27.5% 정도가 특수학교에 다니고 있으며, 나머지 72.1%는 일반학교에 다닌다. 일반학교에 다니는 학생 중에서는 55.3%가 특수학급에서, 나머지 가운데 16.8%가 일반학급(완전 통합학급)에서 수업을 받는다.

과거에 특수교육을 대변하는 교육 기관은 특수학교였지만, 현재는 특수학급도 특수교육을 대표하는 교육 기관으로 성장했다. 이는 사람들이 특수학급을 중심으로 장애와 특수교육을 만난다는 근거이며, 과거와는 다르게 일상 속에서 특수교육과 장애의 모습을 확인할 수 있음을 의미한다. 하지만 그렇게 일상화된 모습은 많은 한계점을 가지고 있다. 이를 두고 이규승은 '한국 특수교육의 현황과 발전 방향'이라는 칼럼[7]에서 한국 특수교육의 현실과 문제점을 지적했다. 그는 우리나라 특수교육의 가장 큰 문제를 특수교육 대상 학생 선정에 있다고 보았다. 특수

---

5 '2021 특수교육 통계', 교육부

6 '연도별 특수학교 및 특수학급 현황', 교육통계서비스(KESS), 2021

7 공정 교육 실현을 추구하는 단체 '교육을 바꾸는 사람들' 홈페이지에 게재한 칼럼, 2020년 3월

교육이 발달 장애를 중심으로 학생을 진단하고 판별한다는 것이다. 여기서 발달 장애는 선천적 또는 성장 과정에서 대뇌 손상으로 인해 발생하는 장애를 말한다. 특수교육은 이런 소수의 발달 장애 학생을 중심으로 교육 활동을 전개해 왔는데, 이는 특수교육의 역할과 함께 일반교육과의 관계에 많은 영향을 미쳤다고 한다. 결과적으로 특수교육이 일반교육의 협력적 파트너가 되기보다 일반교육이 '다루지 않는' 학생을 교육하는 별도의 집단으로 인식되는 작금의 현실을 초래했다는 것이다. 즉, 특수교육은 개별 학습자의 특별한 요구가 중심이어야 하지만, 특수학급과 일반학급이라는 장소를 기준으로 분리되어 있으며 이로 인해 같은 학교 안에서도 '장애 학생은 특수교육 소관', '비장애 학생은 일반교육 소관'이라는 관념을 뿌리내리게 했다.

기존의 특수교육이 특수학교로 대표되는 모습이 전부였다면, 이후의 특수교육은 특수학급을 중심으로 성장했고 사람들은 일상에서 장애와 특수교육을 만나게 되었다. 하지만 그 과정에서도 구분 짓기와 소관의 문제는 여전했고 지금도 남아 있다.

이제 우리에게 필요한 특수교육의 모습은 어때야 할까? 일상에서 이루어지는 장애와 비장애의 만남이 서로에게 어떤 영향을 미칠까? 이규승의 지적은 이런 부분에서 우려를 표한 것이다. 특수교육은 일반교육 내에서 제대로 된 준비 과정 없이 장소를 구분하는 정도로 성장해 왔다. 성장에만 집중한 나머지 통합교육 철학을 담은 특수학급의 본질적 기능을 제대로 정립하지 못했다. 특수학급의 개념을 단순하게 '장소'와 '소관'을 기준으로 정립해 나간 것이다. 그 결과 우리 안에는 '너희 아이들과 우리 아이들'이라는 구분의 관념이 뿌리를 내렸다. 구분된 관념은 다시 특수교육의 인식에 영향을 미쳤고, 학교 안의 모두에게 특수교육의 역할을 한정 짓는 결과를 낳았다. 더불어 특수교사인 우리 역시 자신의 역할을 스스로 한정 짓는 오류를 범하고 있다. 학교라는 같은 공간에 있지만 다른 소관과 장소로 '구분된' 아이들을 만나고 있다. 곰곰이 생각해 보자. 지금 우리가 떠올리는 특수교육은 어떤 이미지인지.

특수교육의 정체성에 대한 고민

세상에는 다양한 이름의 교육이 존재한다. 그중 우리는 교육 앞에 '특수'가 붙은 특수교육을 하고 있다. 더불어 우리는 교사 앞에 '특수'를 붙여 '특수교사'라는 이름으로 '특수교육'을 하고 있으며, 학교 혹은 학급에 '특수'가 붙은 '특수학교'나 '특수학급'을 교육의 장으로 삼고 있다. 역시 그 안에서 함께하는 학생들은 '특수'가 앞에 붙은 '특수교육 대상자'다. 이렇게 우리는 철저하게 '특수'를 전제하고 학생들을 교육하고 있다. 이는 '장애인 등에 대한 특수교육법'에도 그대로 나타나 있다.

- '특수교육'이란 특수교육 대상자의 교육적 요구를 충족시키기 위하여 특성과 적합한 교육과정 및 특수교육 관련 서비스 제공을 통하여 이루어지는 교육을 말한다.
- '특수교육 대상자'란 특수교육을 필요로 하는 사람으로 선정된 사람을 말한다.
- '특수교육 교원'이란 특수학교 교원자격증을 가진 자로서 특수교육

대상자의 교육을 담당하는 교원을 말한다.

- ‘특수교육기관’이란 특수교육 대상자에게 유치원·초등학교·중학교 또는 고등학교(전공과를 포함한다. 이하 같다)의 과정을 교육하는 특수학교 및 특수학급을 말한다.
- ‘특수학급’이란 특수교육 대상자의 통합교육을 실시하기 위하여 일반학교에 설치된 학급을 말한다.
- ‘통합교육’이란 특수교육 대상자가 일반학교에서 장애 유형, 장애 정도에 따라 차별을 받지 아니하고 또래와 함께 개개인의 교육적 요구에 적합한 교육을 받는 것을 말한다.

법이 규정한 바를 살펴보면 특수교육의 특성을 쉽게 파악할 수 있다. 즉, 특수교육은 일반교육과는 조금 다른 특별한 교육을 실시하는 여러 교육 중 하나이며, 특수교육 대상자는 특수교육을 필요로 하는 학령기 학생을 말한다. 따라서 특수교육은 특수교육 대상자만을 위한 교육이며, 특수교사는 특수교육 대상자로 선정된 학생을 교육하는 교사로 보고 있다. 또한 특수학급은 특수교육 대상자를 위한 학급으로 의미를 한정하여 정의하고 있다. 심지어 통합교육 역시 특수교육 대상자에게 적합한 교육을 제공한다고 그 의미를 한정한다. 지금 통합교육이 지향하는 철학과 비교해 보면 다소 의미가 축소된 정의다. 학자마다 통합교육에 대한 정의는 다양하지만 일반적으로 포괄적이며 광범위한 통합을 핵심으로 한다. 이는 단순한 환경적 통합을 넘어선 일반교육 안으로의 적극적인 참여와 통합을 말한다. 다시 말해, 통합교육은 특수교육과 일반교육을 모두 아우르고 있음을 의미하는 것이다. 하지만 우리의 법은 통합교육조차 특수교육 대상 학생으로 그 범주를 한정시키고 있다.

이에 따라 자연스럽게 우리는 '특수'라는 단어를 앞에 둔 교육에 많은 것을 쓸어 담는다. 그리고 그 단어 뒤에서 고민해야 할 교사의 철학도 제한하며, 함께 나누어야 할 교육 목적도 달리 본다. 나아가 함께해야 할 학생도 선을 그어 나눈다. 그렇게 다르다는 의미를 담아 특수교육만의 '작은 섬'을 만든다. 교육의 가장 중요한 본질을 가리고 있다는 생각이 들었다. 일반교육과는 달라야 할 '특수한 교육'에만 갇히는 것 같기도 했다. 교사로서 나는 모든 학생과 호흡하는 것이 중요하다고 생각하기에 '특수'라는 단어의 가림막이 염려스러웠다. 무엇이 문제일까?

시대는 변화하고 있다. 4차 산업 혁명이라는 말이 나오고, 인공 지능이 빠르게 모든 것을 대체하며, 산업 구조가 바뀌고 있다. 이에 미래 교육은 학제부터 교육과정, 교육 행정, 교원 연수 제도, 교원 양성 제도까지 교육의 전반적인 어젠다를 바꿀 것이다. 그 안에서 특수교육은 무엇을 고민하고 있을까?

변화하는 시대의 흐름 속에서 특수교육은 새로 정립해야 할 정체성에 대한 고민이 없어 보인다. 이전의 정체성 안에 갇혀 있다. 이를 두고 발로(B. Balow)와 브린커호프(R. Brinkerhoff)(1983)는 "특수교육은 그 정체성 및 일반교육과의 차별성을 확보하기 위해 전통적인 '특수'를 강조하는 입장을 견지해 왔다"고 말한다.[8] 사실 과거의 특수교육은 분명 본질적으로 특별한 교육과 이를 위한 교육적 방법을 견지해야만 했다. 이

8 「특수교육의 재해석」 한현민, 안병환, 대진대학교, 2001

런 특수성이 특수교육의 독자적인 정체성을 확보하는 데 크게 기여한 것은 사실이다. 하지만 이는 곧 일반교육과의 구분 혹은 단절을 초래하여, 교육 보편성을 확보하지 못한 채 일반교육과 상호 보완할 수 있는 관계 설정마저 제한하며 협력적 관계를 만들지 못했다. 이런 구분은 특수교육을 바라보는 일반교육의 회의적인 시각에 빌미를 제공할 때도 많았다. 이제 특수교육은 스스로 존재 가치를 입증해야 하는 처지에 놓였다. 하지만 어느 누구도 그것을 입증하려 들지 않는다. 확보된 정체성은 완고하며, 기존을 유지해도 크게 문제 될 것이 없다. 그러므로 변화의 흐름을 유심히 살펴야 할 이유도 없다. 하지만 우리가 지켜 온 '특별한' 정체성에 진정 변화가 없어도 될까? 지금 것을 그대로 지키고 유지해야 할까?

우리 사회의 거대한 변화는 교육에도 크게 영향을 미친다. 마찬가지로 특수교육 역시 사회 변화에 많은 영향을 받는다. 따라서 우리는 사회와 교육의 변화를 유심히 살펴야 한다. 변화하는 시대에 우리 교육이 어떻게 대처하고 있는지, 대처를 위해 무엇을 고민하고 실천하고 있는지 관심을 가져야 한다. 그리고 이런 변화 속에서 특수교육은 무엇을 해야 하고 무엇을 할 수 있을지 끊임없이 스스로에게 묻고 대답하며 변화에 적극 동참해야 한다.

'작은 섬' 같은 특수학급과 그 안에 사는 특수교사

일반학교에서 특수교육은 소외되기 쉽다. 비주류이며, 관심이 없다 한들 크게 문제될 게 없기에 알아서 해도 상관없는, 핵심 영역 밖의 교육이 특수교육이다. 그리고 그런 교육을 담당하는 것이 특수교사다. 특수교육이 비주류인 이유는 여러 가지겠지만 나는 우리 교육에 만연한 '경쟁'을 가장 중요한 이유로 들고 싶다. 여전히 학교는 경쟁의 장이고, 학생들은 점수로 자신의 가치를 인정받으며, 좋은 대학에 가는 것이 가장 중요한 목표다. 이런 학교를 바꾸려는 노력에 혁신교육이 긍정적인 영향을 미치고는 있지만, 경쟁을 통한 개인의 가치 매기기가 교육 현장에 살아 있는 한 이런 노력 역시 한계에 부딪칠 수밖에 없다. 그래서 '단 한 명의 아이도 포기하지 않는 학교'에 장애 학생이 포함된다는 것은 많은 부분 '그림의 떡'이 될 가능성이 높다. 수업이 학생 평가와 직접적으로 연결된 환경에서는 장애 학생의 문제 행동을 오롯이 이해하고 받아들이기 힘들다. 학년이 올라갈수록 수업 내용이 어려워져 장애 학생의 참여 자체도 어렵지만, 고입이나 대입 시기에 근접할수록 면학 분위기에 방해가 되는 장애 학생들의 행동에 모두가 더 민감해진다. 그런 이유로 장애 학생을 향한 비장애 학생의 무관심이나 배려 혹은 존중 없는 행동을 심심치 않게 목격한다. 한편으로는 경쟁에 지치고 좌절한 학생들이 만만한 화풀이 대상으로 장애 학생을 대하지 않을까 가슴 졸일 때도 있다. 그런 분위기가 감지되면 단순하고 쉽게 학생을 통합학급에서 제외시키면 되지만, 그렇다면 과연 통합교육이란 무엇인지 머릿속에 의문이 가득해지곤 한다.

아이들만 그럴까? 학교는 입시를 앞둔 3학년 학급에 온 신경을 집중하느라 '학급'이라는 이름으로 같은 공간에 존재하는 특수학급을 배려하지 못하는 경우가 흔하다. 학급 수를 표시하는 문서에는 특수학급을 따로 표시하거나 학급 수 옆에 괄호를 만들어 숫자를 적어 넣는다. 괄호 속 숫자가 너희와 우리를 구분하는 것 같아 속상해진다. 별것 아닌 혹은 그저 행정 편의를 위한 구분일 수도 있지만 특수교사에겐 관심과 존중, 배려의 문제이기에 알게 모르게 서운함이 쌓인다.

여기에 일반교사의 무심한 한마디는 섭섭함을 더한다. "○○이 특수학급 애 같아." "XX는 이상 행동을 하는 걸 보면 지원반에 가야 하지 않아?" 성적이 좋지 않거나 이해하기 힘든 행동을 하는 학생을 두고 특수학급 운운하는 교사들을 볼 때면 가슴이 아프다. 그렇게 무심히 시작된 그들의 대화가 자연스럽게 심각한 주제로 이어지는 상황을 지켜보다 보면, 장애 학생들은 자신들의 수업에 있어도 되고 없어도 되는 무의미한 존재들 같다. 특수학급이 진정 그런 의미를 담은 학급이냐고 묻고 싶어진다. 과연 특수학급은 배움을 중심으로 하는 학급으로서의 의미는 찾아보기 힘든 것일까? 정말 공부를 못하거나 이상한(?) 학생들이 모이는 곳일까? 이런 생각들이 만연할수록 학교 안에서 특수교사들은 점점 반감을 갖게 되고, 그들의 활동은 점점 위축된다. 그리고 이는 고스란히 학교생활 전반에 영향을 미칠 것이다. 회의에 가면 뭐하나, 모임에 가는 것이 의미가 있을까, 가 봐야 나누는 이야기는 우리와 다른 별개의 것들이 대부분일 텐데. 이런 고민이 회의 참석을 주저하게 만든다. 차라리 특수교사끼리 회의를 하는 편이 낫겠다는 생각이 들지만, 그 역시 쉽지는 않다.

어쩌면 일반학교 내의 특수학급은 가까이 있지만 애써 찾아가지 않는 '작은 섬' 같은 존재일지 모른다. 그 속에서 특수교사들은 아이들만 바라보며 내가 해야 할 일을 고민한다. 일반교사들은 먼발치에서 우리를 살피기도 하지만, 함께하기에는 여러 가지가 달라 보이기에 굳이 그 섬에 접근하려고 애쓰지 않는다.

혁신학교에서 특수교사가 할 수 있는 것들

"우리 학교가 혁신학교라면, 그 안에서 특수학급은 어떤 역할을 해야 할까?"

– 가평 설악고 부임 후 첫 회의 때의 메모

새로 발령 받은 설악고는 혁신학교였다. 혁신학교라고 크게 다를 건 없다고 여겼다. 늘 그래 왔듯이 '함께하고 싶다'는 의지를 중심에 두고 필요한 것을 고민하면 된다고 생각했다. 하지만 많은 부분에서 특수교사는 일반교육 시스템 안에 녹아드는 일이 쉽지 않다. 특수교육은 비주류고 크게 관심을 받지 못했으며, 때론 무시되기도 했다. 그래서 어떤 경우에서도 살아남아 함께해야 한다고 다짐하는 때가 많았다. '살아남다'니, 너무 극단적인 표현일까? 그렇게 생각하는 이유는 간단하다. 세상은 장애와 비장애를 구분하지만 살아간다는 것은 장애와 비장애를 구분하지 않는다. 장애인과 비장애인은 함께 살아가야 한다. 그 시작이 되는 지점이 바로 학교며, 그래서 아이들은 학교에서부터 함께 살아가는 방법을 배워야 한다. 그러자면 특수교사도 특수학급도 학교 안에서 함께 살아가는 모습을 보여 주어야 한다. 그래서 많은 부분에서 치열하게 "여기 우리도 있다"고 목소리를 내야 한다. '함께 살아남기 위해' 일반교사와 함께할 수 있는 부분을 고민했고, 학급으로 인정받기 위해 노력했으며, 비장애 학생들과도 부대끼며 지냈다. 처음엔 이런 '살아남기 위한' 의도적인 행동들이 스스로에게 굉장한 부담이었다. 하지만 함께 해야 한다는 전제는 변할 수 없기에, 아이들을 위해서라도 더 적극적으로 노력했다.

가평 설악고로 발령받았을 당시도 마찬가지였다. 설악고가 혁신학교라는 사실을 알았지만 내겐 그리 중요하지 않았다. 늘 그래 왔듯이 살아남기 위해 함께할 방안을 고민했고, 첫 회의 시간에 스스로에게 질문을 던졌다. '우리 학교가 혁신학교라면, 그 안에서 특수학급은 어떤 역할을 해야 할까?'

그런데 부임한 첫해, 1학기 '전문적 학습 공동체의 교육과정 재구성' 핵심 주제가 '장애로 대변되는 사회적 약자'로 정해졌다. 부담과 감동이 동시에 밀려왔다. 만감이 교차하는 가운데 동료 교사들 앞에서 공언을 쏟아 냈다. 의미 있는 교육 활동이 되도록 노력할 것이고, 특수교사로서 새로운 관점을 고민할 것이며, 필요하면 교과 선생님들과의 협력 수업도 마다하지 않겠다고 말이다. 동료 교사들의 시선이 내게 집중되었고 묘한 변화가 감지됐다. 지금까지의 특수교사와 다르다며 응원의 박수를 보내는 그들에게 '교사니까 당연한 일'이라고 말하며, 속으로는 특수교육과 특수교사 그리고 장애 학생들을 바라보는 인식도 변화하기를 바랐다.

그로부터 머지않은 4월의 어느 날, 3학년 반에서 국어 교사와 함께 협력 수업을 진행했다. 몇 번의 협의를 거쳐 공동 교수 학습 지도안을 완성했고, 이를 바탕으로 공개 수업도 운영했다. 두 시간의 블록 수업 중 국어 교사가 진행한 한 시간은 사회적 약자를 주제로 한 여러 편의 시를 함께 읽었고, 이어진 한 시간은 우리 사회에서 장애인들이 어떻게 거부당하는지 다양한 사례를 들어 이야기 나누었다.[9] 이를 통해 장애를 대하는 우리 사회의 편견을 살펴보고, 그 편견을 어떻게 바라볼지 함께 고민했다. 협력 수업을 운영하는 그 자체만으로도 의미 있고 즐거웠으며, 재미있는 경험이었다.

비슷한 형태의 협력 수업이 몇 번 더 이어졌다. 교과별로 '장애'와 관련된 수업에 편견 없는 관점을 담기 위해 담당 교사와 머리를 맞대고 고민했다. 생물 교과의 유전자 이상에 관한 설명, 사회 교과의 장애인 의무 고용 제도나 장애인 편의 시설에 대한 생각, 영어 교과의 팀 호이트(Team Hoyt)[10] 이야기 등 교과별로 다양한 수업 내용에 특수교사로서 할 수 있는 이야기들을 담았다. 선생님들은 수업이 풍성해졌다며 좋아했고, 스스럼없이 필요한 내용을 의논했다. 수업 후 미진한 점이 있으면 직접 교실로 찾아가 아이들에게 자세히 설명해 주는 일도 마다하지 않았다. 의미 있는 배움이 통합학급에서 일어난 것 같았고, 이런 배움들이 장애에 관한 인식 변화에 마중물이 되리라는 기대감에 마냥 즐거웠다.

마찬가지로, 함께하려는 노력에는 특수학급의 수업도 포함되었다. 동료 교사들이 특수학급 수업도 참관해야 한다고 생각했다. 특수교사는 어떻게 수업을 하는지, 아이들은 어떻게 생각하고 자신을 표현하는지 살펴 주길 기대했다. 그래서 장애 학생과 비장애 학생이 다르지 않고,

9 장애 영유아들이 갈 수 없는 어린이집이나 유치원, 시각 장애인이 이용할 수 없는 놀이기구, 극장의 불편한 장애인석 등을 예로 들면서 '장애와 차별'에 관해 이야기를 나누었다.

10 미국 마라톤 선수인 딕 호이트와 아들 릭 호이트 부자를 일컫는다. 딕은 뇌성마비 판정을 받은 아들 릭과 함께 1984년 보스턴 마라톤 대회와 1989년 하와이 마라톤 대회에 출전해 완주했다.

특수교육과 일반교육이 다르지 않으며, 학교나 사회 안에서 함께 살아가는 존재들임을 자연스럽게 알았으면 했다.

기대감은 곧 현실로 드러났다. 이내 학교 안에서 작은 변화들을 느낄 수 있었다. 선생님과의 대화에서는 특수교육이 자연스러운 주제가 되었고, 아이들의 일상을 공유하며 무엇이 필요하고 무엇을 해 줄 수 있을지 함께 고민했다. 자연스럽게 비장애학생들에 관해서도 이야기를 나누었다. 힘들어 보이는 아이들에게는 내가 먼저 다가가 말을 걸었고, 필요하면 개인적인 경험과 조언을 들려주기도 했다. 그렇게 장애와 비장애 구분 없이 학생들에 관한 이야기가 선생님들 사이에서 동일한 관심사가 되었고, 함께할 수 있는 것이 점점 더 많아지고 있었다.

시간이 조금 흐른 뒤 알게 된 사실이지만, 혁신학교는 '단 한 명의 아이도 포기하지 않는 교육'을 목표로 한다. '아이'라는 단어 안에는 당연히 장애 학생도 포함되어 있었다. 설악고 부임 초기에 혁신교육이라고 다를 게 있을까 하며 살아남기에만 열중했던 나는 그제서야 너무나 당연한 진리를 놓쳤음을 깨닫고 혁신교육에 관해 공부하기 시작했다. 그리고 혁신교육의 수많은 이야기들을 특수학급에서 어떻게 풀어낼지 고민했다. 또한 특수학급에서 했던 시도들을 혁신교육 안으로 끌어들여 모두와 함께 나눌 방법도 궁리했다. 이런 일이 많아질수록 점점 더 혁신교육과 특수교육이 비슷하다는 생각이 확고해졌다. 계속해서 새로운 시도들을 이어 나갔고, 의미 있는 발견들을 확인할수록 신기했다. 고민조차 즐겁게 느껴졌다. 그러다 문득 그런 즐거움이 혼자만의 경험이 아니면 좋겠다는 생각이 들었다. 모든 학교에서 일어날 수 있는 일이기를 희망했다. 아니 적어도 혁신학교 안에서는 일상적으로 일어나는 경험이길 바랐다. 나는 특수교육과 혁신교육이 함께할 수 있는 방법을 적극적으로 고민하기 시작했다. 하지만 고민이 시작되자 다시 새로운 부담감이 밀려왔다. 앞으로 가야 할 길이 까마득히 멀게만 느껴졌다. 지금까지 함께하지 못했던 근본적인 문제를 어디서부터 찾아야 할지도 방향을 잡을 수 없었다. 근본적인 문제는 우리 교육이 가진 전반적인 한계에 기인한 것처럼 보였고 그에 대한 반성과 성찰의 과정이 있어야 하기에, 나 같은 신참 교사 하나가 바꿀 수 있는 성질의 것이 아니라는 생각도 들었다. 그렇다 하더라도, 이런 경험들이 이내 사라지는 무엇이 아니길 바랐다. 당장은 의미 없는 외침이라도 끝까지 '살아남아' 티끌 같은 울림이라도 주고 싶었다.

혁신교육을 바라보는 특수교육을 하는 우리

혁신교육은 2008년 경기도 시골에 있는 작은 학교[11]에서 시작되었다. 시골의 작은 학교를 살리려는 교사들이 수업을 통해 학교를 변화시키려 열정을 쏟아부었고, 그 열정이 혁신교육의 시발점이 되었다. 학생들은 교실과 교과서를 벗어나 학교 밖 강가나 숲에서 수업을 하며 꿈을 키워 나갔고, 교사는 학생들에게 다양한 도전의 기회를 만들어 주었다. 학생 평가 방법도 바꾸어 학생들이 시험의 노예가 되지 않도록 했다. 학교 전체가 변화하기 시작했다. 이런 열정으로 2009년에는 13개의 혁신학교가 탄생했다. 교사들은 전문적인 학습 공동체를 만들고 교육과정 재구성을 통해 학생 중심의 수업을 고민하고 시도했다. 학생들은 수

11 경기도 광주시에 위치한 남산초등학교로, 혁신교육의 모델이다.

업에서 자신의 생각을 나누며 이야기를 주고받았기에, 수업의 중심에는 늘 학생이 있었다. 눈에 보이는 성과 위주의 평가도 바뀌어 학생의 변화와 성장에 중점을 두기 시작했다. 교사와 학생 모두가 서로를 존중하게 되었고 학교 문화도 자연스럽게 바뀌어 갔다. 이렇게 변화를 가져온 혁신교육은 이내 전국으로 퍼져 나갔고, 핵심적인 교육 운동으로 자리매김하며 학교 변화의 선봉에 섰다.

특수교육은 어땠을까? 2007년 '장애인 등에 대한 특수교육법'이 제정되면서 특수교육은 통합교육을 기반으로 질적인 성장을 고민했다. 이전의 특수교육이 일반학교 환경에서 장애 학생이 교육받을 수 있는 공간을 확보하는 데 집중했다면, 이후는 무엇을 어떻게 함께 배울 것인지에 관한 고민이 핵심으로 자리 잡았다. 비슷한 시기, 혁신교육과 마찬가지로 특수교육 역시 새로운 변화를 꾀하고 있었던 것이다. 그런 변화를 바라보며 특수교사들도 열정을 쏟았다. 조금 다른 교육과정(기본 교육과정)으로 조금 다른 교육 활동(기능적 생활 중심 교육과정)을 꾸준히 실천했으며, 교실과 교과서를 벗어나 지역 사회 곳곳을 학습의 장으로 삼아 함께 사는 의미를 나누었다. 필요하다면 직접 발품을 팔아 마을과 긴밀한 관계를 맺으려고 애썼고, 이로 인해 장애에 대한 인식이 조금이라도 달라지는 것을 확인할 때면 가슴이 벅차오르기도 했다. 누군가 알아주지 않아도 아이들을 위한 것이라면 주저하지 않고 행동했다. 수업의 장 역시 마찬가지였다. 아이들의 미래를 고민하며 수업 안에 삶의 모습을 담으려 노력했으며, 재구성이 개념화되기 전부터 자연스럽게 교육과정을 살펴 수업을 재구성했다. 개별화 교육 계획을 핵심에 두고 학생의 흥미와 관심, 능력 차이를 고려한 교육 활동을 전개해 온 것이다. 평가를 통한 구분이 교육 활동의 핵심이 아니었기에, 평가에 따른 부담 역시 적었다. 따라서 내신 등급제 같은 주어진 시스템 안에서도 학생들의 성장 과정을 유심히 살필 수 있었고, 그들의 작은 변화와 발전을 함께 기뻐할 수 있었다.

자세히 보면 특수교육과 혁신교육은 서로 너무나 닮았다. 특수교육은 이미 혁신교육이 지향하는 가치를 함께하고 있었고, 특히 특수학급은 혁신교육이 추구하는 방향을 자연스럽게 바라보고 있었다. 혁신교육의 영향 아래 있든 없든, 특수교사들은 아이들을 위한 교육을 고민하고 실천했으며, 지금 이 순간에도 학교 현장에서 아이들과 함께하며 우리만의 교육 철학을 녹여 내고 있다. 그렇다면 오랜 시간 묵묵히 자신의 길을 걸어온 특수교사들은 혁신교육을 어떻게 바라볼까? 또 특수교육에서 혁신교육은 어떤 의미를 가질까?

혁신교육은 그간 많은 것을 변화시켰다. 학생 중심의 학교를 강조하고 수업에서부터 변화를 꾀하며 아이들의 성장 과정에 집중했다. 교사들이 모여 만든 학습 공동체는 학교 교육과정 운영의 기반이 되었다. 또한 민주적 학교 문화 조성을 위해 학생 자치, 교사 자치, 학부모 자치 등을 지향하며 학교 자치와 교육 자치의 틀을 마련하고, 일상에서 민주주의를 만나는 토대를 만들어 갔다. 이에 발맞추어 정책적 노력 역시 수반되었다. 전국의 각 시도는 그간 혁신교육의 성과를 바탕으로 그 철학을 정책으로 담아내려 노력했다.

일례로 경기도의 혁신교육 정책을 살펴보자. 경기혁신교육은 1.0, 2.0, 3.0이라는 이름으로 혁신교육을 모델링하고 이를 일반화하였으며, 이제는 마을과 함께 만드는 혁신교육으로 진화하고 있다. 마을 교육 공동체 실현을 위해 '꿈의 대학'과 '꿈의 학교' 등을 운영하고, 마을과 학교의 가교 역할을 하는 '몽실학교'와 '교육협동조합' 등으로 혁신교육 철학을 지역으로 확장해 나가고 있다. 이런 변화와 성과의 중심에는 학생들이 있다. 혁신교육의 핵심 주체가 '학생'임을 천명하는 것이다. 이는 다시 경기도의 4.16 교육 체제[12]에 고스란히 나타난다. 여기에는 '모든 학생이 함께 즐겁게 배우고, 배움의 과정에서 자신의 꿈을 구체화하고, 주체적이고 행복한 삶을 열어 갈 수 있는 공평한 학습 사회를 실현하겠다'는 의지를 담고 있다. 그런데 한번 생각해 보자. 혁신교육이 지향하는 '단 한 명의 아이도 포기하지 않는 학교'에 처음부터 장애 학생(혹은 특수교육 대상 학생)은 포함되어 있었을까? 장애 학생들은 특수교육 안에 있다는 이유로 고민 대상이 아니라고 생각하지는 않았을까? 만약 그런 생각이 깔려 있었다면 혁신교육이 추구하는 기본 철학은 시작부터 그 본질이 흔들린다고 봐야 하지 않을까?

앞서 말한 '구분'과 '소관'의 문제가 혁신교육에서도 예외가 아니었던 셈이다. 장애 학생은 특수교육이 살펴야 할 학생들이기에 특수교사만 포기하지 않으면 되는 문제가 아니다. 그렇지만 혁신교육 안에서조차 일반교육과 특수교육, 혁신교육과 특수교육, 일반교사와 특수교사의 구분은 자연스러웠다. 그리고 각자 소관 밖의 영역은 서로 침범하지 않으려 했다. 그렇게 시간이 흐르며 특수교육과 혁신교육은 서로 다를 것이라고 짐작하며 멀어지고 있다. 혁신교육과 특수교육이 지향하는 질

---

12 '세월호 참사'를 계기로 이제까지 교육계를 지배한 질서와 문법의 한계를 인식하고 과감한 전환이 필요하다는 요구가 높아졌다. 이에 경기도교육청이 경기혁신교육 근간을 담아 발표한 교육 정책을 말한다.(『경기 혁신교육 정책 이해』 경기도교육청, 2020)

적 성장에는 분명 공통점이 존재하지만, 서로 다를 것이라는 전제로 상대방을 지켜본다. 그래서 불편한 진실과 간과해 온 문제를 외면하고 지금처럼 유지되는 것도 나쁘지 않다고 생각하는 듯하다. 어쩌면 서로 문제를 알고 있지만 그간 애써 이룬 성과와 정체성을 지키기 위해 핵심을 가리고 있을지 모른다. 간혹 특정 문제가 발생하면 대단한 해결책을 내놓을 것처럼 고민하고 토론하지만 결론은 매번 비슷하다. "우린 서로 다르기 때문에 어쩔 수 없다."

미래 교육을 바라보는 특수교육을 하는 우리

미래 교육의 모습을 명확하게 규정할 수는 없다. 하지만 우리는 코로나19 사태를 겪으면서 뜬구름 같던 미래 교육의 모습을 직접 경험하고 있다. 전과 다른 수업 환경이 혼란스럽지만 이제 변화는 불가피하고 우리 역시 변화된 미래 교육의 모습에 녹아들어야 한다.

그렇다면 미래 교육에서는 무엇이 달라지고, 우리는 어떻게 적응해야 할까? 이 역시 명확하지 않지만, 미래 사회를 대변하는 핵심 단어들을 통해 미래 교육의 모습을 가늠해 볼 수는 있다. 미래 사회의 핵심 단어들에는 '자치', '분권', '민주', '자율', '지역', '역량', '삶', '개인과 사회의 행복', '생태' 등이 포함되어 있다. 이를 바탕으로 미래 교육의 모습을 가늠하면, 자치와 분권에 따라 지역과 학교는 지역 자치와 학교 자치 실현을 위해 노력할 것이다. 교육 공동체가 모여 자율적이고 민주적으로 우리 지역, 우리 학교만의 교육과정을 고민할 것이다. 또한 마을(지역)과 함께 학생들의 행복한 삶을 위한 교육 활동(수업 등)을 실천할 것이다. 이를 위해 교사는 전문성과 자율성을 기반으로 교사 교육과정을 운영할 역량을 개발해야 할 것이며, 학생은 그 안에서 개개인의 성장 속도에 적합한 자율권이 보장된 '맞춤형 교육'을 받을 수 있을 것이다. 이를 통해 나뿐만 아니라 사회 구성원 모두의 행복을 함께 고민하는 민주 시민으로 성장해 나갈 것이다. 다소 먼 이야기일지 모르지만 이런 미래 교육의 모습은 우리 교육 현장에서 차근차근 그 실체를 보여 줄 것이다.

이미 초등학교와 중학교는 지필 평가가 사라지거나 그 부담이 적어지고 있다. 점수로 학생들을 일렬로 나열하는 상대 평가는 학생들의 성장을 지켜볼 수 없기에, 수행 평가 등을 확대하며 평가 방향을 바꿔 가고 있다. 여기에는 교사의 다양한 도전과 시도가 필요하다. 학생들에게 무엇을 가르칠지 고민하며 자신만의 교육과정을 운영할 수 있어야 한다. 이는 미래 교육이 말하는 학생 맞춤형 교육을 지향하는 과정이다. 중학교의 '자유 학년제'는 이러한 학생 자율과 선택에 기반한 변화이며, 마을과 함께하는 교육의 모습을 담으려는 노력이다. 이를 위해 교육 공동체가 모여 아이들을 위한 다양한 교육 활동을 고민할 것이다. 고등학교의 '고교 학점제' 역시 미래 교육의 모습을 담고 있다. 자유 학년제와 마찬가지로 다양한 과목을 개설하려면 공동체의 민주적 협의가 필요하며, 학교 밖(마을)에서 일어나는 학습 경험 역시 중요하기에 지역과도 긴밀히 협조해야 한다. 학생들은 그 안에서 자신들의 진로 적성, 흥미에 따라 필요한 과목을 선택하게 된다.

다만, 이런 미래 교육의 모습을 담으려는 제도에도 한계는 있다. 지역 간 격차로 투입 가능한 교육 자원이 다를 수 있고, 교육 공동체가 모두 참여하는 민주적 학교 문화는 아직 갈 길이 멀어 보인다. 평가 역시 바뀌지 않는 이상, 특히 대입 제도가 바뀌지 않는 이상 학생 맞춤형 수업은 일반화되기 힘들며, 그에 따라 교사 교육과정 운영과 그에 따른 수업의 모습은 제한적일 수밖에 없다. 이런 한계점은 극복하기 힘든 벽일 수 있지만, 우리는 교육의 본질을 떠올리며 제기된 문제들을 하나하나 해결해 나갈 것이다. 그래서 다시 미래 교육을 그릴 때, 가장 중요한 핵심은 '교육의 본질'에 대한 끊임없는 고민이라는 결론으로 돌아오게 된다. 우리에게 필요한 교육은 무엇이고, 그 안에서 학교란 무엇이며 어떤 역할을 해야 하는지, 그렇다면 교사는 어떤 역할을 해야 하는지, 이를 통해 우리의 수업이 본질적으로 지켜 나갈 것은 무엇인지, 끊임없는 고민이 필요하다.

미래 교육으로 가는 길목에서 교육이 가지고 있어야 할 본질적 고민은 경기도교육청이 제시한 '새로운 학교 문법'에서도 확인해 볼 수 있다.[13] 여기에는 ① 학교 구성원의 존엄이 확장되기 위해서는 학교가 어떤 공동체로 전환해야 하는지(존엄의 공동체) ② 민주시민 교육에 대한 학교 구성원의 신념을 어떻게 형성해야 하는지(민주주의의 정원) ③ 교사와 학생이 일상의 삶의 철학을 어떻게 나누고 인간에 대한 물음과 씨름하는지(삶의 배움터) ④ 학교의 경계를 넘나들며 더 자유롭고 더 실험적인 상상의 장으로서 학교를 어떻게 만들 수 있는지(실험과 상상의 플랫폼)와 관련된 고민이 담겨 있다는 것이다. 서로 존중하고 배려하는 존엄의 공동체, 일상에서 만나는 민주주의의 정원, 어떤 삶을 살지 함께 고민하는 배움터, 실패를 두려워하지 않는 실험과 상상의 플랫폼. 미래 교육은 이런 학교의 모습 속에서 아이들의 자유로운 성장을 도모하고

---

13 「학교문법 재구성을 통한 학교 혁신의 목표와 전략」 백병부, 이수광, 교육문화연구, 2019

자 한다.

그렇다면 특수교육은 미래 교육의 모습을 어떻게 바라보고 있을까? 또 미래 교육을 준비하는 과정에서 교육의 본질에 관해 어떤 고민을 가지고 있을까? 여기서는 특수교육이 미래 교육을 어떻게 받아들이고 있는지를 교육 행정, 교육 자치, 학교 자치 측면에서 살펴보고자 한다.

코로나19로 인한 팬데믹은 우리가 처음 맞는 상황이었다. 등교가 미뤄졌고 아이들은 단시간에 원격 수업에 적응해야 했다. 교사들은 모여서 원격 수업의 다양한 툴과, 아이들이 조금이라도 빨리 적응할 수 있는 방법을 연구했다. 등교가 결정되고 아이들이 학교에 있는 날과 없는 날이 생기면서는 블랜디드(blended) 수업을 준비했다. 특수교육 역시 똑같은 상황에서 무엇을 할 수 있을지 고민했다. 하지만 제약이 많았다. 우린 아직도 장애의 개념을 특수교육과 동일시한다. 사회적 약자에 특수교육도 포함되어 있다고 생각하는 것 같다. "우리 아이들이 원격 수업이 되겠어?" "어쩔 수 없지." 아이들에게 필요한 세심하고 특별한 관심은 사라지고, '어쩔 수 없다'는 말로 많은 것이 간과되었다. 이런 상황에서 우리는 특수교육이 가진 의미, 특수교사가 해야 할 일 그리고 수업에 담아야 할 것들이 무엇인지 찾아내야 했다. 하지만 '장애'라는 단어가 선입견처럼 앞을 가려, 수업과 교사 그리고 학교에 대한 본질적 고민은 제대로 이루어지지 않았다. 이는 교육 행정에서도 그대로 드러나, 지원은 부족하고 형식적이었다. 현 상황을 세심하게 살펴야 할 특수교육의 행정이 제 기능을 발휘하지 못했다. 물론 모두가 처음 맞는 위기 상황이기에 이해할 수는 있다. 하지만 현장 역시 처음이기에 지푸라기라도 잡고 싶은 심정이었다. 간절하게 기다린 지침은 제목의 특수학교 옆에 '(급)'을 억지로 붙인 듯한 것이 전부였다. 전체 특수교육 대상 학생의 72%가 일반학교에 다니는 사실은 간과되었다. 대응 지침도 별반 도움이 되지 않았다. "특수학급의 경우 단위 학교의 학사 운영에 준하되 학교 여건을 고려하여 학생 등교 인원과 운영 방식은 자율 결정 가능함. 교육 공동체의 의견 수렴 후 원격 수업 관리 위원회에서 결정함." 학교 자치라는 측면에서는 당연해 보이지만, 특수학급이 처한 특수한 상황을 고려하면 지침이 부족했다. 하물며 특수교육 관련 행사의 취소 혹은 연기, 각종 교육비 지원(원거리 통학비, 현장 체험 학습비 등), 방과 후 교실 등과 관련된 알림보다 그 수가 적었다. 오랜 시간 그래 온 것처럼 특수학급은 또 다시 교사의 개인 역량에 따라 각자 대응에 맡겨진 것이다. 물론 학생의 개인차에 맞춘 다양한 특수학급을 운영하는 것은 자연스럽다. 하지만 그 속에 특수교사 혼자 해결할 수 없는 불안정성이 공존한다면 그 영향은 고스란히 학생들에게 돌아갈 수밖에 없다.

교육 자치나 학교 자치에 대한 고민도 부족했다. 코로나 사태는 교육 자치를 골자로 한 미래 교육의 모습을 한 발 더 빨리 우리 앞에 가져왔고, 지금의 위기 상황에서 지역이나 학교의 실정과 특성에 맞는 대응을 강조한다. 하지만 이미 교육 자치와 학교 자치는 꾸준히 강조되어 왔다. 혁신교육의 제도화를 고민한 '혁신교육 1.0', 혁신학교 일반화와 민주적 학교 문화 조성 등을 목표로 한 '혁신교육 2.0', 지역과 함께 만드는 혁신교육과 미래 교육으로의 전환을 바라보고 있는 '혁신교육 3.0'은 단계적인 과정을 거치며 교육 자치를 핵심 과제로 두고 있었다.[14] 그렇다

14 『경기 혁신교육 정책 이해』 경기도교육청, 2020

면 특수교육 안에선 무엇을 준비하고 있었을까? 특수교육은 교육 자치, 학교 자치를 위해서 어떤 고민을 하고 있었을까? 이미 특수교육지원센터는 이를 위한 중심이 되어야 했다. 하지만 제도가 마련되어 있지 않아 제 역할을 바랄 수 없었다. 특히나 요즘의 위기 상황에서는 한계가 여실히 드러났다. 일반교육 안에서 교육 자치를 두고 권한 이양을 논의하며 갑론을박하고 있을 때, 특수교육 안에서는 권한 이양이라는 단어조차 꺼낼 수 없는 분위기였다. 교육 자치는 특수교육지원센터 팀장의 개인 역량에 따라서도 달랐다.[15] 지금의 특수교육지원센터는 지역 교육청의 행정 업무를 대행하는 데 그치고 있다. 따라서 지역 현안을 파악해 현장 교사들이 필요로 하는 것을 채워 주는 역할을 제대로 수행하지 못하고 있다. 오히려 앞서 언급한 소수의 열정 있는 교사가 현장을 주도하는 형국이다. 하지만 이마저도 한계가 있다.

다시 반문해 본다. 그렇다면 특수교육은 과연 현장을 주도하는 교사를 지원할 개방성과 창의성을 가지고 있을까? 이를 구심점으로 지역과 학교에 맞는 교육 자치를 구상하고 있을까? 확답하기 힘들다. 그렇게 특수교육의 모습은 또 다시 미래 교육의 모습과 궤를 달리하고 만다.

미래 교육을 대하는 특수교육 주체들은 준비가 부족해 보인다. 주어진 목표를 달성하기 위해선 필연적으로 그 준비 과정이 필요하듯, 직면한 미래 교육을 맞이하는 데도 분명 준비 과정이 필요하다. 이미 일반

---

15 각 교육지원청에 설치되어 있는 특수교육지원센터는 팀장을 중심으로 운영된다. 지원센터를 담당하는 장학사는 일반적으로 특수교사 출신이어야 하지만 대부분 초등학교 교사를 지낸 장학사가 업무를 담당한다. 지원센터의 팀장 역시 애매한 권한을 가지고 있으며, 특수교사 사이에서는 기피 업무이기에 담당이 수시로 바뀐다. 신규 교사가 팀장을 맡을 때도 많다.

교육은 혁신교육을 필두로 많은 것들을 준비했으며 이를 제도화하고 있다. 교육의 본질을 염두에 두고 학교 기능을 정상화하는 데 역량을 집중했다. 수업에 담아야 할 것은 무엇인지, 이를 위해 교사는 무엇을 해야 하는지, 학교는 무엇을 해야 하는지 되물으며 필요한 방법을 찾아 나갔다. 그런 과정에서 보여 준 모든 모습이 성공적이지 않았어도, 준비가 있는 것과 없는 것은 분명한 차이를 만들 것이다. 다시 한번 반문해 본다. 특수교육을 하는 우리는 미래 교육을 어떻게 바라보고 있는가?

지금이 특수교육의 가장 큰 위기일지 모른다

이제 미래 교육의 모습은 담론 차원을 넘어 구체화된 실천으로 학교 현장을 조금씩 변화시키고 있다. 하지만 이런 변화를 함께하기 위한 특수교육의 고민은 깊어 보이지 않는다. 그래서 어쩌면 지금이 특수교육의 가장 큰 위기일지도 모른다.

최근 우리 교육의 가장 큰 화두는 고교 학점제다. 교육부와 각 시도 교육청은 고교 학점제의 전면 시행을 목표로 차근차근 변화를 모색하고 있다.[16] 고교 학점제는 '학생의 선택을 중심에 두고 모든 학생을 위한 교육'을 논한다. 수학에 흥미가 없어 수업 시간에 누워 자는 학생에게도 그에 맞는 필요한 과정을 제공하자는 것이 고교 학점제의 기본 방향이

16 교육부는 2025년 고교 학점제 전면 시행을 목표로 하며, 경기도교육청은 2022년 전면 시행을 목표로 하고 있다.(특성화 고등학교는 2021년, 일반 고등학교는 2022년 전면 시행이 목표다.)

다. 학습 동기를 부여하고 자기 주도적 학습자로 성장할 수 있도록 지원 체제를 구축하려는 것이다. 이는 학생으로 하여금 자신의 적성과 진로에 맞는 과목을 스스로 선택하게 하고 그에 따른 책임을 강조한다. 학생들은 다양한 과목을 선택 이수하며, 누적 학점이 기준에 도달할 경우 졸업을 인정받는다. 이런 고교 학점제는 단순히 대학 진학을 위한 수단이 아니다. 앞서 이야기한 대로 학생의 선택과 자율이 미래 교육의 한 모습이라면, 이를 위한 학생 맞춤형 교육의 일환으로 볼 수 있다. 따라서 고교 학점제는 공교육의 체질 개선을 유도하며 앞으로 교육 현장에 많은 영향을 미칠 것이다. 우선 학생의 성장 속도에 맞는 개별화된 교육 경험이 강조되는 만큼, 다양한 수준의 과목을 개설하기 위해 공동체 간의 유기적 협력이 중요해진다. 따라서 학교 교육은 더 개방적으로 지역 사회와 함께할 것이며, 유연한 배움을 보다 강조할 것이다. 또한 기존의 줄 세우기식 평가를 지양하고, 학생의 성장 과정에 초점을 맞춘 평가를 강조할 것이다. 이는 자연스럽게 기존 수업에도 많은 영향을 미칠 것이다. 또한 이전보다 학생 중심, 활동 중심의 수업이 강조될 가능성이 높다. 고교 학점제는 이런 변화의 시작이자, 미래 교육의 화두를 제시하며 변화의 필요성을 적극적으로 알리는 기능까지 수행하고 있다. 이를 두고 김성천(2019)은 "고교 학점제가 미래 교육의 모든 것을 대변하지는 않지만, 미래 교육으로의 변화를 위한 첫 번째 플랫폼"이라고 이야기했다.[17] 그만큼 미래 교육을 이야기하는 수많은 화두가 고교 학점제 안에 담겨 있음을 의미한다.

---

17 『고교 학점제란 무엇인가?』 김성천 외, 맘에드림, 2019

하지만 특수교육은 여기서도 예외다. 고교 학점제 선도 학교나 연구 학교에서도 특수교육 대상 학생의 과목 선택권과 자율은 제대로 보장받지 못하고 있다. 개설 과목은 대부분 비장애 학생을 위한 것들이다. 장애 학생이나 학습 부진 학생을 위한 과목 개설은 뒤로 미뤄 둔 것 같다. 더 큰 문제는 특수교육 행정, 특수교사 등 특수교육 관련 주체들의 관심이 무엇보다 부족하다는 점이다. 미래 교육의 화두를 던져 놓은 고교 학점제는 다양한 이견과 논란거리를 낳으며 빠른 속도로 추진되고 있지만, 그 안에서 특수교육에 관한 고민은 어디서도 찾아볼 수 없다. 고교 학점제를 시작하는 학교 입장에서도 소수의 장애 학생을 위해 과목까지 개설하기는 부담스러울 것이다. 그래서 장애 학생들의 진로나 적성, 흥미 등이 고려된 과목은 상당히 제한적이다. 관점을 달리해, 교사 입장에서 바라보자. 장애 학생을 위한 과목은 누가 개설할까? 특수교사가 할 수 있을까? 특수교사가 장애 학생을 위한 과목을 개설한다면 필요한 절차는 무엇일까? 그리고 그 대상은 장애 학생만을 위한 것이어야 할까? 이런 질문에서 답을 찾기 어려운 경우 대부분의 특수교사는 일반교사가 개설한 과목을 살펴보고, 장애 학생이 참여할 수 있을지를 판단한 후 과목을 선택할 것이다. 결국 장애 학생들의 선택과 자율은 미래 교육으로 변화하는 이 시점에서도 보장받기 힘든 상황이다. 어쩌면 과목은 개설했지만 신청 학생이 적은 과목에 이름을 빌려주는 일도 파다할지 모른다. 설사 학생들의 다양한 과목 선택권을 보장하는 학교가 있다고 한들, 소수 학생들을 위한 과목 개설이 아니기에 장애 학생들에게는 그림의 떡이 될 공산이 크다. 그렇게 선택한 과목을 학생들이 이수하지 못한 경우에는 어떻게 해야 할까? 그 때문에 특별 보충 과정이 생긴다면 아이들은 또 어떤 방식으로 참여해야 할까? 변수도 많고 그만큼 고민할 것도 많다. 장애 학생의 과목 선택, 과목 개설, 성취 기준 수정, 이수 등에서 발생하는 문제는 또 다시 특수교사의 책임이 될 것이며, 특수교사는 대내외적인 지원 없이 스스로 해결책을 찾으려 고군분투할 것이다. 이에 특수학급이라는 작은 섬은 점점 더 고립될지도 모른다.

문제는 또 있다. 특수교사 개인의 역량에 따라 고교 학점제에 참여하는 특수학급의 모습은 천차만별일 수 있다는 점이다. 그래서 어떤 학교에서의 특수학급은 '학교 안의 또 다른 특수학교'로의 구분이 심화될 수도 있다. 새로운 제도가 마련되어도 함께할 수 없다면, 통합교육의 의도와는 다르게 장애 학생은 특수학교에서, 비장애 학생은 일반학교에서 교육받는 것이 더 나을지도 모른다는 생각들이 자연스럽게 논의될지도 모르겠다.

이것이 특수교육의 현실이며, 우리 교육의 현실이다. 장애 학생의 자유로운 선택권조차 고민하지 않는 특수교육의 현실이며, 모든 학생을 위한 교육에 장애 학생은 자연스레 논의 밖에 두는 우리 교육의 현실이다. 김성천의 말처럼 고교 학점제가 미래 교육을 위한 첫 번째 플랫폼이라면, 특수학급으로서는 고교 학점제가 미래 교육의 가장 큰 위기를 초래할 수 있는 첫 번째 플랫폼이 될 수도 있다. 그리고 위기로 인한 피해는 우리 학생에게 돌아갈 것이다.

개인적으로 NSCC[18] 창립자 조너선 코헨(Jonathan Cohen)이 정의한 교

18 National School Climate Center

육의 목적을 좋아한다. 우리 교육이 가지고 있어야 할 역할을 잘 담았다고 생각한다. 그는 "교육의 목적은 아동, 청소년들이 책임 있는 민주시민으로 살아가기 위해 필요한 지식, 능력, 성향을 키워 주는 것이다. 이는 훌륭한 친구가 되어 주는 것, 훌륭한 동료가 되어 주는 것, 함께 협력해서 문제를 해결하는 것, 공정하고 정의롭게 행동하는 것, 나아가 사회 전체가 육체적, 정신적 건강의 조화를 통해 행복하고 아름다운 삶을 추구할 수 있도록 기여하는 것이다"라고 말했다. 이를 바라보는 교사들의 생각은 어떨까? 단어 하나하나를 이해하고 받아들이는 데 개인적 차이는 있겠지만 대부분 긍정하며 고개를 끄덕일 것이다. 마찬가지다. 교육의 목적에 있어서는 특수교육의 생각도, 혁신교육의 생각도, 미래 교육의 생각도 본질적인 지향점은 같다. 그래서 지금처럼 같은 곳을 바라보면서도 다른 생각을 하는 현실이 더더욱 안타깝다.

공과 실이 있지만 지금까지 혁신교육이 보여 준 성과는 긍정적이고 소중하다. 하지만 그 성과 안에서 특수교육과 함께할 변화는 보이지 않는다. 그렇게 서로 다른 길을 가는 모습이 다가올 미래 교육에 큰 위기를 초래할까 봐 걱정스럽다.

교육 보편성에 대한 재인식

모든 변화가 항상 좋은 결과를 가져오는 것은 아니다. 변화가 성공적이어도 모두를 만족시킬 수 없으며, 한계를 보일 때도 많다. 혁신교육 역시 그 시작은 변화를 이끄는 좋은 모델이었지만 동시에 동력을 잃는 모습도 곳곳에서 확인할 수 있다. 실제로 학교 현장에는 혁신교육에 반감을 갖는 교사도 적지 않다. 아예 관심이 없는 교사 역시 많다. 이들을 이끄는 리더들은 번아웃을 토로하며 지쳐 가고, 새로운 리더들을 양성하려 노력하지만 녹록지 않다. 게다가 기존에 현장에서 혁신학교를 이끌던 리더들이 교육청 등으로 자리를 옮기면서 리더 부재로 인한 공백이 점점 심화되고 있다. 하지만 매년 무언가에 쫓기듯 새로운 제도와 정책이 서둘러 시행된다. 이제는 제대로 된 성찰이 필요하다는 자성의 목소리도 나오지만 정책을 추진하는 사람들과 현장에 있는 사람 사이의 생각 차는 커 보인다.

변화를 성공으로 이끌기 위해서는 항상 본연의 모습을 고민해야 한다. 혁신교육 역시 마찬가지다. 빠르게 변화하는 사회에서 교육은 어떤 의미를 담아야 하는지, 교사는 어떤 모습이어야 하는지 그리고 수업에는 무엇을 담아야 하는지에 관해 본질적인 고민이 필요하다. 특수교육도 변화의 기로에 서 있다. 그 변화는 빠르게 전개되고 있으며 혼란과 갈등, 반성의 목소리도 흘러나올 것이다. 그렇다 하더라도 특수교육 역시 변화의 과정 속에 교육의 본질적 고민을 놓쳐서는 안 된다.

교육의 본질에 관한 고민은 교육이 지닌 보편성에서부터 시작되어야 한다고 생각한다. 교육의 보편성은 특수교육도 가지고 있어야 할 공통분모를 다루기 때문이다. 하지만 지금까지 특수교육은 보편성보다는 특수한 정체성을 강조해 왔다. 이에 그간 놓치고 지나간 부분을 새롭게 재인식할 필요가 있다. 여기서 특수교육이 생각해야 할 교육의 보편적인 변화를 이야기해 보자.

먼저 특수교육에는 '대상 학생'에 대한 인식 변화가 필요하다. 출산율이 급격히 떨어짐에 따라 학령기 학생 수는 해마다 급감하고 있다. 학생들은 미래를 이끌어 갈 주인공이며 하나하나가 모두 소중하기에 '단 한 명의 아이도' 놓쳐서는 안 된다. 따라서 각각의 개별 성장을 지원하기 위한 노력이 더욱 중요해졌다. 이런 흐름으로 볼 때 최근의 '보편적 학습 설계(UDL, Universal Design for Learning)'에 대한 관심은 우리에게 많은 생각을 불러일으킨다. UDL은 장애 학생뿐만 아니라 학습 부진 학생 등 모든 학생을 살펴서 개별 학생에 필요한 교육적 요구를 단계별로 찾아 지원한다. 그 과정에서 교육 공동체의 협력이 바탕이 되고 특수교사도 공동체의 일원으로 참여해 필요한 부분을 적극적으로 지원한다. 장애 학생 역시 학생 중 한 명이라는 점을 전제로 모든 학생의 성장을 고민하는 것이다. 그런데 보편적 학습 설계를 바라보는 특수교사의 이해는 그 폭이 좁다. 모든 학생을 위한 교육보다는 일단 '특수교육 대상 학생'을 위한 교육으로 의미를 축소한다. 분명한 것은 보편적 학습 설계는 장애 학생만을 위한 지원 전략이 아니라는 점이다. 장애 학생을 포함한 모든 학생들이 학습에 수월하게 접근할 수 있는 모든 지원을 전제한다. 따라서 여기서부터 교육의 보편적 측면에 입각한 인식 변화가 필요하다. 특수교사의 역할을 '장애 학생'만을 위한 교사로 축소하지 말아야 한다. 모든 학생을 위해 고민을 함께 나누는 교사 중 하나여야 한다. 그러는 한편 '특수교육 대상자'가 아니라는 이유로 관심을 주지 않았던 기초 학력이나 학습 부진 학생들에게도 '특수한 교사'로서의 전문성을 보여야 한다. 이를 바탕으로 모든 학생을 위한 교육을 함께 고민하며 일반교육과 새로운 협력적 관계를 만들어야 한다. 또한 비장애 학생을 위한 교육 활동에 특수교사들도 참여해 모든 학생을 위한 교육을 실현해 나가야 한다. 그렇게 함으로써 장애 학생들을 위한 교육 활동 역시 모든 교사와 함께 만들어 나갈 수 있을 것이다.

다음으로 '교육과정'에서의 변화를 살펴보자. 우선 가장 눈에 띄는 변화는 교육과정을 결정하는 주도권이 학교와 교사에게 넘어오고 있다는 점이다. 교육과정 운영의 자율성과 교사의 전문성을 바탕으로 우리 학교와 지역에 맞는 교육과정을 운영하도록 강조하고 있다. 이런 변화는 최근 경기도교육청이 '학교 자율 과정'을 편성 운영한 대목에서도 확인할 수 있다. 이를 통해 교사는 교과 내, 교과 간 내용을 자율적으로 연계하여 보다 다양한 교과 융합 활동을 운영하는 기틀을 마련하였다. 또한 '사회적 배움의 실천'이라는 이름으로 마을과 연계한 교육 활동을 고민하고 있으며, 학생 주도 프로젝트 활동을 통해 다양한 수업에서 자신들이 선택하고 결정한 사항을 더 의미 있게 반영할 수 있게 되었다. 사실 교사 입장에선 갑자기(?) 시행되는 학교 자율 과정이 큰 부담일 수 있다. 하지만 이를 위한 교사들의 역량 강화는 꾸준히 진행해 오고 있었다. 그간 우리는 성장 중심 평가, 배움 중심 수업, 배움의 공동체, 교육과정-수업-평가의 일체화 등을 통해서 교육과정 재구성과 수업, 평가를 하나의 틀로 연결하고자 노력했다. 이를 통해 학생 중심의 수업과 성장 과정을 담은 평가를 고민했고 이런 과정을 거치며 교사들의 자율성과 전문성을 조금씩 성장시켜 왔다. 그리고 조금 더 적극적인 의미를 담은 '교사 교육과정'을 강조하고 있다. 교사 교육과정이란 학생들의 의미 있는 배움을 위해 교사가 국가 수준의 교육과정에 적극 개입해 새롭게 수정, 개발한 교육과정을 말한다. 이는 앞에서도 언급한 것처럼 교육과정의 분권화, 자율화, 학교혁신 운동과 그 맥을 같이하고 있으며[19], 자

19 『교사 교육과정을 디자인하다』 박수원 외, 테크빌교육, 2020

치, 분권, 자율, 삶이라는 미래 사회의 키워드를 생각할 때 미래 교육을 위해서도 빼놓을 수 없는 중요한 변화다. 하지만 어찌 된 일인지 특수교육 안에서는 이런 고민이 제대로 정착하지 못한 분위기다. 특수교육 안에서 배움의 공동체, 성장 중심 평가, 배움 중심 수업, 교수평 일체화 등은 서류에만 있는 모습이다. 이는 수업과 학생을 중심에 두고 학교를 변화시키려는 수많은 교육 운동이 특수교육 안에서 제대로 정착하지 못한 데서도 확인된다. 교육과정을 두고 모두가 공통적으로 느끼는 변화를 특수교육은 제대로 감지하지 못하는 것이다. 일반교육이 주도하고 있기에 특수교육과는 다른 무엇이 아니다. 일반교육에서 일어난 운동이기에 특수교육 안에서는 일어날 수 없는 무엇도 아니다. 이제는 모든 학생을 위한 교육, 미래를 살아갈 아이들을 위한 교육과정을 함께 고민해야 할 때다. 특수교육은 '특수성'으로 쌓아 온 정체성의 담을 조금씩 허물어야 한다. 그리고 '모든' 학생을 위한 교육 활동과 이를 위한 교사 교육과정에 관한 고민으로 새로운 정체성을 쌓아야 한다. 교육의 보편성과 그에 따른 변화를 인식하고 특수교육이 잘할 수 있는 특수성을 그 안에 녹여 내야 한다.

일반교육과 특수교육의 관계 재설정

"마찬가지입니다. '장애 문제'도 장애인에게 뭔가 문제가 있다는 뜻이 아닙니다. 장애 문제 역시 '장애인과 비장애인 간 관계의 문제'입니다. 그래서 장애 문제의 한 일방이 장애인이라면 다른 한 일방은 비장애인이 됩니다. 장애 문제가 해결이 되려면 장애인도 더 잘 단결하고 권리 의식을 높여 가야 하겠지만, 비장애인이 바뀌고 비장애인 중심의 사회도 바뀌어야 합니다. 비장애인은 장애 문제와 무관한 존재일 수 없습니다. 장애 문제가 장애인과 비장애인을 포함한 우리 모두의 문제인 것은, 장애인이 좋으면 비장애인도 좋고 비장애인도 언제든지 장애인이 될 수 있기 때문만은 아닙니다. 더 근본적으로, 비장애인이 장애 문제의 한 일방이기 때문이고 장애 문제의 해결과 직접적으로 연관되어 있는 존재이기 때문입니다. 비장애인인 제가 장애 문제나 여성 문제와 무관하지 않은 존재라 여기는 것은 바로 이런 이유 때문입니다. 그리고 이런 이해를 지닐 때만이 우리 사회는 장애인을 타자화시키지 않으며, 그저 장애인을 돕는 데 머물지 않고 장애 문제 해결을 위한 공동의 책임과 역할을 주체적으로 찾아 나갈 수 있을 것입니다."

– 설악고 2018학년도 10월 '선생님이 들려주는 인문학 이야기' 강의 노트에서[20]

특수교육과 장애를 바라보는 일반교사들의 인식에는 크고 작은 편견들이 녹아 있다. 특수학급을 공부를 못하거나 조금 달라 보이는 학생들이 가는 학급이라고 생각하는 것부터, 장애를 가진 개별 학생의 특성보다는 그저 "착하다" "순수하다"는 말로 아이들을 바라보는 점도 그렇다. 단순한 이미지로 대치된 편견은 관계 형성에 한계를 긋는다. 학생

---

20 2018년부터 설악고에서는 '세상은 넓기에 더 큰 세상을 보아야 한다'는 취지로 매월 비장애 학생을 대상으로 '선생님이 들려주는 인문학 이야기' 강좌를 운영했다. 강좌에는 반드시 '장애인의 삶'에 관한 주제를 넣어 학생들과 이야기를 나누었다. 해당 내용은 장애인 언론 '비마이너'의 발행인 김도현 선생님의 강의 자료 중 일부다.

개개인을 떠올릴 때 '장애' 혹은 '특수교육'이라는 단어를 넘어서지 못하고, 교사와 학생이 서로 주고받는 관계가 아니라 한쪽이 주고 한쪽이 받는 일방적인 관계가 형성되기 때문이다. 학기 초 수업 중 유난히 혼잣말을 많이 하는 학생을 두고 교과 선생님이 말했다. "○○는 혼잣말을 많이 하던데, 어떻게 해야 할지 모르겠어요." 나는 이렇게 되묻고 싶었다. "왜 학생에게 직접 물어보지 않았어요?" 대화를 하다 보면 무엇이 문제인지 가늠될 것이고, 특수교사와 함께 문제를 풀어 나갈 수도 있을 텐데 말이다. 하지만 이미 그 선생님에게는 ○○가 장애 학생이었고, '장애'라는 장벽이 선생님의 통상적인 사고와 행동조차 어렵게 만들고 있었다. 그래서 특수교사인 내게 '특수교육적 지원'을 요청한 것이다. 나는 이렇게 말했다. "혼잣말을 조금 많이 하는 학생이에요. 학기 초라 다른 아이들처럼 새로운 환경에 적응하는 데 시간이 필요하고, 그 불안한 심정이 유달리 혼잣말을 하는 행동으로 나타나는 것 같아요. 다른 아이들이 불안하면 다리를 떨거나 목소리가 떨리는 것처럼 ○○도 불안한 감정을 그렇게 표현하는 거죠. 저도 한번 물어보겠지만, 또 그러면 선생님도 ○○에게 이유를 물어보고 무엇이 필요한지 들어주세요. 그래서 문제를 같이 해결하면 좋을 것 같아요."

간혹 장애에 대한 편견을 스스럼없이 드러내는 선생님을 보면 당혹스럽다. 한번은 이런 일이 있었다. 특수교육 방과 후 교실 운영 건으로 학교운영위원회의 심의를 받으려던 날이었다. 예정된 프로그램을 자세히 설명하고 질의를 기다리는데, 한 선생님이 뜻밖의 질문을 했다. "우리 학교 지원반 학생들은 어떤 병이 주를 이루고 있나요?" 나는 귀를 의심했다. "네? 질병요? 질병이라고 하시면 어떤 것을 말씀하는지 이해가 안

되는데요." 굳이 난처한 분위기를 만들고 싶기도 했다는 게 솔직한 심정이다. 잠시 정적이 흘렀다. 나는 다시 물었다. "질병이 아니라 어떤 장애 유형을 가지고 있는지 물어보시는 거죠?" 그제서야 모두 고개를 끄덕였다. 그날 나는 방과 후 프로그램 설명은 제쳐 두고 장애에 관해 자세히 설명했다. 학교운영위원이기도 하지만 지역 사회에서 함께 살아갈 어른들이기에 꼭 필요한 일이었다.

장애에 관한 우리 사회의 인식은 이전보다 많이 개선되었다고 생각한다. 하지만 중요한 핵심 포인트를 놓치고 있지는 않은지 걱정도 된다. 지금은 많은 학교에 특수학급이 생기고, 지역별로 특수학교가 꾸준히 설립되고 있다. 주변에서도 장애인을 쉽게 만날 수 있다. 하지만 '장애'라는 단어에 가려 개별 주체의 차이를 인지하지 못한다. 관계는 서로에 대한 이해를 전제로 하며, 각자가 가진 차이를 존중할 때 올바른 관계가 성립된다. 그리고 그런 관계를 전제로 변화를 이끌 때, 문제를 해결할 수 있다.

프랑스 철학자 질 들뢰즈(Gilles Deleuze)는 "차이가 존재고 존재가 차이다"라고 말했다. 모든 인간은 차이를 가지고 존재한다. 이는 교육에도 그대로 적용할 수 있다. 즉, 모든 학생은 차이점을 가지고 있고 그 가치를 존중받아야 한다. 이를 부정한다면 그건 교육 본연의 모습이 아니다. 이를 두고 허승준(2020)은 "차이를 고려하지 않은 교육은 존재를 고려하지 않는 교육이 된다"고 이야기하였다.[21] 따라서 특수교육과 일반교육이 새로운 협력적 관계를 도모하고자 할 때는 우선 서로의 차이를 존중

21 「차이의 교육과 개별화 지원」 허승준, 《열린교육연구》 제28권 제1호, 2020

하는 것이 전제되어야 한다. 이는 허승준의 말처럼 교육 본연의 모습이 서로 다른 개별 학생의 차이를 존중하는 데서부터 시작해야 하기 때문이다. 또 특수교육과 일반교육이 추구하는 핵심 가치 역시 학생 간의 차이를 존중한 교육을 지향하기 때문이다. 모든 존재의 차이를 존중한다면 애써 일반교육과 특수교육을 구분하는 것은 의미가 없을지도 모른다. 아니 없다. 하지만 현실은 그렇지 못하다. 지금의 구분을 새롭게 인식하고 그 관계를 다시금 고민하는 방법은 들뢰즈가 말한 '차이가 존재고, 존재가 차이'에서 해결책을 찾을 수 있을 것이다. 저마다 차이가 있다는 것은 자연스러운 일이며, 그런 차이가 인간 존재의 절대적 가치임을 우리 교육 현장에서 올바르게 이해할 필요가 있다. 이를 통해 '구분'과 '소관'을 넘어 모든 아이를 위한 협력적 관계가 구축되어야 한다.

수업을 중심에 둔 특수학급의 역할 재정의

대부분의 특수교육 정책은 특수학교를 중심으로 수립된다. 특수교육 대상 학생에게 통합교육 기회를 제공하기 위해 다양한 형태의 학급을 제시하고는 있지만, 많은 부분에서 특수학교의 모습이 특수교육을 대변한다. 앞서 언급한 것처럼 전체 특수교육 대상 학생의 72%가 일반학교에 다니고 그중 약 55%가 특수학급에서 수업을 받고 있기 때문이다. 이제 특수학급도 변화의 중심에 서서 특수교육을 변화시킬 때가 되었다고 생각한다. 나는 지난 10여 년간 특수학급에서만 교직 생활을 해왔다. 그래서 처음 이 책의 집필을 상의할 때 다양한 학교 경험이 부족한 점을 고민하지 않을 수 없었다. 그럼에도 집필을 결정한 가장 큰 이유는 특수학급을 통해서 달라지는 학교의 모습을 경험했기 때문이며,

그 경험을 여러 사람들과 나누고 싶었기 때문이다.

학교가 달라지려면 여러 요인이 필요하다. 민주주의 문화, 협력과 소통, 존중과 배려 등이 총체적으로 작동할 때 학교는 발전하고 성장한다. 그래서 변화는 교사 혼자서 할 수 있는 일이 아니다. 특히나 장애 학생에 대한 책임을 강조하는 학교로의 변화는 특수교사 혼자서는 해낼 수 없다. 그런 상황에서 지난날 특수교사들은 홀로 남겨진 전사처럼 고군분투하며 변화를 위해 노력했다. 이제는 조금 다른 방향으로 눈을 돌려 공동체와 함께 변화를 모색해야 한다. 우리는 이미 앞에서 수업과 학생을 중심에 둔 학교의 변화를 확인했다. 혁신교육과 미래 교육의 모습은 모두 학생을 중심에 둔 수업 변화가 핵심이었다. 특수교육 역시 변화의 중심에 수업이 있어야 한다. 우리가 할 수 있는 가장 기본에서부터 변화를 바라봐야 한다. 삶과 수업을 연결하고, 학생을 중심에 둔 수업을 학교 안의 모든 공동체와 나누어야 한다. 이를 통해 장애와 장애인, 특수학급에 대한 인식을 바꾸어 나가야 한다. 이런 변화와 함께 특수학급이 할 수 있는 역할을 재정의하고, 마침내 특수학교와 특수교육을 변화시키려는 노력과 다시 만나야 한다. 그것이 모든 학생을 위한 교육의 시작이 될 것이다. 이 글을 읽는 여러분도 변화를 바라고 있다면, 그리고 그 중심에 수업이 있어야 한다고 생각한다면, 더 세심하게 살펴야 할 것들이 있다. 그 첫 번째는 '잠재적 교육과정'이고, 두 번째는 '통합교육의 본질'이다.

먼저 잠재적 교육과정에 관해 생각해 보자. 세일러(J. G. Saylor)와 알렉산더(W. M. Alexander)는 "교육과정이란 학교에서 전개되는 모든 학습의 기회를 포괄적으로 말하는 것이다"고 하였다.[22] 이에 따라 교육과정은 공식적 교육과정과 잠재적 교육과정으로 나눌 수 있다. 공식적 교육과정이 겉으로 드러난 계획된 교육과정이라면, 잠재적 교육과정은 학생이 학교생활을 통해 은연중에 배우는 가치, 태도, 행동 양식 등의 경험된 교육과정을 말한다. 따라서 잠재적 교육과정은 원래 의도와 다르게 바람직하지 않을 수도 있다. 잠재적 교육과정에 대한 고민의 핵심이 바로 여기에 있다. '은연중에 배우는' 것과 '의도와 다를 수 있는' 것.

학교에서 학생들이 장애에 관해 갖는 생각은 특수교사의 영향이 크다. 우리가 하는 장애 이해 수업, 특수학급에서의 모든 교육 활동은 은연중에 학생들과 교사들에게 영향을 미칠 가능성이 높다. 따라서 은연중에 경험하게 될 교육과정 속에서 특수교사와 학생이 어떤 만남을 가져야 하는지 곰곰이 생각해 볼 필요가 있다. 우리와의 만남을 통해 아이들에게 형성될 장애에 대한 가치, 태도와 행동 양식은 바람직할 수도 그렇지 않을 수도 있기 때문이다. 그래서 특수교사인 우리는 누구도 강요하지 않지만, 스스로에게 무거운 책임감을 지운다. 그리고 수업은 그런 책임감을 실천할 중요한 변화의 시작이다. 우리가 하는 '장애 이해 교육'에서 학생들과 의미 있는 만남이 일어난다면, 그것을 시작으로 아이들에게 다양한 생각거리를 던져 줄 수 있을 것이다. 거기에 학교 상황에 맞는 장애 인식 개선 수업을 디자인하면, 인식 변화에 새로운 가능성이 열릴 것이다. 특수학급의 수업이 학생의 삶과 의미 있게 연결되어 학교의 다른 어떤 수업보다 즐겁고 재미있어 보인다면, 학교 공동체에 수업이 가진 의미를 환기하는 역할도 충분히 가능하다. 수업을 통해, 우

---

22 『교육과정과 교육평가』 김종서 외, 교육과학사, 2004

리의 교육 활동을 통해, 특수학습의 수업이 '조금 다르지만 같은 목적을 가진 교육'이라는 인식이 살아난다면, 그것이야말로 변화의 작은 시작이 아닐까.

잠재적 교육과정과 함께 또 하나 들여다볼 것은 통합교육의 본질이다. 통합교육이 담고 있는 교육적 의미는 계속해서 성장하고 있다. 초기의 통합교육은 물리적 통합의 의미를 담아 특수학급의 양적인 성장을 이끌었다. 이때는 장애 학생과 비장애 학생의 통합된 환경이 논의의 초점이었다. 따라서 일반교육에 특수교육을 참여시켜야 했기에 장애 학생을 분리하지 않고 일반교육 안으로 통합시키는 것이 선결 과제였다. 이때의 특수학급은 일반학교 안에서 특수교육을 받을 수 있는 개별 공간을 의미했다. 이후 통합교육이 퍼져 나가면서 그 속에 담긴 생각들이 차근차근 성장하기 시작했다. 단순히 장애 학생을 위한 교육이라는 의미에서 벗어나 모든 학생을 위한 교육을 지향하며, 교육 전반의 질적 개선을 주요 과제로 설정하기 시작했다. 다시 말해, 기존의 환경적 통합 개념을 넘어, 하나의 교육 체제 안에서 장애 유무와 상관없이 학생의 차이와 다양성을 존중하는 교육으로 성장하고 있는 것이다. 하지만 우리가 익히 알고 있듯 통합교육의 현실은 녹록지 않다. 특수학급은 분리된 공간이고, 비장애 학생과 특수교육 대상 학생이 명확히 구분되어 있으며, 특수교육과 일반교육의 이원화된 체제 아래 존재한다. 꾸준히 성장 중인 통합교육의 철학과 달리 우리의 준비가 부족한 것이다.

이제 특수교육은 통합교육의 본질을 마음에 새기며 특수교사와 특수학급의 역할을 재정의해야 한다. 혁신교육은 '단 한 명의 아이도 포기하지 않는 교육'을 바라고, 미래 교육 역시 '모든 학생의 다양성을 존중'하고 있다. 통합교육은 이미 오래전부터 혁신교육과 미래 교육이 바라는 모습들을 그 안에 녹여 내고 있었다. 이들과 다르지 않은 특수교육 역시 통합교육의 본질을 바탕으로 앞으로의 변화를 모색해야 한다. 특수학급과 특수교사의 역할 재정의도 일원화된 체제 안에서 함께 이루어져야 한다. 그리고 이는 특별한 누군가의 노력으로 되는 일이 아니다. 일반교사든 특수교사든 개인적 노력은 한계를 가질 수밖에 없다. 따라서 함께 고민하고 나누는 협력적 접근이 필요하다. 하지만 어디서부터 무엇을 어떻게 해야 할지 막막할 것이다. 함께 나눌 공통분모 역시 많지 않아 시작부터 어려움이 따를 수도 있다. 그러나 우리는 답 하나를 알고 있다. 그 시작 역시 수업을 중심에 두어야 한다는 점이다. 수업을 중심에 두고 나누는 이야기들은 서로의 차이를 이해하고 존중하는 출발점이 되어 줄 것이다.

2장

특수교육 교육과정 재구성의 필요성

수업을 고민하지 않는 교사

교사가 되어 처음 발령받은 학교는 특수학급이 막 신설된 참이었다. 3월 2일이 개학이었지만, 2월 중순부터 출근해 교감 선생님과 함께 특수학급을 둔 학교들을 찾아다녔다. 바닥 공사는 어떻게 했고, 교실 뒤의 붙박이장은 어떻게 했으며, 필요한 교재 교구들은 무엇인지 꼼꼼히 살폈다. 특수학급 운영 노하우를 듣고 방과 후 운영과 직업 교육에 필요한 사항을 메모했다. 수업을 고민할 시간이 부족했지만 그래도 좋았다. 교사가 된 것만으로도 가슴 벅찼고, 다른 학교의 특수학급을 보는 것도 마냥 즐거웠다.

개학을 하고 함께할 학생들을 만났다. 막상 아이들을 마주하고 보니 어떻게 수업을 해야 할지 막막했다. 사전에 조사한 특수학급 중에는 사설 학습지를 쓰는 곳이 많았다. 나도 국어, 영어, 수학, 한자 등의 학습지를 단계별로 구매해 학급 책장에 채워 두긴 했지만 학습지로 수업을 하려니 기분이 이상했다. 방문 교사나 학원에서 주로 활용하는 학습지로 공부하는 것이 영 자존심이 상해 결국 학습지는 쓰지 않았다. 어영부영 시간을 흘려보냈고, 한자 과목으로 공개 수업을 준비했다. 공개 수업에서는 사물의 모습을 본뜬 상형 문자로 다양한 이야기를 나눌 수 있었다. 체육 수업도 했다. 대학 시절 '장애 학생 스포츠 교실'에 참여하며 보고 배운 것을 바탕으로 놀이 위주의 수업을 진행했다. 체력을 기른다는 명목으로 체대 입시의 실기 종목을 활용하기도 했다. 나는 특수체육을 전공한 특수교사다. 교사마다 전문 교과가 있듯 특수교사 역시 전문적으로 가르치는 개별 교과목이 있다. 하지만 특수학급에서는 자신의 전공과목만 수업할 수 없다. 필요하다면 모든 과목을 가르쳐야 한다.

그렇게 한 달이 지나고, 3월의 '원적 학급 적응 기간'[1]이 끝날 때쯤 꼭 해야 하는 일이 있었다. 특수교육의 꽃이자 핵심인 '개별화 교육 계획'이 그것이다. 개별화 교육 계획을 위해서는 개별화교육지원팀을 구성해야 한다. 팀에는 특수교사, 일반교사, 진로 직업 담당 교사, 특수교육 관련 서비스 담당자 등이 포함되며, 계획서에는 개별 학생의 장애 유형 및 특성에 알맞은 교육 목표와 방법, 교육 내용, 관련 서비스 등이 담겨야 한다. 교사로 부임한 첫해에는 개별화 교육 계획서가 형식적인 서류에 그칠 수밖에 없었다. 수업이란 것을 경험한 지 30일 만에 계획서를 작성

1 새 학년이 시작되면 특수학급 학생들이 2~4주 정도 통합학급에서 친구들과 함께 하루 종일 수업을 받는 '원적 학급 적응 기간'을 운영한다. 이 기간에 특수교사는 학생들의 특성을 면밀히 살펴 그해 교육 활동을 구상하고, 특수학급 운영 계획서 및 개별화 교육 계획서를 작성한다.

하고 개별화교육지원팀 협의회의 검토를 거쳐야 했기에 일단은 작성과 보고에 의미를 두었다. 사실 협의회도 마찬가지였다. 한 학기 동안 학생에게 필요한 교육적 지원을 고민하는 자리여야 했지만, 올해 계획한 교육 활동 전반을 설명하는 이상의 의미는 없었다. 협의회에 불참한 위원들에게는 일일이 서명을 받으러 다녔다. 서명을 받는 자리에선 개별화교육 계획서의 취지부터 특수교육에 이르기까지 상세한 설명을 덧붙여야 했다. 문득 이렇게까지 해야 하나 싶어 의미 없고 소모적이라는 생각도 들었다. 그도 그럴 것이 나 자신이 수업에 관해 깊이 고민하지 않았으니 제대로 된 의미를 찾지 못하는 게 당연했다. 늘 시간에 쫓기는 기분이었고, 나는 어떤 부분이 잘못되었고 개선이 필요한지조차 깨닫지 못하고 있었다.

교사로서의 첫해를 그렇게 보내고 그해 마지막 날 한 부장 교사가 내게 말했다. "선생님 업무가 우리 학교에서 세 손가락 안에 들 정도로 많았어요. 잘 해냈고 고생 많았어요." 그 순간 깨달았다. 지난 한 해 동안 특수교사로서의 수업보다 행정 업무를 보는 데 훨씬 많은 시간을 들였다는 사실을.

교사에겐 수업이 가장 중요하고 시급한 문제여야 한다. 하지만 안타깝게도 교사로 일하는 우리 모두가 수업에만 집중할 수 없는 것이 현실이다. 특수교사의 현실은 더 녹록지 않다. 밀려오는 행정 업무와 더불어 만나는 학생들은 매해 다르다. 학생들은 그들이 가진 장애와 개인적 특성으로 항상 다른 모습을 보여 준다. 그래서 작년에 했던 교육 활동과 교육과정은 밀어 두고 새로운 방식으로 새로운 아이들에게 다르게 다가가야 하는 경우가 많다. 물론 기본 교육과정을 근간으로 한 교과서가 있지만 국정이라는 한 종류의 교과서는 수많은 다양성을 보유한 특수학급의 현실을 제대로 녹여 내기 힘들다. 여기에 학생들의 학교와 통합학급에의 적응, 비장애 학생들의 생활 지도와는 조금 다른 일상생활 적응을 위한 지원과 이를 위한 학생 및 학부모 상담 등 수업과 수업을 둘러싼 우리의 현실은 한층 복잡다단하다. 신참 교사인 나는 1년이 지나서야 이런 현실을 여실히 깨달았고 큰 부담감을 느꼈다. 스스로 극복해야 할 문제였기에 방법을 강구해야 했다. 하지만 학교 안에는 동료 특수교사도 부족했고, 나의 특수한(?) 상황에 공감하며 이야기를 나눌 교사 역시 많지 않았다. 그렇게 막막하고 답답했는데도 학생들과의 시간만큼은 의미 있고 즐겁게 보내고 싶었다. 장애라는 낙인으로 특수학급에 다니는 우리 아이들이 학교에서만은 즐겁고 재미있고 신나기를 바랐다. 그게 특수교사인 내가 아이들과 만나 해야 할 가장 중요한 일이라고 생각했다. 그런 만남 위해선 수업을 고민해야 했다. 나는 녹록지 않은 현실을 극복할 방법으로 '재미있는 만남을 위한 수업'을 최우선으로 꼽았다. 수업이 잘되면 학생들의 적응을 돕는 노력, 일상생활 지원, 상담, 행정 업무 같은 수업 외의 일들도 조금은 즐겁게 받아들일 수 있을 것이라 생각했기 때문이다.

"어떻게 수업을 해야 할까?"라는 질문은 교사에게 당면한 수많은 문제를 해결해 줄 수 있는 가장 근본적인 물음이라고 생각한다. 하지만 우리는 바쁘다는 이유로 또는 업무가 많다는 이유로 수업을 고민할 시간이 부족하다고 말한다. 곰곰이 생각해 보자. 과연 정말 그럴까? 분명 현실은 녹록지 않다. 하지만 누구나 한번쯤 경험해 보았을 것이다. 아이들과 즐겁게 수업을 하고 난 뒤의 나와 뭔가 찜찜하게 수업을 마치고

난 뒤의 나는 분명 다르다는 것을. 그것이 수업 외적인 측면에도 얼마간 영향을 미치는 것도 느꼈을 것이다.

그래서 다시 나를 포함한 우리 모두에게 질문을 던져 본다. 우리는 과연 어떤 수업을 꿈꾸고 있나? 그리고 그 꿈을 이루기 위해 수업에서 어떤 만남을 계획하고 있나? 이 질문에 대한 답을 찾으며 교육과정 재구성을 들여다보려 한다.

교육과정 재구성과 학생들의 잠재력에 대한 믿음

교육과정 재구성에 대한 정의는 다양하다. 성열관과 이민정(2009)은 '교사가 자신이 가진 전문성을 바탕으로 교육과정 목표를 효율적으로 달성하기 위하여 교육 목표 및 내용 그리고 교과서 등을 재조직하고 수정·보완하는 등의 제반 활동'이라고 설명했다. 한편 허영주(2011)는 '교사가 국가 수준 및 지역 수준 그리고 학교 수준 교육과정을 자신만의 교육과정으로 구성해 나가며, 교수-학습 과정안을 작성하고 이를 실제로 지도하는 모든 활동'을 교육과정 재구성이라고 했다. 윤성한(2016)은 교육과정 재구성의 범위를 제시했는데, 교육과정 재구성의 방법은 교사 수만큼 많지만 교사 마음대로 운영하라는 의미가 아니며, 국가 수준의 교육과정 구성 방침 및 성취 기준 내에서 탄력적으로 재구성되어야 한다고 강조했다.[2]

2 『특수교육 교육과정 재구성』 김영미 외, 교육과학사, 2018

학교 현장에서 교육과정 재구성은 수업을 변화시키려는 교사의 자발적 노력에서 시작되었다. 교육과정을 살피고, 수업을 고민하고, 배운 내용을 토대로 학생의 성장 과정을 평가하는 흐름 속에서 교육과정을 재구성하려는 노력이 수반된 것이다. 이를 위해선 학생을 중심에 두고 삶을 위한 수업으로 교육과정을 새로이 바라보는 '교육적 상상력'이 필요했다. 학교 안팎에서 연구회나 전문적 학습 공동체 등이 조직되었다. 아직 제도적 한계가 있지만[3] 학교를 학생 중심으로 변화시키려는 움직임 안에는 교육과정 재구성을 통해 수업을 바꾸려는 노력이 큰 힘을 발휘했다.

특수교육에서 교육과정 재구성이 이루어진 계기는 이와 조금 다르다. 보통의 교실과는 달리 아이들은 장애를 가지고 있으며, 그 장애 역시 아이들마다 각각 다른 개별적 특성을 보인다. 여기에 학생 개인별 성향이나 성격, 흥미, 관심 등도 제각각이라 아이들이 가진 역량은 천차만별이다. 이런 이유로 사실 특수교육에서의 교육과정 재구성은 '재구성'이라는 개념적 정의가 명확하지 않은 시절부터 이미 진행되고 있었다. 특수교사들은 개별 학생의 요구에 따라 다양한 교육 활동을 계획하고 실천하면서 학생의 성장 과정을 함께해 왔다. 하지만 어째선지 실체가 보이지 않았다. 풍부한 교육 활동도, 다양한 교육과정 재구성 사례도 쉽게 찾아볼 수 없었다. 단계별 학습지가 교재였고, 수업보다는 당장 눈앞의 문제들을 해결하는 것이 급선무였다. 아이들의 문제 행동을 관리

---

3 아직 교사의 교육과정 재구성이 법적으로 명확하게 보장되지 않아 대부분의 재구성에서 교육적 상상력이 많은 제약을 받는다. 교육과정 재구성에 관한 윤성한의 정의는 이런 한계점을 잘 보여 준다. 향후 개정되는 교육과정에서는 국가 수준 교육과정의 대강화를 통해 교사가 성취 기준을 적극적으로 수정, 조정할 수 있는 자율권을 보장해야 한다. 이를 통해 교사의 전문성도 신장될 수 있을 것이다.

해야 했고, 통합학급에서 발생하는 여러 사건을 중재해야 했다. 기본적인 신변 처리부터 학교생활의 전반까지 살피고 신경 써야 할 것이 태산이었다. 그래서 수업을 고민할 여력이 없었다고, 재구성이 필요하고 중요하지만 그것을 체계화할 수 없었다고 말한다. 하지만 정말 그럴까? 신경 쓸 일이 많다는 데는 동의하지만, 필요하고 중요한데도 고민하지 않는 이유가 따로 있지 않을까? 과연 그 저변에는 무엇이 있을까?

홍후조(2011)의 정의에 따르면, 교육과정 재구성은 '학습자들이 자신의 잠재력을 찾고 더 나은 배움과 삶을 열어 가기 위해 무엇을 가르치고 배우면 좋을까를 묻고 심사숙고해 답하는 계획이며, 이를 전문적으로 실천하고 질 높은 성과를 노리는 총체적인 과정'이다.[4] 즉, 교육과정 재구성은 학생의 '잠재력'에 대한 믿음에서 출발한다는 말이다. 이를 바탕으로 교사가 전문성을 발휘하여 무엇을 어떻게 가르칠지 고민하고 실천하는 총체적인 과정이 교육과정 재구성인 것이다. 따라서 학생의 잠재력에 대해 높은 기대치가 전제된다면, 재구성을 통해 다양한 수업을 구현할 수 있을 것이다. 하지만 돌이켜 생각해 보자. 특수교사인 우리는 아이들의 잠재력에 어떤 믿음을 가지고 있는가? '할 수 있을까?'라는 의문이 '잘할 수 있어'라는 믿음을 가리고 있지는 않은가? 우리 믿음에는 한계가 있어 보인다. 우리도 모르는 사이에 기대치를 낮추고 특정 장애를 하나의 굴레로 보고 학생을 살피고 있을지 모른다. '지적 기능이 낮아 학습이 어렵고 적응에도 제한이 있을 것이다, 눈을 똑바로 마주치지 못하는 것으로 보아 사회적 상호작용에 어려움이 있을 것이다, 주의

4 『알기 쉬운 교육과정』 홍후조, 학지사, 2011

집중력이 떨어져 학습에 제한이 있을 것이다, 장단기 기억력에 제한이 있으므로 과제는 복잡하지 않아야 한다, 반복된 실패 경험에 따른 무기력감을 가지고 있기에 과제를 분석해 작은 단위로 제시하거나 보다 쉬운 과제를 제시해야 한다' 등 장애 특성을 바탕에 깔고 학생을 살펴 왔다. 그래서 자신도 모르게 장애로 인한 몇 가지 특성으로 아이의 잠재력을 가려 버리는 실수를 범하고 있을지 모른다.[5]

이는 자연스럽게 교사의 철학에도 영향을 미친다. 교사의 교육철학은 교육 활동 방향을 설정하는 가장 중요한 기제다. 그런데 기대치가 낮으면 수업으로 구현할 수 있는 다양한 도전을 시도도 하기 전에 덮어 버릴 수 있고, 다양한 상상을 통한 실험 정신을 메마르게 할 수 있다. 그러므로 '할 수 있을까?'라는 의문보다 '할 수 있어'라는 믿음이 중요하다. 탄탄한 믿음 위에 이를 어떤 방향으로 실천할지 고민해야 한다.

교사의 교육철학과 프레임워크

> "뇌 과학자에 따르면, 유충 시절에 물속을 떠다니는 멍게는 뇌가 있지만, 성체가 되어 적당한 장소에 고착된 멍게는 자신의 뇌를 먹어 버린다고 한다. 이제 안정되었으니, 떠돌아다니는 시절에나 필요했던 기관을 폐기해 버린다는 것이다.

---

5 이를 두고 황순영, 이지영, 이후희는 장애 명칭이 학생의 잠재력에 비해 낮은 기대치를 갖게 함으로써 교사의 교육 활동에도 부정적인 영향을 줄 수 있다고 보았다.(「중학교 일반교사의 장애낙인에 따른 지도행동의향 분석」《지체.중복.건강장애연구》 제58권 제2호, 2015)

우리는 멍게가 아니므로 흥미로운 험지를 기꺼이 찾아다녀야 한다. 과제가 많기는 해도 영감이 넘치는 강의, 낯설지만 자극이 넘치는 장소, 까다롭지만 창의적인 인물을 찾아 그 자장 안에 있어야 한다. 물론 그곳이 험지라는 점을 잊어서는 안 된다. 유익하고, 재미있는 강의는 대개 많은 과제가 따르고, 흥미롭고 탄성을 자아내는 환경은 위험하기 마련이다. 창의적인 사람은 예민하거나 괴짜인 경우가 수두룩하다. 그리하여 마침내 자신만의 뮤즈를 찾아야 한다."

– 『공부란 무엇인가』에서[6]

잠재력은 아이가 지금 이 순간 보여 주는 능력이 아니다. 또한 지금 보고 있는 능력이 낮기 때문에 앞으로도 그럴 거라고 추측할 수 있는 것도 아니다. 아이가 앞으로 보일 수 있는 능력이 바로 잠재력이며, 이는 아이의 미래 삶과 밀접히 연결돼 있다. 따라서 교육과정 재구성은 아이들의 잠재력을 찾아 주는 방향으로 나가야 하고, 이 방향은 교사가 어떤 철학을 가지고 있는지에 따라 결정된다. 교사의 교육철학은 마법처럼 뚝딱 만들어지는 것도 아니요, 애초부터 가지고 있던 것도 아니다. 따라서 수시로 나의 교육철학을 점검해 볼 수 있는 핵심 철학이 필요하다. 이때 교사는 교육과정 운영을 위한 프레임워크를 활용할 수 있다. 프레임워크는 교육과정 재구성을 위한 교사의 교육철학을 되돌아보고 점검하는 기초 작업에 유용할 뿐만 아니라 교사철학의 방향을 설정해 준다. 여기서는 교육철학을 점검하기 위해 다음의 질문들을 제시하고자 한다.

---

6 『공부란 무엇인가』 김영민, 어크로스, 2020

1. 나를 만난 학생은 어떤 어른으로 성장하면 좋을까?(학생상)
2. 이를 위해서 나는 어떤 교사가 되어야 할까?(교사상)
3. 학생상과 교사상을 실천하기 위해서는 어떤 교육과정 재구성이 필요하며, 학급을 어떻게 운영해야 할까?(특수학급 운영 목표, 교육과정 운영 목표, 공동체 협력 방안 등)
4. 목표를 위해서 어떤 내용을 무엇으로 구성할까?(교과 운영, 창의적 체험 활동, 진로 직업 교육 등)
5. 수업은 어떻게 운영하며, 성장 과정을 확인하기 위해서는 어떤 평가가 도움이 될까?
6. 통합교육을 위해 필요한 것은 무엇이며, 어떤 노력을 기울여야 할까?

이 질문에 대한 답은 교사철학을 설정하는 뼈대가 되고, 교육과정 운영이나 학급 운영의 목표를 설정해 주어 학생들에게 필요한 교육과정 재구성의 틀을 만들어 준다. 또한 수업에서 학생들과 함께 무엇을 배우고 어떻게 가르칠지를 고민하는 시작점이자, 교사와 학생 모두가 자신의 미래의 삶을 그려 보는 소중한 기초가 된다.

위 질문의 전 과정을 순서대로 할 필요는 없다. 교사가 처한 상황이나 개인적 중요도에 따라서 취사선택할 수도 있다. 다만, 이 질문들을 가까이 두고 수시로 자신에게 되물어야 한다. 그리고 때에 따라 다른 생각들을 살펴 수정하거나 보완해 나가야 한다. 이를 위해 강조하고 싶은 것이 있다. 바로 긴장된 마음이다. 교사에게 긴장감은 변화를 두려워하지 않고 당당하게 맞서려는 다짐이다. 여기에 특수교사라면 현재를 냉정히 살피는 반성과 미래를 내다보는 안목을 포함해야 한다. 도전하고 실험하며 시도할 수 있는 과감함 역시 녹아 있어야 한다.

아울러 이 프레임워크를 주변 동료들과 함께 나누어 보자. 좁게는 특수교사와 함께, 넓게는 일반교사와 함께할 수 있다. 그래서 같은 질문에 대한 서로의 답을 이야기해 보자. 이를 통해 나와 다른 생각을 알고 차이를 존중하며, 함께 만들어 가는 특수교육과 통합교육의 모습을 꾀할 수 있다.

교육 보편성에 기반한 교사철학

교사 개인의 철학은 주관적이다. 여기에는 교사 및 학생과의 관계에서 일어나는 다양한 경험과 수많은 교육 활동을 통한 경험도 영향을 미친다. 거기에 교사마다 교사를 하는 이유가 다르므로 교사철학 역시 저마다 다를 수 있다. 항상 변화하는 것이 교사철학이며, 때로는 중요해 보이지 않기에 놓쳐 버리는 것 역시 교사철학이다.

〈교육의 보편성과 특수성을 고려한 교사철학 설정〉

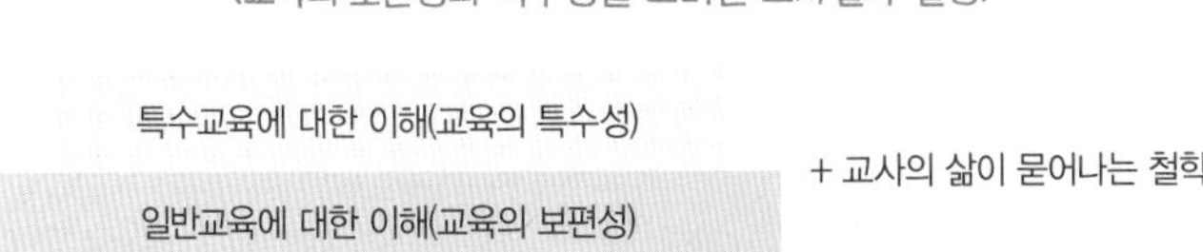

대학을 졸업하고 10년이 지났지만 지금도 또렷이 기억하는 강의가 있다. 위의 그림[7]과 비슷한, 교육과정에 대한 특수교사의 이해 범위에 관

7 필자가 교사철학을 생각하면서 의미를 재구성한 것이다.

한 것이었다. 특수교사는 일반 교육과정에 대한 폭넓은 이해를 바탕으로 특수교육 교육과정을 이해해야 한다는 강의였다. 즉, 특수교육 교육과정은 일반 교육과정의 공통 교육과정과 선택 중심 교육과정의 '보편성'을 바탕으로, 기본 교육과정이라는 장애 학생의 '특수성'을 고려해야 한다고 했다. 이는 특수교사로서 나만의 교사철학을 만들어 나가는 데 중요한 시사점이 된다. 교육의 보편적인 흐름을 고려해 교사철학을 정립하는 것이 필요하기 때문이다.

여기서 다시 혁신교육의 기본 철학을 살펴보자. 경기혁신교육은 교육철학을 고민하고 이를 바탕으로 구체적인 목표와 실천 내용을 정리했다. 혁신교육이 모든 교육의 대안은 아니지만 지금의 교육 문제를 해결하기 위한 노력이라고 본다면, 혁신교육의 철학에 관한 이해는 교육과정 재구성의 기본 틀을 만드는 데 상당히 도움이 될 것이다. 그리고 그 위에 특수교육의 특수성을 더하고, 특수교사로서 경험에서 나온 교사철학을 더해 나간다면 우리의 교육과정 재구성은 보다 단단해질 것이다.

혁신교육 철학이 특수교사에게 주는 함의

경기혁신교육의 기본 철학은 교육의 공공성을 어떻게 구현할 것인지에 관한 깊은 고민을 담고 있다. 공공성은 한 개인이나 단체가 아닌 사회 구성원 전체와 깊이 관련되어 있으며, 공익성, 공정성, 공개성, 시민성 등의 핵심 요소를 포함한다. 혁신교육은 공교육의 사회적 역할을 생각하는 공공성을 가장 중요한 가치로 둔다. 이를 바탕으로 민주성, 윤리성, 전문성, 창의성을 기본철학으로 삼는다.[8] 이는 학생 중심의 학교를 위해 교사가 가지고 있어야 할 기본 철학이기도 하다. 특수교사 역시 혁신교육이 말하는 교육철학에 관한 충분한 이해가 필요하다. 한 발 더 나아가 혁신교육의 철학을 교육 공동체와 나누며 실천 가능한 대안을 찾아야 한다.

모든 학생들을 위한 교육을 고민한다_공공성

경기혁신교육은 '공공성'을 바탕으로, 교육 양극화, 학교 서열화, 소수의 수월성 교육에서 벗어나, 모두가 차별 없이 학교 교육의 혜택을 누릴 것을 지향한다. 공공성은 모든 학생을 위한 학교 교육으로서 혁신교육 철학의 가장 큰 틀이다. 그 틀에서는 장애 학생과 비장애 학생을 구분하지 않는다. 소수의 몇몇 학생만을 위한 것도 아니다. 공공성은 '단 한 명의 아이도 포기하지 않는 교육'을 지향하며 이를 실천할 방법을 고민한다.

교육철학으로서의 공공성이 특수교사에게 주는 함의는 분명하다. 수차례 강조한 대로 이제 특수교육은 장애 학생만을 위한 교육이라는 지엽적 범주를 벗어나야 한다. 학교의 모든 학생을 염두에 두고 공동체와 함께 고민하고 노력하는 광범위한 역할을 수행해야 한다. 같은 교사로서 교육에 대한 생각의 범주를 넓히고, 특수교사로서 특수교육에 대한 생각의 범주를 더 넓혀 진정한 의미의 공공성을 실천해야 한다. '모

---

8 『경기 혁신교육 10년』 경기도교육청, 2019

든 학생(장애 학생, 다문화 학생, 정서적 심리적 지원이 필요한 학생, 비장애 학생 등)을 위한 교육'으로 변화하기 위해 '모든 교사(특수교사와 일반교사)와 함께 고민하고 실천'해 나갈 부분들을 찾아야 한다.

학교의 일상에 민주주의가 녹아 있다_민주성

혁신교육에서 '민주성'은 구성원들이 자발적인 참여와 소통으로 학교교육의 방향을 설정하고, 학교를 민주주의 학습 공간으로 재구성하는 것을 의미한다. 민주주의 학교는 통합교육을 실현해 어느 학생도 놓치지 않는 교육을 지향해야 한다. 학생들에게 다양한 경험의 기회를 제공하고, 학급 운영이나 수업에 학생들의 의견을 존중하고 적극 반영해야 한다. 아울러 다양한 '학교 민주 시민 교육'을 통해 성숙한 민주 시민의 자질을 키워 주어야 한다. 민주 시민의 자질은 적극적인 참여와 책임의식을 바탕으로 한다. 이를 통해 학교, 지역, 나아가 우리 사회에서 제기되는 수많은 문제에 비판적인 관점을 가지고 적극적으로 해결하려는 실천 의지를 발휘할 수 있다.

이런 민주성은 학교 일상에 자연스럽게 녹아 있어야 한다. 학교 민주 시민 교육을 통해 우리 사회의 제반 문제를 함께 토론하는 장이 펼쳐지고, 장애와 관련된 문제 역시 모두가 적극적으로 참여해 책임 의식을 공유하고 해결 방안과 대안을 찾아 연대하는 교육이 이루어져야 한다. 민주주의 학교에서는 특수학급과 특수교사도 학교 변화의 중요한 구성원이며, 특수교육 역시 학교의 교육 방향 설정에 중요한 축이다. 이에 특수교사는 다양한 관점을 제시할 수 있는 역량을 길러야 한다.

존중과 배려의 가치를 다시 생각한다_윤리성

혁신교육에서 '윤리성'은 학교 구성원 간의 관계를 소중히 여기고, 신뢰와 자존감 회복을 위해 존중하고 배려하는 학교 문화를 만드는 것을 의미한다. 머지않은 과거, 학교는 학생의 권리 존중에 지나치게 인색했다. 학생의 의견은 접어 두고 어른들이 정한 학칙에 따라 학생을 가르고 나누었다. 정당한 권리 보장보다는 억압이 교육 수단의 전면에 있었다. 그 안에서 교사는 학생들을 미성숙한 존재로 바라보며 많은 것을 제한했다. 경기도교육청의 학생인권조례는 이에 반하는 변화들을 불러왔다. 학생도 교사도 즐거운 교육적 만남을 유도하고, 학생들에게 정당한 권리를 되돌려 주었으며, 권리에 따른 합당한 책임도 요구했다. 이를 통해 학생들 스스로 성장할 수 있는 존중과 배려의 문화가 만들어졌다.

존중과 배려의 학교 문화, 그것은 특수교사에게 어떤 의미가 있을까? 장애를 가졌다는 이유로 장애 학생들의 자율과 선택은 충분히 존중받거나 배려받지 못하는 경우가 많다. 자율과 선택을 보장해 주지 못했으니 그에 따른 책임 역시 물을 수 없다. 그래서 스스로 성장할 수 있는 토양이 제대로 만들어지지 못했다. 그렇게 아이들은 자신들의 기본적이고 존엄한 가치를 느끼지 못한 채 어른으로 성장하고 있을지 모른다. 한 번쯤 고민해 보자. 미성숙한 존재라는 전제로, 장애를 가졌다는 이유로 아이들의 자율과 선택을 배제하지는 않았는지. 그래서 어른들의 선택으로 아이들의 생각을 규정하지 않았는지를 말이다. 장애 학생들의 기본적 권리와 가치를 존중하고 인정하고 있는지에 대한 냉정한 성찰이 필요하다.

함께 고민하고 함께 성장해 나간다_전문성

혁신교육의 '전문성'은 학교 구성원이 자신의 역량을 발휘하여 개인의 성장과 공동의 성장, 나아가 학교의 역량이 함께 성장하는 것을 의미한다. 많은 특수교사들은 자신의 교육 활동에 피드백을 받기 원한다. 특수학급 교사는 더 그렇다. 이런 갈증은 교사의 성장에 중요한 영향을 미친다. 구성원들과 함께 고민을 나누면 전문성이 한층 신장되겠지만, 많은 부분에서 한계가 있다. 여러 차례 지적한 대로, 일반교육과 특수교육이 구분되는 분위기에서 서로가 서로를 잘 모른다는 생각이 지배적이기 때문이다.

혁신교육의 기본 철학을 떠올려 보자. 혁신교육은 모든 학생을 위한 교육을 추구하고, 학교 구성원의 자발적 참여를 강조하며, 서로 간의 존중과 배려를 중요하게 생각한다. 이를 통해서 함께 성장해 나가는 학교문화를 지향한다. 특수교육이 장애 학생을 위한 교육이지만 통합교육을 지향하고 있는 만큼 특수교사인 우리도 모든 학생을 위한 교육을 실천해야 한다. 그러므로 우리와 동료 교사들의 고민은 본질적으로 비슷하다. 아니, 비슷하지 않더라도 서로의 차이를 이해하는 것만으로도 소중한 자산이 된다. 이를 위해서는 특수학급의 교육 활동을 나누고 통합학급의 교육 활동에 관심을 가지면서, 함께할 수 있는 것을 확대해 나가는 것이 필요하다. 장애 학생과 비장애 학생의 문제는 일반교사나 특수교사가 역할을 구분해 생각할 문제가 아니다. 교사로서의 전문성을 바탕으로 공동의 목표를 정하고, 그에 따른 비전과 철학을 공유하며 함께 변화를 모색해야 한다. 특수교사의 전문성은 이런 노력도 포함한다.

실험과 상상이 가미된 교육과정을 운영한다_창의성

'창의성'은 학습자에게 선택과 협력적 활동 기회를 제공하기 위해 자율적이며 창의적인 교육과정을 편성·운영하는 것을 의미한다. 특수학급도 마찬가지다. 자율적이고 창의적인 교육과정 재구성을 통해 보다 도전적이고 실험적 상상이 가미된 수업을 운영해야 한다.

창의성은 앞서 제시한 다른 기본 철학들보다 조금 더 무게감이 있어 보인다. 차별화된 교육과정 재구성으로 대단한 교육 활동을 실천해야 할 것도 같다. 하지만 혁신교육의 창의성은 또 다른 의미를 지닌다. 행사나 사업, 실적 위주로 교육과정을 운영하던 관행을 극복하자고 강조한다. 그렇다고 지금까지와 전혀 다른 새로운 교육 활동을 만들어야 하는 건 아니다. 지금 하고 있는 교육 활동은 도대체 왜 하는 걸까, 이것이 진정 학생을 위한 것일까, 물음표를 던지고 보다 의미 있는 활동을 찾는 것이 그 시작점이다. 이를 위해선 학급이나 교육 활동을 운영할 때 학생들의 다양한 생각과 의견을 반영해야 한다. 교육 내용부터 교육 방법이나 평가 방식도 아이들에게 의견을 묻고, 유의미한 배움이 일어날 수 있도록 교육적 상상력을 가미해야 한다. 기존 활동에 대한 반성, 그것이 혁신교육 창의성의 시작이며 근본이다.

지금까지 살펴본 공공성, 민주성, 윤리성, 전문성, 창의성이라는 혁신교육의 기본 철학은 일반교육을 이해하고 그 시스템 안에서 장애 학생에게 필요한 교육적 지원이 무엇인지 확인시켜 준다. 이 기본 철학과 만나는 경험들은 교사철학에 영향을 미쳐, 우리가 무엇을 해야 할지 방향을 설정해 주고, 내가 돌아봐야 할 것이 무엇인지 확인시켜 줄 것이다. 그래서 수업을 고민하고 재구성을 준비하는 특수교사에게 작은 활력소가 될 것이다.

학교에서 '두 번째'로 중요한 학급을 바라며

어느 맑은 봄날, 바람에 이리저리 휘날리는 나뭇가지를 바라보며 제자가 물었다.

"스승님, 저것은 나뭇가지가 움직이는 겁니까, 바람이 움직이는 겁니까?"

스승은 제자가 가리키는 곳을 보지 않은 채 웃으며 말했다.

"무릇 움직이는 것은 나뭇가지도 아니고, 바람도 아니며, 네 마음뿐이다."

– 영화 〈달콤한 인생〉에서

교육이 변해야 사회가 변할까, 아니면 사회가 먼저 변해야 교육이 따라 변할까? 어떤 때는 교육이 사회를 변화시킬 수 있어 보이고, 또 어떤 때는 사회가 변해야 교육이 변하는 것도 같다. 특수교사에겐 이 질문이 더 자주 와닿는다. 장애를 바라보는 우리 사회의 그릇된 인식은 교육 현장에서도 고스란히 드러난다. 그럴 때면 사회 인식부터 바로잡는 게 우선 같다가도 반대의 상상을 해 본다. 특수교육이 변화를 주도해 장애에 대한 사회의 인식을 바꾸는 모습을 말이다. 이렇게 닭이 먼저냐 달걀이 먼저냐 하는 생각이 꼬리에 꼬리를 물고 일어나지만, 사실 최우선은 교사로서 중심을 바로 잡는 일이다. 교육이 변하고 사회가 변하기를 바라는 일보다 지금 나와 만나는 학생들을 생각의 중심에 두는 것이 가장 중요하다. 흔들림 없이 나의 교육철학을 펼치면서 학생에게 집중한다면 변화는 자연스럽게 따라오지 않을까.

이런 생각을 담은 나의 교육철학 중 하나는 '특수학급을 학교에서 두 번째로 중요한 학급으로 만들자'이다. 왜 두 번째인가 하면, 1등이 되기 위해 항상 노력하는 2등의 모습을 담고 싶었고, 2등이지만 최선을 다하는 모습을 특수학급 안에 담고 싶어서다. 특수학급에서 일어나는 수많은 활동을 통해 장애나 특수교육이 비장애나 일반교육과 별반 다르지 않다는 것을 알려주고 싶었고, 이를 통해 학교 안에 작은 변화를 일으키고 싶었다.

'두 번째로 중요한 학급'을 만들기 위해 한 일은 학교의 모든 이들에게 한 발 더 다가가는 것이었다. 그 실천으로 가장 먼저 그리고 누구보다 적극적으로 수업을 공개했다. 특수학급에서의 수업은 어떤 모습인지, 학생들은 어떤 모습인지, 교사는 수업에 무엇을 담으려 하는지를 서로 알아야 변화할 수 있다고 생각했기 때문이다. 나는 수업에서 아이들과 함께 만든 활동지를 다양한 방법으로 교사들에게 안내하고 그 의미를 설명했다. 특수교육과 장애가 크게 다르지 않다는 것을 보여 주고 싶어서였다. 또한 '장애 이해 교육'은 학교 상황에 맞는 내용으로 구성했고, 담임과 교과 교사와 상의해 함께할 수 있는 부분을 공유했다.

다행히 이런 노력은 교사와 학생의 변화로 이어졌다. 교사들은 수업 나눔을 통해 서로의 수업에서 배울 점을 찾았고, 장애 때문에 할 수 없는 게 많을 거라는 비장애 학생과 교사들의 편견도 옅어져 갔다. 나의 교사철학이 학교를 조금씩 바꿔 나가는 모습을 보니 즐거웠다. 그래서 '다음'을 고민했다. 전에는 생각하지 못한 것을 계획하고, 이를 실천할 방법을 궁리했다. 그 대표적인 사례가 특수학급에서 자체적으로 시행한 지필 평가였다. 앞서도 이야기했지만 고등학교는 지필 평가가 가진 무게감과 긴장감이 크다. 하지만 모든 학생에게 지필 평가가 중요한 것은 아니다. 대부분의 학생이 대학 진학을 목표로 지필 평가에 응하지만 그렇지 않은 일부 학생도 분명 존재한다. 그 일부 학생에 장애 학생들도 포함된다. 평가라는 것이 '지금까지 내가 무엇을 얼마나 잘 배웠는지'를 확인하는 것이라면, 서열 매기기식이 아니라 평가의 진정한 의미를 담은 대안도 필요했다. 평소 나는 평가의 목적은 '반성'이라고 생각했다. 지금까지 배운 것을 돌아보고, 내 안에서 배움이 제대로 일어났는지 확인하며, 보완해야 할 부분을 찾아가는 과정이야말로 진정한 평가라고 믿었다. 그래서 지금처럼 나와 너를 구분하고, 다른 사람보다 내가 위에 있음을 증명하는 도구에서 벗어나, 반성이 일어나는 새로운 대안을 시도해 보고 싶었다.

그래서 도전한 것이 특수학급 자체 지필 평가였다. 지필 문제를 출제하고 시험을 보는 것은 같으나, 평가 방식은 조금 달리했다. 중요한 것은 평가를 통해 학생이 느꼈으면 하는 경험들에 초점을 맞추는 일이었다. 평가장에서의 긴장감, 문제를 풀 때의 어려움, 배운 것을 되돌아보는 경험 등을 시험에 반영하려 노력했다. 기존의 문제 유형을 벗어난 새로운 방식의 대안형 문제도 준비했다. 옳은 내용을 찾아 선택하는 문제, 배운 내용을 찾아 적는 문제, 자신의 생각이나 의견을 적는 문제, 관련 교과 선생님에게 찾아가 물어보는 문제 등 다양한 형태의 평가 문항을 출제했다. 모든 시험은 오픈 북으로 진행했고, 시험 시간도 90분으로 충분히 고민하고 생각할 기회를 주었다. 필요하다면 추가 시간도 확보해 주

<'장애 학생을 위한 인문학 교육 프로젝트 시즌2' 지필 고사 시험지>

실시학급	과목명	2018학년도 너나울반 지필평가
너나울반	장애 학생을 위한 인문학 교육 시즌3 (장인교육 프로젝트)	실시 일시 : 2018년 7월 18일 (수) 13시 10분 ~ 14시 40분
※ 배웠던 내용을 확인해 보는 시간입니다. ※ 문제를 읽어 보고 자신의 생각을 잘 정리해서 적어 주세요. ※ 우리들의 시험은 정확한 답이 정해져 있지 않습니다.		출제 및 지도교사 : 한 재 희 (인)

[1~3] 다음은 청춘과 관련된 글과 이미지에 대한 설명이다. 밑줄 친 부분을 중심으로 자세히 읽어 보고 다음 물음에 답하시오.

(가) 팝 칼럼니스트 김태훈은 청춘에 대해 다음과 같은 이야기를 했다. 『㉠젊다는 것은 아름답다. 그러나 그것만으로는 아무것도 할 수 없다. 젊음을 너무 믿어서는 안 된다. ㉡문을 열고 밖으로 나가면 강자들과 싸워야 하기 때문이다. 그러려면 좀 더 투철하게 고민하고 좀 더 현실적인 접근을 위한 부지런함이 필요하다.』 청춘과 젊음은 지금 우리 눈앞에 있다. 어떤 사람은 소중한 청춘을 아무 의미 없이 스쳐 지나가듯 보내기도 하고, 또 ㉢어떤 사람은 소중한 청춘을 열정과 노력으로 꽉꽉 채워 보내기도 한다.

(나)

사진은 1914년 10월에 창간된 한국 최초의 본격적인 월간 종합지의 제 1호 표지이다. 당시는 우리나라가 일제 강점기에 있던 시기로 국가 운영의 기본 방향을 해친다는 이유로 강제 폐간을 당하기도 했다.

발행인 최남선은 잡지 창간사에서 ㉣"우리는 여러분과 너불어 배움의 동무가 되려 합니다. 다 같이 배웁시다. 더욱 더 배우며 더 배웁시다."라고 밝혔다. 이 잡지는 사람들을 계몽하기 위한 목표를 가진 잡지로 인문 과학, 사회 과학, 자연 과학에 대한 내용이 포함되어 있으며, 문학 부문에 대한 비중도 컸다.

…<중략>… 앞으로 우리가 배울 청춘의 정신과도 그 의미가 맞아떨어지는 것 같다는 생각이 든다. 열정을 가지고 노력하며 노력이 헛되지 않게 끝까지 견디고 인내하는 청춘의 정신!!!

-장애 학생을 위한 인문학 교육 시즌 3 읽기자료 1-

1. (가)의 밑줄 친 ㉠, ㉡, ㉢에서 여러분들이 느끼는 청춘은 어떤 것인지 곰곰이 생각해 보고 서술해 주세요.

2. (나)의 밑줄 ㉣은 『청춘』 잡지의 창간사입니다. 여기서 최남선은 끊임없는 배움을 강조하고 있습니다. 푸른 청춘 시절 우리에게 배움이 중요한 이유는 무엇인지 곰곰이 생각해 보고 서술해 주세요.

3. (다)의 이미지는 『청춘』 잡지 1호의 표지입니다. 표지에서 느껴지는 청춘의 이미지는 무엇인지 곰곰이 생각해 보고 서술해 주세요.

너나울반 - 장애학생을 위한 인문학 교육 Season 3 - (4)면 중 - (1)

▶ '장애 학생을 위한 인문학 교육 프로젝트 시즌2' 지필 고사 시험지다. '청춘'의 다양한 의미에 관한 질문, 나에게 청춘이 어떤 의미 갖는지에 대한 질문, 힘들어하는 주변의 청춘을 위로하는 편지 쓰기, '선생님의 청춘' 인터뷰를 허락해 준 선생님에게 드리는 감사 편지 쓰기 등이 주요 문제였다. 학생이 작성한 답에 교사의 생각을 덧붙인 시험지는 학생의 집으로 보냈다.

〈지필 고사를 보며 학생들이 느낀 점〉

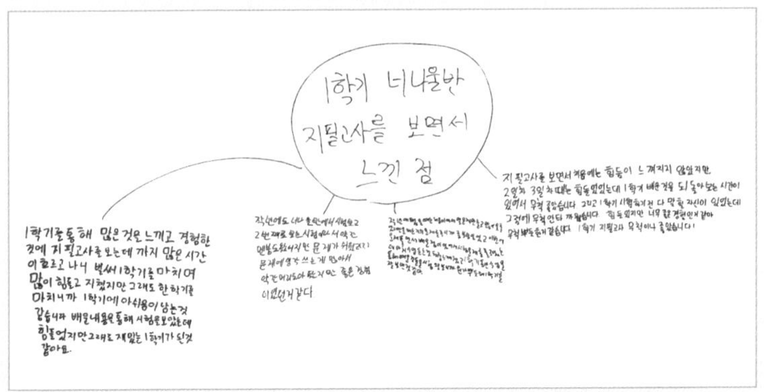

- 1학기를 통해 많은 것을 느끼고 경험한 것에 지필 고사를 보는 데까지 많은 시간이 흐르고 나니 벌써 1학기를 마치며 많이 힘들고 지쳤지만 그래도 한 학기를 마치니까 1학기에 아쉬움이 남는 것 같습니다. 배운 내용을 통해 시험을 보았는데 힘들었지만 그래도 재미있는 1학기가 된 것 같아요.
- 작년에도 너나울반[9]에서 시험 보고 두 번째로 보는 시험이라서 약간 멘붕도 왔지만 문제가 쉬웠고(?) 문제에 생각 쓰는 게 많아서 약간 머리도 아팠지만 좋은 경험이었던 것 같다.
- 작년에 했을 땐 처음이어서 몇 문제만 풀고 많이 못 풀었지만 올해는 거의 문제를 푸니까 좀 보람 있었고, 이번에 문제를 풀면서 배운 점이 있어서 시험 문제를 풀고 있는데 마치 수업 듣는 것처럼 느껴졌고, 1학기 동안 수업을 통해 배운 것들을 시험으로 보니까 뭔가 뿌듯한 1학기를 잘 보낸 것 같다.
- 지필 고사를 보면서 처음에는 힘듦이 느껴지지 않았지만 2일차, 3일차 때는 힘들었었는데 1학기에 배운 것을 되돌아보는 시간이어서 무척 좋았습니다. 그리고 1학기 시험하기 전 다 맞힐 자신이 있었는데 그 점에 무척 안타까웠습니다. 힘들었지만 너무 좋은 경험인 것 같아 무척 뿌듯한 것 같습니다.

었다. 시험 감독은 참여를 희망하는 일반교사의 지원을 받았다. 감독으

9 '너나울반'은 설악고 특수학급 이름이다.

로 선정된 교사들에게 특수학급에서 지필 고사가 가지는 의미를 설명하는 사전 연수도 진행했다.

이런 대안적 평가 방식이 교사와 학생들에게 어떤 의미로 남을지 지금으로서는 가늠이 어렵다. 현재 우리 교육 여건에서는 '특수학급의 대안적 평가'가 무의미한 시도일 수도 있다. 또 지켜보는 이에게는 '신기한 활동' 이상의 의미를 갖지 못할 수도 있다. 하지만 적어도 우리 학생들에게는 지필 평가 기간을 맞아 긴장감을 경험하고 그간 배운 내용을 스스로 점검하는 기회가 되었다. 또 감독으로 함께한 교사들에게서는 특수교육과 장애 학생을 새롭게 바라보려는 의지를 확인할 수 있었다. 이런 작은 변화가 통합교육과 혁신교육, 미래 교육의 협력에 작은 씨앗이 되지 않을까. 그리고 무엇보다 중요한 경험은 나에게 일어났다. 새로운 시도가 또 다른 도전을 자극하는 원동력이 된 것이다.

우리에게 수업은 무엇일까?

수업은 교사의 일상이다. 물론 수업 외에 수많은 행정 업무가 있지만, 교사에게 가장 중요한 것은 수업이다. 많은 시간 수업을 고민하고 준비하고, 수업에서 희로애락을 겪는다. 또한 교사에게 수업은 경험의 소산이다. 우리는 매주 수십 번 학생들과 수업으로 만난다. 우리 삶의 모습이 수업 안에 투영될 수밖에 없다. 동시에 수업을 통해 우리의 경험은 계속해서 쌓인다. 그렇게 쌓이는 경험은 또 다른 수업을 만드는 밑거름이자 우리 삶에 영향을 미치는 주요 요인이 된다. 그래서 교사인 우리는 항상 고민해야 한다. '나와 만난 학생들이 어떤 어른으로 성장하면 좋을까?' '이를 위해서 나는 어떤 교사가 되어야 할까?' '이를 위해서 어떻게 학생들과 함께할 것인가?' 교사철학을 강조한 이유도 여기에 있다. 분명한 방향이 설정되어 있지 않으면 수업을 하는 의미를 찾기 힘들다.

당연한 말이지만 일상의 삶으로서의 수업은 아이들에게 큰 영향을 미친다. 장애 학생에게는 특히 더 그렇다. 장애 학생은 여덟 살쯤 학교에 입학하고 스무 살이 되면 사회에 첫발을 내딛는다. 이는 비장애 학생도 마찬가지다. 하지만 둘 사이에 '어른이 된다는 것'의 의미는 다르다. 비장애인은 자신의 선택에 따라 새로운 경험을 하고 성장의 발판을 스스로 찾을 수 있지만, 장애인은 선택지가 많지 않다. 취업, 복지관, 보호 시설 등으로 제한되어 있다. 그래서 학교에서 보내는 12년은 장애 학생에게 삶을 배워야 하는 소중한 시간이다. 삶을 담은 정교한 수업을 경험해야 하는 이유가 여기에 있다. 아이들은 수업을 통해 삶의 모습을 살피고 자신의 삶을 살아갈 힘을 길러야 한다. 그 안에서 특수교사와 만나는 수업은 아이가 겪는 경험의 큰 부분을 차지하기에 더욱 중요하다. 아이들이 수업 안에서 삶의 즐거움과 재미를 되도록 많이 경험할 수 있어야 한다. 행복한 어른으로 자신의 삶을 살아가기 위한 중요한 나침반이 바로 수업임을, 특수교사들은 한시도 잊지 않아야 한다.

'어떻게 수업을 할까?'에서 탄생한 이상한 생각

2011년 당시 나는 기본 교육과정에 근거한 국정 교과서는 학생들의 수준에 맞지 않다고 판단했다. 2009년에 개정된 교육과정이 순차적으로 적용되던 시기였다. 개정 교육과정과 관련해 곳곳으로 연수를 다녔지만 특수학급과 관련된 교육과정 운영 방향에는 별다른 변화가 보이지 않았다. 어떻게 수업을 해야 할지 막막한 가운데 이상한 생각 하나가 툭 튀어 올라왔다. '아이들과 함께할 수 있는 교재를 직접 만들자!' 잘 정돈된 교과서가 있다면 학생들과 수업하기가 훨씬 재미있을 것 같았다. 그렇게 '나만의' 교과서 제작이 시작되었다.

첫 번째 시도는 진로 직업 교육 교재였다. 일반교과의 '진로와 직업'을 펼쳤다. 진로 전담 교사 제도가 막 도입되던 때라 연수를 받고 있던 선배 교사에게 관련 자료를 얻고 교과서의 목차를 보면서 필요한 내용을 추렸다. 장애 학생의 진로와 직접적으로 관련 있는 부분은 수정하거나 보완했고, 취업 정보와 관련된 부분은 내용을 정리해 보강했다. 그렇게 몇 달을 고생해 100여 쪽짜리 '진로와 직업' 교과서가 탄생했다. 나만의 첫 교과서였다. 다음 학년도부터 이 교재를 가지고 '포트폴리오를 활용한 장애 학생 진로 직업 교육'이라는 이름으로 아이들과 수업을 해 나갔다.

그 다음 해에는 '생활과 과학'이라는 이름으로, 일상생활에서 만날 수 있는 과학의 모습을 담은 나만의 교과서를 만들었다. "운동을 하면 얼굴이 빨개지고 심장이 빠르게 뛰는데 그 이유가 뭘까?" 나만의 교재로 아이들과 수업을 이어 갔다. "잘 모르겠다면 나가서 운동장을 뛰어 보고 이야기하자." 우리는 정말로 넓은 운동장을 가로질러 뛰었다. 숨을 헐떡거리는 아이들에게 설명했다. "우리 몸에는 피가 흘러. 그 피에는 에너지가 있어서 우리를 움직일 수 있게 해. 그런데 그 피를 움직이게 만드는 게 지금 뛰고 있는 심장이야. 이렇게 운동장을 달리느라 움직이니까 심장은 더 많은 피를 우리 몸에 보내기 위해서 더 빨리 뛰어야겠지? 달리면서 얼굴이 빨개지는 이유는 피 색깔이 빨개서 그런 거고." 심장이 뛰는 것을 느끼며 아이들은 웃고 떠들고 고개를 끄덕였다. 그 모습이 너무 좋았다.

나만의 교과서를 준비하며

"언제나 당신의 열정이 곧 당신의 결정, 더 나은 상황으로 가기 위해 내가 내린 결론"

– 래퍼 sean2slow의 노래 'moment of truth'에서

나만의 교과서를 만드는 데는 품이 꽤 든다. 교육과정 재구성의 뼈대를 짜고, 그에 따라 활동지와 수업 자료를 만든다. 수업을 위해서는 일정 정도의 배경 지식이 필요하기에 관련된 일반 교과의 교과서 등을 참고하고 학생들이 이해하기 쉬운 단어를 선택한다. 그런데 수업 교재를 만들 때면 항상 하는 질문이 있다. '너무 어렵지 않을까?' 재구성이 망설여지는 순간이다. 하지만 마음을 다잡고 재구성의 뼈대를 조금씩 수정하며 다시 활동지와 학습지를 준비한다. 그러는 동안에도 고민은 계속된다. '이런 방식의 수업이 학생들에게 도움이 될까?' '옳은 방향으로 가고 있을까?'

"선생님 수업에는 답이 정해져 있지 않다는 거 알지? 우리가 배운 것들 속에 숨어 있는 삶의 지혜만 배우면 돼." 수업에서 항상 강조한 말이다. 여기서 삶의 지혜란 이런 것이다. "가야는 때론 왜와 힘을 합쳐 신라를 공격하기도 했고, 때에 따라서 백제, 신라와 힘을 합쳐 고구려에

대항하기도 했어. 그렇게 고구려, 백제, 신라와 함께 치열하게 싸움을 했지. 비록 힘이 약한 국가라고 하지만 나름대로 자신의 역사를 써 왔던 거야. 또 주변의 고구려, 백제, 신라가 불교를 받아들이고 법을 만들어 사회를 안정시키고 왕의 힘을 강하게 만들기 위해 노력한 것과는 다르게, 가야는 자기만의 방식으로 국가를 유지하고 발전시켜 나갔어. 여기서 우리는 또 하나의 삶의 태도를 배울 수 있지 않을까?" 자칫 어려워 보이는 수업을 학생들과 함께하면서 나 역시 삶을 살아가는 지혜를 배운다.

"고구려, 백제, 신라라는 강한 나라들 사이에서 가야는 자신만의 방식으로 500여 년이라는 역사를 유지했어. 너희가 살아갈 세상도 마찬가지야. 주변에 강한 사람들이 많아. 그들은 너희에게 장애가 있다고 사정을 봐주지 않아. 잘 모르기도 하고. 그래서 너희가 먼저 도움을 구하고 필요한 것을 적극적으로 이야기해야 해. 가야가 필요에 따라 주변 국가들과 협력하며 자신만의 역사를 만들었듯이 너희도 주변에 도움을 구하면서 너희만의 색깔로 살아가면 좋겠어."

수업의 마지막, 학생들은 각자에게 일어난 배움을 하나의 문장으로 완성했다. "세상에는 강한 사람이 많다. 그래서 노력과 끈기로 자신의 색을 잃지 말고 당당하고 용맹하게 살아가자. 가평(가장 평등한 곳)에서…."

가야가 연맹 왕국이고, 고구려, 백제, 신라는 왕의 힘이 강한 중앙 집권 국가였다는 지식을 아는 것은 학생의 삶에 크게 중요하지 않다고 생각했다. 더 중요한 것은 그것을 어떻게 삶과 연결하고 그 속에서 지혜를 찾느냐다. 학생들은 자기만의 색깔을 가지고 수업에 참여한다. 배움이

〈'고구려, 백제, 신라 그리고 가야' 읽기 자료〉

3. 고구려, 백제, 신라 그리고 가야(읽기자료-3)

연맹 왕국 VS 중앙 집권 국가

가야는 연맹 왕국이었다. 6개의 가야가 모여 만들어진 국가이다. 6개의 가야에는 금관가야, 아라가야, 고령가야, 성산가야, 대가야, 소가야가 있었다. 이들은 서로 힘이 비슷비슷하여 하나의 나라로 통일되지 못하고 각자의 지역에서 각자의 힘을 바탕으로 독립적으로 자신들의 지역을 다스렸다.

그래서 앞에서도 이야기했듯이, 가야의 역사를 전기와 후기로 나눈다면, 전기에는 여섯 가야 연맹 중 가장 힘이 센 금관가야를 중심으로 힘을 모았고, 이후 금관가야가 고구려 광개토대왕의 도움을 받은 신라와의 전쟁에서 패하면서 차츰 힘을 잃었다. 가야는 자연스럽게 대가야를 중심으로 연맹의 힘을 모아 국가를 발전시켜 나갔다.

하지만 당시 고구려, 백제, 신라는 강력한 왕의 힘을 중심으로 국가를 발전시켜 나가던 시대로(중앙 집권 국가) 가야의 입장에서는 다소 불리한 상황이었을 지도 모를 일이다. 하지만 고구려, 백제, 신라 사이에서 자신들만의 색을 가지고 자신들만의 역사를 무려 500년 이상 유지했다는 점을 살펴본다면 결코 약한 국가가 아니었다는 점을 기억해야 하겠다.

그래서 역사학자마다 조금씩 생각은 다르지만 이 시대를 삼국 시대라고 부르기 보다는 사국 시대라고 부르는 것이 옳다고 생각하는 학자들도 많다고 한다.

가야는 때로는 왜와 힘을 합쳐 신라를 공격하기도 했고, 위기에 빠진 백제를 위해 힘을 합쳐 신라와 치열하게 싸우기도 했다. 힘이 약한 국가라고 하지만 나름대로 자신들의 역사를 써 왔던 것이다. 주변의 고구려, 백제, 신라가 불교를 받아들이고 법을 만들어 사회를 안정시키고 왕의 힘을 강하게 만들기 위해 노력하던 모습과는 나르게 본인들만의 방식으로 국가를 유지하고 발전시켜 나갔던 것이다. 여기서 우리는 또 하나의 삶의 태도를 배울 수 있지 않을까?

일어나는 지점이나 그 배움이 개개인의 마음에 얼마나 녹아들었는지는 명확히 확인할 수 없다. 하지만 어렵겠다고 짐작한 수업에도 학생들은

〈'가야를 통해 배우는 삶의 태도'에 대한 학생들 답변〉

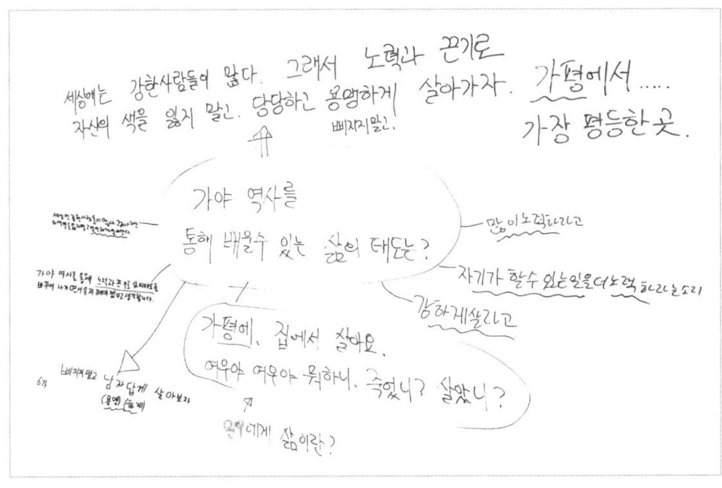

잘 참여해 주었고, 스스로 의미 있는 결론을 내렸다. 수업을 하는 교사도, 수업에 참여하는 학생도 모두 성장하고 있었다.

수많은 활동지와 수업 자료를 만들면서 항상 고민한다. 이런다고 누가 알아주는 것도 아니고, 학생에게 변화나 배움이 얼마나 일어나는지도 당장 알기 어렵다. 하지만 고민만 하고 있을 수는 없다. '언제나 당신의 열정이 곧 당신의 결정'이라는 노래 가사처럼, 열정은 있기에 그 열정이 곧 나의 결정이 된다는 믿음으로 교육과정 재구성과 수업을 준비한다. 열정이 열정에 그친다면 때로는 지쳐서 포기도 하겠지만, 수업 속에서 학생들이 성장하는 모습을 보면 교사인 나도 함께 성장함을 분명히 느낀다. 특수학급에서 이루어지는 교육과정 재구성에는 특히 열정에 대한 믿음이 중요하다. 열정을 믿고 자신만의 교육철학을 만들어야 한다. 그렇게 단단해진 우리의 마음은 다양한 교육과정 재구성의 또 다른 시작이며, 이를 묵묵히 헤쳐 나갈 수 있는 힘의 원천이 된다.

수업은 누가 만드는 것일까?

2019학년도 2학기에 '멍 때리는 철학 이야기 시즌2'라고 이름 붙인 재구성 사회 수업을 진행했다. 맹자, 순자, 노자의 주요 사상과 삶을 살펴보고, 학생들의 삶에 필요한 생각거리들을 담고 싶었다. 그래서 '인간 본성에 관한 이해'를 재구성의 핵심에 두었다. 철학자마다의 다른 주장을 접한 아이들의 생각을 들어 보고 세상 사람들의 다양한 삶의 모습을 살피면서, 우리는 어떤 삶을 살아가기 위해 노력해야 할지 작은 다짐을 만들고 싶었다.

아이들에게 커다란 목소리로 물었다. "얘들아! 너희들은 태어났을 때부터 착했던 것 같니? 아니면 나빴던 것 같니?" 학생들은 이런 질문을 처음 받아 본 듯한 표정을 지으며 대답한다. "모르겠어요." 어렵거나 당황스러운 질문을 받으면 아이들이 늘상 하는 말이다. 수업에선 아이들이 평소 들어 보지 못했을 법한 질문들을 늘어놓을 때가 많다. '스스로 깊게 생각'해 보는 시간은 우리가 어떤 삶을 살아갈지 고민하는 기회가 되기 때문이다.

"맹자는 우리가 태어나면서부터 착한 마음을 지녔다고 주장하고, 우리의 선한 마음을 지키는 방법으로 호연지기와 부동심, 배움을 이야기했어. 잘못된 것과 잘된 것을 구분해 당당하게 이야기할 수 있고, 누군가를 도와줄 수 있으며, 실수나 잘못이 부끄러우면 사과할 수 있고, 웃어른을 공경하고 예의 바르게 행동하면 된다는 거야. 그러려면 너희들의 착한 마음이 흔들리지 않아야 해. 그래서 더 많이 배워야 하고, 호연지기니 부동심이니 이런 말이 어렵다면 딱 이것만 기억하자. 우리는 맹자가 말한 것처럼 부끄러움을 알고, 누군가를 도울 줄 알며, 나쁜 것과 좋은 것을 구분하고, 때로는 양보하는 착한 본성을 가지고 있어. 그것을 지켜 나가려면 많이 배워서 흔들리지 않는 마음을 가져야 해. 너희들도 부지런히 배워서 착한 마음을 잘 지키며 당당하게 용기 내서 살아가기를 바라."

당당함에 관해서는 예를 들어 한 번 더 강조했다. "시간당 급여가 8,350원[10]인데 월급이 적게 나왔다면, 당당하게 잘못되었다고 이야기할 수 있어야 해. 그러려면 순간순간 자신 있고 당당하게 이야기하는 습관을 들이는 게 중요해. 틀리거나 실수해도 괜찮아. 배워 간다는 마음으로 잘 모르니 가르쳐 달라고 큰 목소리로 당당하게 말하면 좋겠어."

한바탕 잔소리 섞인 설교가 끝나자 아이들 반응이 이어졌다. "(제법 당당하게)선생님 수업 그만해요." "(평소 작던 목소리에 힘을 주어)네, 알겠습니다." 한편으로는 손톱 손질에 빠져 집중을 못하는 학생도 있었다. 그 후로 며칠 동안 '호연지기'를 강조하며 학생들을 세뇌시켰다. "목소리는 크고 당당하게! 호연지기 배웠잖아." 한 학생은 어머니에게 "잔소리 조금만 해 주세요!"라고 당당히 말했다기에 엄지를 번쩍 들어 주었다.

수업도, 수업 안에서 일어난 배움도 즐거웠다. 함께해 준 아이들에게도 고마웠다. 이런 즐거움을 우리끼리만 누리기가 아깝게 느껴졌고, 삶을 고민하는 모두에게 우리의 배움이 작은 길잡이가 되면 좋겠다고 생

---

10 2019년의 최저 시급이다. 언론에서 심심치 않게 장애인 노동력 착취 기사가 나오던 때라 부당한 상황이 발생하면 당당하게 맞서길 바라는 마음에서 위의 예를 들었다.

각했다. 그래서 한 발 더 나아갔다. 우리가 배운 내용을 통합학급 학생들과 함께 나누는 프로젝트를 준비한 것이다.

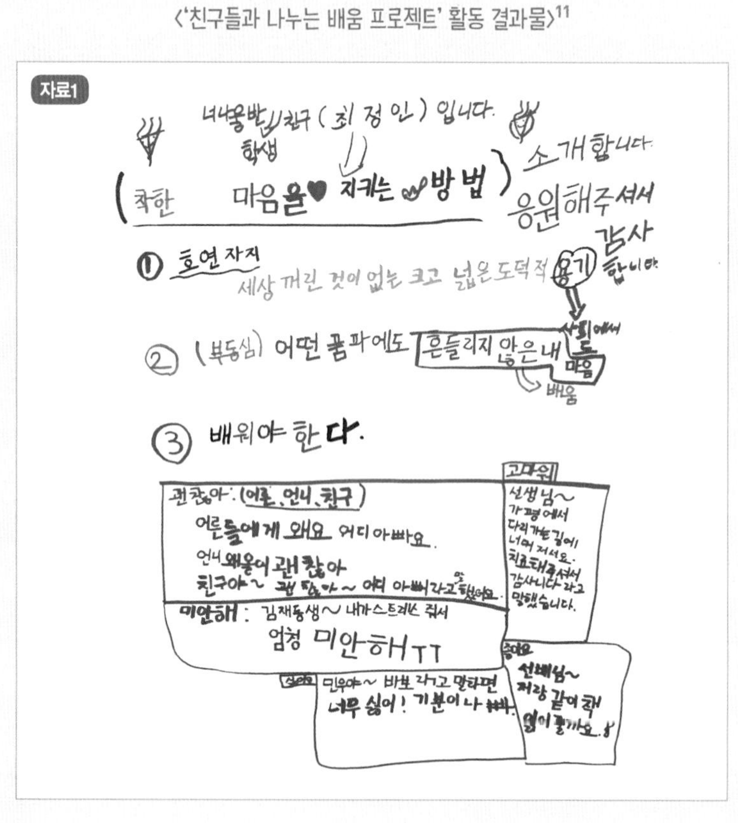

〈'친구들과 나누는 배움 프로젝트' 활동 결과물〉[11]

11 자료1은 교사와 학생이 함께 만든 결과물이며, 자료2는 교사 지원 없이 세 명의 학생이 활동 보조 자료와 배운 내용을 바탕으로 협력해서 만든 결과물이다. 자료3은 활동 결과물을 통합학급 게시판에 게시한 모습이다. 너나울반(특수학급) 학생의 결과물을 '신기한 무엇'으로 보지 않길 바라는 마음, 또 배움이 함께 일어나길 바라는 마음을 담았다.

자료2

친구들과 나누는 배움

1. 맹자는 인간을 태어날때부터 착하다고 말을 남겼다. 맹자는 성선설을 주장한 대표적인 철학자이다.

2. 맹모삼천지교의 뜻은?

「좋은 환경과 예쁘고 멋진 장소 추억을 만들어 주는 것과 같다.」

3. 맹자는 이를두고 인간이 가지고 있는 네가지

① 측은지심: 불쌍하고 가엾게여기는마음

② 수오지심: 자기가 저지른 잘못에대해서 부끄러워할줄 아는마음

③ 사양지심: 다른사람을 공경하고양보하고자하는마음

④ 시비지심: 어떤 일이옳은것인지 옳지않은 것인지를 판단할수있는 마음

4. 착한 마음 지키는 방법

호연지기: 세상에 꺼릴 것이 없는 크고 넓은 도덕적용기

부동심: 어떤 풍파에도 흔들리지 않는 내마음

5. 호연지기는 의로운 행동들이 쌓여 이루어지는것(하루아침에 이루어지는것이 아니다.)

바른마음: 자신의 잘못을 사실대로 정직하게 말하는것

맹자에게 있어 공부란 잃어버린 본성 즉 착한 마음을 기르는것이다.

"바른 마음이란, 자신의 잘못을 사실대로 정직하게 말하는 것."

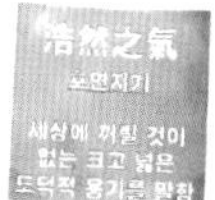
浩然之氣
호연지기
세상에 꺼릴 것이 없는 크고 넓은 도덕적 용기를 말함

이은선 정효준 김재동

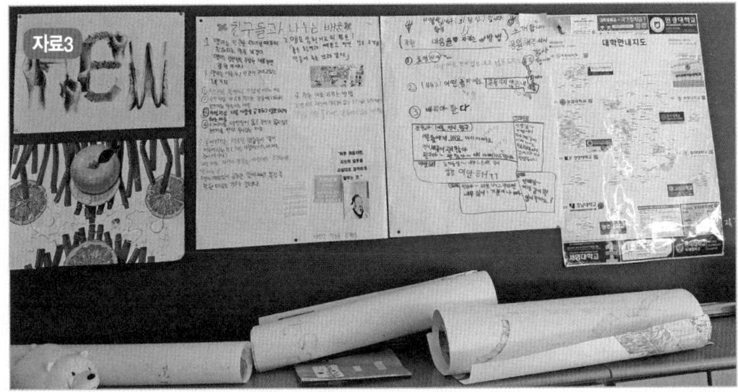
자료3

'친구들과 나누는 배움'_feat 너나울반[12]

*이왕 읽기 시작했으면 다 읽어 주기를(feat 한재희)

2학기를 시작하며 너나울반 친구들은 너희들과는 조금 다르게 삶의 지혜를 배우는 철학 수업을 진행했어. 배움의 주제는 '맹자의 성선설'이야.

맹자는 '인간의 본성은 착하다'라는 성선설을 주장한 동양의 대표적인 철학자인 것 알지? 맹자는 인간이 착한 이유를 '4단'이라는 조금 어려운 말로 설명했어. 인간은 누구나 다른 사람의 고통을 보면 불쌍히 여길 줄 알고(측은지심), 자기가 저지른 잘못을 부끄러워할 줄 알며(수오지심), 다른 사람을 공경하고 양보할 줄 알고(사양지심), 옳고 그른 것을 판단할 수 있는 마음(시비지심)을 가지고 있다고 했지.

너나울반은 성선설의 4단을 가지고 정말 우리 마음이 착한지 안 착한지 고민해 보았고, 마침내 맹자가 주장한 '인간은 착하다'는 말에 공감했어.

중요한 것은 인간의 착한 마음을 지켜 나가는 거야. 그렇다면 어떻게 자신의 착한 마음을 지켜 나갈 수 있을까?

첫 번째 방법으로 '호연지기'에 관해 이야기했어. 호연지기란 '세상에 꺼릴 것이 없는 크고 넓은 도덕적 용기'야. 너나울반 친구들도 그리고 이 글을 보는 너희들도 세상이 아무리 힘들고 어려워도 크고 당당한 용기를 항상 가슴속에 품고 살아가길 바라며 함께 이야기를 나누었어.

착한 마음을 지키는 두 번째 노력은 '부동심'이야. 부동심은 '어떤 풍파(힘든 일)에도 흔들리지 않는 마음'이라는 뜻이야. 우리가 배운 것들을 가슴에 품고 당당히 용기 내어 어떤 어려운 일에도 흔들리지 않기를 바라며 이야기를 나누었지.

이런 배움이 너무도 소중하기에 너희들과 나누고 싶어서 '친구들과 나누는 배움'이라는 제목으로 너나울반의 소식을 전해. 너나울반 친구들도 그리고 이 글을 읽는 너희들도 항상 배움의 끈을 놓지 않고, 배운 것을 가슴속에 당당히 품고, 어떤 어려운 일에도 흔들리지 않는 마음으로 살아가면 좋겠어.

더불어 우리의 착한 마음을 지켜 나가는 방법으로 '괜찮아', '고마워', '미안해', '좋아요', '싫어요' 같은 말로 자신의 감정을 적절히 표현하자는 이야기도 했어. 너나울반 친구들과 마찬가지로 너희에게도 이 말들이 필요하지 않을까?

걱정할 때 "괜찮아?", 도움을 받았을 때 "고마워", 잘못을 인정할 때 "미안해", 내 감정을 표현할 때 "좋아요, 싫어요"는 어렵지 않은 말인데, 가까운 사이에서 오히려 많이 놓치는 것 같거든. 너희들도 꼭 기억하고 실천해 주기를 바라.

---

12 앞의 활동 결과물에 대한 이해를 돕기 위해 학급 게시판에 덧붙인 설명 글이다. 모든 학생이 각자의 방식대로 삶을 배워 나가며 서로에게 조금이라도 영향을 준다면 그것만큼 좋은 일은 없겠다는 바람으로 설명 글을 작성해 함께 게시했다.

이 결과물은 내가 만든 것이 아니다. 나는 의미 있는 배움을 위해 고민하고 그것을 수업에서 잘 풀어내려 노력했을 뿐이다. 결과물은 아이들이 만들었다. 아이들은 수업을 자신만의 배움으로 연결하며 즐거워했고, 그 경험이 너무 만족스러웠기에 우리의 배움을 학교의 다른 이들과 나누는 경험으로 확장했다. 이 과정은 무척 자연스러웠다. 물론 과정에서 실패도 있겠지만 상관없다. 필요하다면 함께 보완하고 수정하면 된다. 그런 노력 가운데 아이들은 또 저마다의 생각으로 배움이 깊어질 것이다. 수업은 최대한 정교하게 준비하지만 교사 혼자 전 과정을 책임져야 하는 것도 아니다. 필요에 따라 아이들과 같이 디자인할 수 있다. 아니, 어쩌면 이런 경험이 쌓일수록 수업이 자연스럽게 정교해질 것이다.

특수교사에게 교육과정은 무엇일까?

앞선 사례는 기본 교육과정에는 없는 '철학'을 기반으로 수업을 재구성한 것이다. 엄연히 우리나라는 국가가 교육과정의 목표와 내용을 결정하여 고시하는 '국가 수준 교육과정'을 채택하고 있다. 이는 학교 교육과정의 기본 설계도로, 국민으로서 권리와 의무를 이행하는 데 필요한 일반적이고 공통적인 기준을 제시하기에 명확한 철학과 방향성이 있다.

그렇다면 앞의 교육과정 재구성 예시를 어떻게 바라봐야 할까? 그 해답을 찾기 위해선 특수교시가 교육과정을 어떤 관점에서 바라봐야 할지, 그리고 그것이 어떤 의미가 있는지 고민해 보아야 한다.

먼저, 특수교사는 교육과정을 어떤 관점에서 바라보아야 할까? 특수교육 교육과정은 7차 교육과정 개정 이후 일반 교육과정과 동시에 개정되었다. 이는 일반교육의 보편성을 지원하고 특수교육의 특수성을 강화하는 기본 원칙을 유지하기 위함이다. 즉, 공통 교육과정이나 선택 중심 교육과정에 대해서는 지원이 중심이 된 교육과정을 운영하며, 기본 교육과정은 장애 학생의 특수성을 중시하는 교육과정을 운영하도록 노력해야 함을 의미한다.(정희섭, 2015)[13]

이 책 1장에서 언급한 대로 특수교육 교육과정은 크게 기본 교육과정, 공통 교육과정, 선택 중심 교육과정으로 구성되어 있으며, 기본 교육과정은 공통 교육과정과 선택 중심 교육과정을 적용하기 어려운 초등 1학년부터 고등 3학년까지를 대상으로 편성한 교육과정이다. 특수교육 통계[14]에 따르면 전체 특수교육 대상 학생 중 약 80%가 지적 장애, 자폐성 장애, 발달 지체 등으로 일반 교육과정을 적용하기 어렵다. 따라서 특수교육은 많은 부분 기본 교육과정을 운영한다. 또한 전체 특수교육 대상 학생 중 약 72%가 일반학교에 다니고 있으며, 이 중 55%는 특수학급에서 수업을 받는다.[15] 이 때문에 기본 교육과정은 특수교육 교육과정 중 가장 광범위하게 운영되며 특수교육을 대표한다고 볼 수 있다. 그렇다고 기본 교육과정만을 중점적으로 활용해야 할까? 특수교육 교육과정 편성 운영 지침은 "학생의 장애 특성 및 정도와 학교 실정을 고려하여 공통 교육과정 및 선택 중심 교육과정을 기본 교육과정과 병행하여 편성 운영할 수 있다"고 하였다. 학생의 장애 특성과 정도라는 단서 조항이 있지만 이는 교사가 어떻게 판단하느냐에 따라 재구성이라

13 국립특수교육원에서 열린 '2015 개정 특수교육 교육과정 종론 공청회'에서의 발언 내용 인용(에이블 뉴스, 2015.10.13.)

14 '2021 특수교육 통계', 교육부

15 위 자료 참고

는 측면에서 달리 생각해 볼 수 있다는 의미기도 하다.

이에 먼저 기본 교육과정에 대한 관점을 변화시켜 보자. 기본 교육과정의 의미를 거시적으로 확장해 보면, 기본 교육과정은 장애 학생의 특수성을 고려해 교육 내용이나 범주, 교육 목표 등을 단순화시켰다. 그러면서 공통 교육과정과 선택 중심 교육과정의 보편성을 유지하기 위해 일반 교육과정의 가장 중요한 핵심을 담았다고 한다면, 우리는 기본 교육과정을 어떻게 바라봐야 할까? 다시 말해, 공통 교육과정과 선택 중심 교육과정의 가장 중요한 핵심 요소를 담은 것이 기본 교육과정이라면? 분명 그 의미는 달라진다.

이렇게 거시적 관점으로 생각을 전환할 수 있다면, 공통 교육과정과 선택 중심 교육과정을 장애 학생에게 적용하기 어렵다는 기존의 통념도 바뀐다. 물론 교육 목표나 내용, 그에 따른 성취 기준은 그대로 적용하기 어려운 면이 없지 않다. 하지만 기본 교육과정이 다소 느슨한 연계성과 위계성을 가지고 있다면, 공통 교육과정과 선택 중심 교육과정이 이보다는 더 세세한 연계성과 위계성을 제시할 수도 있다. 다시 말해 다양한 능력을 가진 장애 학생들을 위해 기본 교육과정 사이사이에 일반 교육과정 제재를 활용해 교육과정 재구성을 풍부하게 만들어 낼 수 있다는 의미다.

기본 교육과정의 현실적 한계는 단조로움에 있다. 초1부터 고3까지 적용 범위가 상당히 넓어 다양한 능력을 가진 장애 학생을 아우르는 데 다소 한계가 있다. 특수교육 교육과정에 재구성이 필요한 이유도 여기에 있다. 이제 교육과정의 범위가 넓어져야 한다. 기존에 우리가 가진 한계를 보완하는 제재로써 공통 교육과정과 선택 중심 교육과정을 고려하는 것은 당연한 일이다. 단조로운 기본 교육과정의 교과서가 일반 교육과정의 다양한 내용으로 보완된다면 의미 있는 교육 활동을 전개할 가능성 역시 높아질 것이다.

특수교사로서 교육과정을 바라보는 관점에 변화가 일었다면, 이제 교육과정이 지닌 의미를 생각해 보자. 장애 학생에게는 학교에서 이루어지는 모든 경험이 도전이며, 수업은 미래를 살아가는 데 필요한 것들을 배워 나가는 소중한 장임을 여러 번 강조했다. 이런 이유로 수업 안에서 삶을 살필 수 있는 다양한 형태의 배움이 필요한데, 특수교사의 역량이 저마다 다른 것이 변수다. 교사마다 삶을 바라보는 관점, 삶을 통찰하는 내공이 같지 않다. 그러니 재구성을 통해 아이의 삶과 연관된 수업을 실현하기는 쉽지 않다. 이것이 교육과정의 의미를 다르게 살펴볼 수 있는 지점이다. 기존의 교육과정이 배워야 할 내용의 나열이었다면, 이제는 그 안에 숨어 있는 삶과 관련된 제재와 그 의미를 찾아야 한다.

자세히 살펴보면 교육과정 안에는 분명한 철학이 있다. 앞으로 살아가는 데 필요한 것이 무엇인지 분명한 방향성을 가지고, 급별·과목별 교육 목표와 내용 체계, 교수 학습 방법, 평가 방법을 제시하였다. 교육과정 안에 삶과 직간접적으로 연관된 수많은 교육 내용이 숨어 있는 것이다. 그러므로 교사가 할 일은 교육과정을 면밀히 살펴 삶을 통찰할 수 있는 제재를 찾고 의미를 부여하는 것이다. 그리고 이를 학생에게 맞게 재구성하여 수업으로 구현하는 일이다. 수업이 학생에게 삶의 형태를 보여 주는 나침반이라면, 교육과정은 특수교사에게 삶의 형태를 수업으로 구현할 수 있게 하는 거대한 나침반이다.

교육과정에는 어떤 제재들이 숨어 있을까?

교과과정의 제재를 삶과 연결시키기 위해 과학 과목으로 재구성을 계획했다. 먼저 기본 교육과정 과학 교과의 목표를 유심히 살피며 학생들의 삶과 만날 수 있는 지점을 찾아보았다.

〈기본 교육과정의 과학 교과 목표〉

생활 주변의 사물과 자연 현상에 대한 흥미와 호기심을 바탕으로 기초적인 과학 개념을 이해하고 과학 탐구 능력을 길러 일상생활의 여러 가지 문제를 해결할 수 있는 과학적 소양을 기른다.

(1) 생활 주변의 사물과 자연 현상에 대한 기초적인 과학의 핵심 개념을 이해한다.
(2) 일상생활의 문제를 해결하기 위한 기초적인 과학 탐구 역량을 기른다.
(3) 자연 현상에 대한 흥미와 호기심을 갖고, 일상생활의 문제를 과학적으로 해결하려는 태도를 기른다.
(4) 일상생활과 관련된 과학 기술과 사회의 관계를 인식하고 이를 바탕으로 민주 시민으로서의 소양을 기른다.
(5) 과학 학습의 즐거움과 과학의 유용성을 인식하여 평생 학습 능력을 기른다.

위에서 제시된 기본 교육과정의 과학 교과 목표를 실현하려면 아이들의 삶과 과학적인 사고를 연결시켜야 했다. 고민 끝에 학생들이 우리 주변에 흥미와 호기심을 갖는 것이 중요하다는 결론에 이르렀고, 이를 위한 첫걸음으로 '관찰'을 떠올렸다. 그래서 관찰을 수업의 핵심 제재로 설정하고, '관심, 관찰, 생각은 우리의 삶을 재미나게 한다'는 주제로 수업을 설계했다. 먼저 배경 지식을 확인하는 사전 활동지를 제시한다. 학생들이 개인적으로 관심이 있는 것에 관해 이야기를 나누며 서로의 관심사를 확인하는 것이다. 그리고 본수업으로 들어가고, 끝으로 수업 내용을 재확인하며 활동지를 작성한다. 이런 설계에 따라 실제 수업이 시작되었다.

"너희들이 관심 있는 것들을 중심으로 우리 주변을 유심히 관찰해 봐. 그러다 보면 어느 순간 '왜 그럴까?'라는 호기심이 생길 거야. 그런 호기심은 '내가 지금 생각하고 있다'는 증거야. 이런 생각이 우리 마음 안에 많이 있어야 해. 수많은 궁금증을 해결해 가는 과정에서 삶의 즐거움과 재미를 찾을 수 있거든. 그리고 궁금한 것은 선생님이나 부모님 혹은 주변 사람들에게 물어보거나 스마트폰을 활용할 수도 있어."

그런 다음 본수업을 진행하고 수업 과정을 재확인하는 활동지를 제시했다. 활동지 역시 학생들의 능력에 맞춰 다양하게 재구성했다. 활동지를 재구성하면서는 아래 표의 초등학교 교육과정(공통 교육과정)의 '슬기로운 생활'과 고등학교 교육과정(선택 중심 교육과정)의 '과학사'를 참고했다.

〈'슬기로운 생활' 교수 학습 방법〉

- 주변의 생활 : 가정, 학교, 지역 사회에서의 일상생활 및 나의 역할, 사람들이 하는 일에 관심을 갖도록 직간접 경험을 통해 지도한다.

〈'슬기로운 생활' 내용 체계〉

대주제	소주제	교과별 활동 주제
		슬기로운 생활
학교와 나	• 학교생활 • 나의 친구 • 몸 • 나의 꿈	• 학교 둘러보기 • 친구에게 • 몸 살펴보기 • 나의 꿈 찾아보기

<'과학사' 내용 체계>

영역	핵심 개념	내용 요소	일반화된 지식
과학이란 무엇인가?	과학에 대한 철학적 접근	베이컨의 귀납주의	과학에 대한 철학적 접근을 통해 과학을 이해할 수 있다.

슬기로운 생활은 바른 생활, 즐거운 생활과 더불어 초등학교 교육과정이 개정되면서 '통합교과'로 새로 편성된 교과다. 통합교과는 공통 교육과정과의 연계성을 강조한다. 초등학교 1~2학년이 대상이지만 특수학급도 적극적으로 활용할 수 있다. 즉, 특수학급에서 교육과정 재구성으로 수업할 때 통합교과는 학생의 특성과 수준에 맞게 활동지를 재구성할 수 있는 다양한 제재를 제시해 준다. 예를 들어 앞서 다룬 '관심, 관찰, 생각은 우리의 삶을 재미나게 한다'라는 주제로 수업을 할 때, 학생의 능력에 따라 활동지A는 슬기로운 생활의 활동 주제로 '학교 둘러보기(사진 찍기 등)'를 정해 재구성할 수 있으며, 활동지B는 '좋아하는 선생님의 일주일간 옷 색 관찰 기록하기'로 재구성할 수 있다. 조금 깊은 사고가 가능한 학생에게는 관찰 결과로 과학적 사실을 유추할 수 있는 '귀납법'을 포함한 활동지를 제시한다. 이렇게 여러 가지로 준비한 활동지는 '관심, 관찰, 생각은 우리의 삶을 재미나게 한다'는 수업 주제를 다시 한 번 강조하는 데 훨씬 도움이 된다.

통합교과에 제시된 활동 주제는 기본 교육과정의 모든 교과와 연계가 가능해 보인다. '슬기로운 생활'이 주변의 모습, 변화, 관계와 관련해 제시하는 다양한 제재들은 기본 교육과정의 수학 교과와 과학 교과와

<'관심, 관찰, 생각은 우리의 삶을 재미나게 한다' 활동지>

활동지A

1. 과학이란 무엇인가?(먼저 곰곰이 또또또 고민해볼 문제-2)

【관찰】이란 무엇일까요?

★ 학교에서 내가 제일 좋아하는 것을 찾아 사진을 찍어 봅시다.

★★ 사진 속에 친구들은 무엇을 하고 있는지 이야기해 봅시다.

★★★ (관찰)은 무엇일까요?

활동지B

1. 과학이란 무엇인가? (곰곰이 고민해볼 문제 - 5)

나는 ____________에 대해서 알고 싶다. 우선 그 사람이 어떤 색을 좋아하는지 매일 입고 다니는 옷을 유심히 관찰해 보자. 그리고 관찰 결과를 바탕으로 어떤 색을 좋아하는지 생각해 보자.

날짜	입은 옷의 색깔 등 관찰 내용	나의 생각

연계해 교육과정을 재구성할 수 있다. 아울러 '바른 생활'은 기본 생활 습관이나 사회적 관계 유지를 목표로 하기에 사회생활에서 필요한 습관, 예절, 태도 등을 이야기하는 국어 교과, 사회 교과, 진로와 직업 교과와 연계할 수 있고, '즐거운 생활'은 아름다움을 느끼고 즐거움을 누리는 것을 목표로 하므로 미술 교과나 음악 교과 등과 연계해 교육과정을 재구성할 수 있다. 물론 이런 제재들은 활동지 제작에도 바탕이 된다.

또한 기본 교육과정의 사회 교과 역시 다양한 과목들과 연계가 가능해 보인다. 사회과는 기본적으로 민주 시민의 자질을 함양하고, 능동적인 사회 구성원으로서 더불어 살아가는 삶을 영위하기 위한 교과적 성격을 가지고 있다. 또한 기존의 전통적인 사회 교과로 인식되는 정치, 경제, 사회·문화, 지리, 역사 등과 더불어 인성 교육을 강조하는 도덕 교과 영역까지 포괄한다. 따라서 사회 교과는 다른 어떤 교과보다 삶과 관련이 깊은 내용들을 다수 포함하고 있어, 학생의 특성과 교육적 요구를 잘 파악하면 주제별 재구성의 형태나 교과 내 혹은 교과 간 재구성을 더 활발하게 진행할 수 있다. 특히 기초 직업 기능과 관련해 사회생활을 영위하기 위한 인성적 측면을 강조하는 재구성을 시도해 보는 것도 충분히 가치가 있어 보인다.

교과 간 재구성을 궁리하며, 나는 그동안 품어 온 바람을 구체화시켜 보기로 했다. 나는 학생들이 종종 '여행'을 다니며 자신의 삶을 즐기는 상상을 했다. 대다수의 장애 학생들이 지역 내에서도 아직 가 보지 못한 곳이 많아 안타까웠고, 나중에 직업을 갖게 되더라도 휴일에는 여기저기 여행을 다니며 여가 생활을 즐기기를 바랐다. 이런 교육적 상상을 실제로 시도하려면 고려해야 할 것이 많았다. 여행에 관해, 다양한 교통

수단과 그것들을 이용하는 방법에 관해, 우리 지역의 여행지와 유명한 여행지 등에 관해 알아야 할 것이 매우 많다. 이를 염두에 두고 교육과정을 살펴 필요한 제재들을 찾기 시작했다. 먼저 아래 표처럼 기본 교육과정의 사회과 교육 목표와 내용 체계를 확인했다.

〈기본 교육과정 사회과 학교급별 목표 일부〉

중학교

(3) 지리적 공간에 따른 다양한 삶의 모습을 이해하고 우리 역사와 문화를 소중히 여기며 공동체 의식을 갖는다.

고등학교

(3) 환경과 인간의 삶을 이해하고 다양한 문화를 향유하며 민주주의 가치를 생활 속에서 실현하는 시민 의식을 갖는다.

〈기본 교육과정 사회과의 내용 체계 일부〉

영역	핵심 개념	내용(일반화된 지식)	기능
나의 삶	자율성	자조 기술을 갖고 자기 결정과 자기 옹호 생활을 하며 자신의 미래를 긍정적으로 설계하는 것은 **삶의 주체로서 살아가는 자율적인 삶의 모습이다.**	관찰하기, 비교하기, 발표하기, 반성하기, 조사하기, 적용하기, 설명하기, 표현하기, 평가하기, 참여하기, 경험하기, 문제 해결하기, 정보 수집하기, 정보 활용하기, 토의·토론하기, 의사 결정하기
시민의 삶	공간과 삶	**공간적 관점을 바탕으로 사람들의 생활 모습을 이해하고 주체적인 경제 활동을 통해 삶의 사회적 공간을 확장한다.**	
	역사·문화 소양	현재 삶의 맥락을 바탕으로 **역사를 이해하고 다양한 문화를 향유하는 역사적·문화적 소양을 기르는 것은 삶의 질을 높인다.**	

다음으로 기본 교육과정의 사회과 교육 목표와 내용 체계 등에서 '여행'과 관련된 제재들을 모았다. 지리와 관련된 이야기, 우리 역사와 문화에 관한 이야기, 환경과 인간의 삶에 관한 이야기 등을 가려내 재구성의 뼈대를 세웠다. 이후 재구성에 담을 수업 내용을 고민했고, 고등학교 교육과정(선택 중심 교육과정)의 '여행 지리' 교과목에서 이를 구체화했다.

〈선택 중심 교육과정의 사회과 선택 과목〉

교과 영역	교과(군)	공통 과목	선택 과목	
			일반 선택	진로 선택
탐구	사회(역사·도덕 포함)	통합 사회	한국 지리, 세계 지리, 세계사, 동아시아사, 경제, 정치와 법, 사회·문화, 생활과 윤리, 윤리와 사상	**여행 지리**, 사회 문화 탐구, 고전과 윤리

〈선택 중심 교육과정 여행 지리 내용 체계〉

영역	내용 요소
여행은 왜, 어떻게 할까?	– 여행의 의미와 종류 – 교통수단과 여행 방식 – 여행에 필요한 지식, 기능, 가치 및 태도 – 안전한 여행

이렇게 기본 교육과정 사회과와 선택 중심 교육과정 여행 지리의 제재들을 바탕으로 교과 간 재구성을 위한 구체적인 뼈대를 다음과 같이 작성하였다.

<‘여행으로 배우는 삶의 지혜’ 재구성을 위한 뼈대 요약>

- 여행 지리 : 여행으로 만나는 삶의 지혜 → (크고, 작은) 여행을 하면서 살자
- ①여행이란? ②여행이 주는 것 ③의미 있게 여행하기(배움) ④다양한 여행

선택 중심 교육과정(여행 지리 내용 체계 확인)

① 여행은 어떻게 할까? : 여행 사례, 여행의 의미와 종류, 교통수단과 여행의 관계, 여행자 및 여행 경로에 대한 정보 수집, 여행 계획 수립과 중요성
② 매력적인 자연을 찾아가는 여행 : 매력적인 지형, 기후, 지구 환경의 다양성, 우리나라의 매력적인 생태
③ 다채로운 문화를 찾아가는 여행
④ 인류의 성찰과 공존을 위한 여행
⑤ 여행자와 여행지 주민이 모두 행복한 여행
⑥ 여행과 미래 사회 그리고 진로

재구성의 방향 : 인간과 환경의 조화(기후, 지형 등), 다양성(정보 수집 방법, 여행 계획), 삶의 공간 확장(여행의 의미, 교통수단)

선택 중심 교육과정에서 진로 선택 과목은 학생의 적성과 진로를 고려하여 학생의 선택권을 확대하기 위한 교과다. 일반 선택 과목들에 비해 학생의 적성과 진로에 일정 정도 초점을 맞추었기에 특수교사로서는 다양한 교육과정 재구성을 시도해 볼 재료가 된다. 고등학교 교육과정은 장애 학생에게는 적용하기 어렵다고 으레 짐작하는 경우가 많다. 하지만 기본 교육과정을 바탕으로 학생들의 삶과 연결된 기초 뼈대를 잘 잡는다면, 선택 중심 교육과정을 통해 기본 교육과정이 가진 단조로움을 충분히 보완할 수 있다.

이런 과정을 거처 다음 표의 ‘여행으로 배우는 삶의 지혜’ 재구성을 완성하였다.

〈'여행으로 배우는 삶의 지혜' 재구성〉

대단원	소단원	주제 구성	활동지
여행이란 무엇인가?	여행에 대하여	여행이란 무엇일까?	– 음악 감상 – 사전 조사(여행이란) – 단어 조사(세계 여행, 비단길, 체 게바라)
	과거에 여행이 가졌던 다양한 의미	아주 오래전 여행은 지금이랑은 많이 달랐다	– '석가모니 고행상'을 보고 생각 표현하기 – 〈동아리 연계〉 지역 맛집 탐방, 순대국밥 먹고 SNS 사진 올리기
		처음 가 보는, 아무것도 모르는 위험한 일, 혜초! 인도를 마주하다	– 사전 조사(혜초, 『왕오천축국전』) – 김충선의 '혜초의 천축구법 활동' 그림 보고 생각 표현하기 – 혜초가 준 여행의 꿀팁 : 여행 기록 – 여행 기록의 의미 – 성지 순례 조사
		세상을 바꾼 여행, 신항로 개척	– 후추의 쓰임 조사하기 – 여행 관련 사진 보고 느낌 말하기 – '콜럼버스의 아메리카 상륙' 그림 보고 생각 표현하기
	(지금의) 여행이 갖는 의미	여행은 나에게 어떤 영향을 줄 수 있을까?	– 사전 조사(우리가 할 수 있는 여행) – TV 프로그램 '꽃보다 청춘' 관련 사진 보고 생각 표현하기 – 조사하기(탐험, 모차르트, 문화, 해리포터) – 살면서 가장 기억에 남는 여행과 그 이유 말해보기
	다양한 여행 방법, 여가 생활과 여행	여행할 때 생각해야 할 것들 : 어떻게 이동할까?	– 조사하기(차, 비행기, 기차 타고 설악에서 부산까지 이동 경로, 시간, 이동 방법 조사하기) – 조사를 바탕으로 여행 계획 세우기
		이거 타고 어떻게 여행할까?	– 사전 조사(여행사, 산업 혁명과 여행) – 조사하기(시외버스 예약 앱을 이용해 삼척까지 이동 방법 조사) – 조사하기(코레일 예약 앱을 이용해 삼척까지 이동 방법 조사) – 조사하기(자가용 이용의 장단점) – 조사하기(비행기 탑승 수속 과정 등)

여행이란 무엇인가?	다양한 여행 방법, 여가 생활과 여행	이동하며 느끼는 나만의 의미 있는 여행	- 가평군 둘레길 여행 계획 세우기
		언제나 쉽게 할 수 있는 나를 찾아 떠나는 걷기 여행	

여행으로 교과과정을 재구성하며 나는 아이들이 자신의 삶을 자율적으로 관리하는 역량을 키우길 바랐다. 그때그때 상황에 맞게 행동하고 다양한 사회적 관계를 만들어 나가며, 사회에 관심을 가지고 능동적인 사회 구성원으로 살아가기를 바랐다. 또 여행을 통해 즐겁고 의미 있는 여가 생활을 보내고, 세상은 넓고 할 일은 많다는 사실을 이해하며 스스로 삶을 경영하길 바랐다.

실제 수업에서는 어땠을까. 어떤 학생은 "아빠, 나 동물원 가고 싶어요"라고 표현하는 방법을 배웠고, 어떤 학생은 지역의 맛집을 찾아가 음식 사진을 찍고 맛을 평가하는 글을 써서 SNS에 공유했다. 또 다른 학생은 혜초를 통해 기록의 중요성을 깨달았다고 했다. 여행에서 추억을 만들고 그것을 자신만의 방식으로 기록한다면, 훗날 『왕오천축국전』 같은 역사책(?)을 남길 수도 있겠다는 이야기를 나누었다.

이렇게 교육과정에 대한 관점과 의미를 조금만 달리하면 공통 교육과정과 선택 중심 교육과정에서 우리의 삶과 연결된 다양한 재구성의 제재를 찾을 수 있다. 특수교사가 활용할 수 있는 교육과정의 스펙트럼도 보다 넓어질 것이다. 기본 교육과정을 중심으로 장애 학생의 특성에 맞는 재구성 뼈대를 짜 보자. 그리고 그 뼈대에 맞추어 기본 교육과정과 공통 교육과정, 선택 중심 교육과정의 교육 목표와 성취 기준, 내용 체계 등을 살펴 필요한 제재들을 찾아보자. 분명 다양한 형태의 재구성을 시도할 수 있고, 그에 따라 다양한 형태의 수업에 도전하는 또 다른 길이 열릴 것이다.

3장

다양한 시도와 도전, 교육적 상상력의 실행

– 교육과정 재구성 사례를 중심으로

생각하는 힘을 기른다

"기존 특수교육에서 강조한 3R의 읽고, 쓰고, 말하는 교육은 분명 한계가 있어 보인다. 인문학 등을 통해 삶에 대한 고민이 필요하다는 생각이 든다. 예를 들어 '밤하늘의 별을 보며 사람들이 어떤 생각을 할까?' 같은 질문이다. 주변에 관심을 가지고, 감사함 같은 기본적인 감정을 느끼고, 그것을 표현하며 살아가는 것의 중요성을 알았으면 한다. 이런 교육에 방향을 맞추어 보자."

– '별'을 주제로 한 공개 수업을 준비하며 적었던 메모에서

특수교육의 중요한 철학은 아이들이 의미를 새겨읽고, 맞춤법에 맞게 쓰며, 자신의 의사를 적절히 표현하는 능력을 향상시키는 것이다. 이런 기초 학력[1]이 중요하다는 데는 동의하지만 읽고 쓰고 말하는 교육에서 한 발 더 나아가면 좋겠다는 희망을 버릴 수 없다. 나는 아이들에게 '생

각하는 힘'을 길러 주는 교육이 필요하다고 생각한다. 자신의 삶에 관해 고민하는 교육이 특수교육 안에도 분명 필요하다고 느끼기 때문이다.

인문학 열풍이 불던 시절, 나는 수많은 인문학 강좌를 청강하면서 장애 학생들에게도 인문학은 꼭 필요한 공부라고 확신했다. 인문학에는 삶을 고민하고, 자신의 삶을 되돌아보고, 그런 가운데 삶의 지혜를 찾아가는 과정이 자연스럽게 녹아 있었다. 이를 통해 '생각하는 힘'이 자라났다. 고민할 것도 없이 학생들과 함께해야겠다고 결심했다. 다양한 유형의 강좌를 듣고, 인문학 관련 서적을 읽었다. 그리고 아이들에게 인문학 수업이 필요한 이유를 아래와 같이 정리하며 재구성의 의미를 확인했다.

첫째, 인문학은 인간과 관련된 모든 것을 이해하고 연구하는 학문이다. 인간의 삶의 모습을 유심히 살펴보며 분석하고, 때로는 비판한다. '나의 삶'의 모습에 관한 이야기를 자연스럽게 나누기도 좋다. 삶에 대한 고민은 장애가 있건 없건 모두에게 필요하다. 따라서 인문학 역시 장애 학생들도 당연히 배워야 하는 학문이며, 이것이 재구성을 시도하는 첫 번째 이유다.

둘째, 인문학을 배우는 일은 우리 주변에 대한 관심에서 출발한다. 나의 삶의 모습, 너의 삶의 모습, 우리 주변의 모습 등에 관심을 가지고 관찰하는 것이 인문학의 시작이다. 많은 장애 학생은 흥미와 관심의 영

1 교육부는 기초 학력을 '문장과 수를 해석하고 일상생활을 해 나갈 수 있는 역량'으로 정의한다(2019). 한편, 급변하는 사회에서 미래에 필요한 기초 학력으로 미디어 리터러시, 어려움 극복 후 성취 노력, 긍정적 마인드 관리 능력 등이 포함될 것이라고 보는 입장도 있다.(경인교대 특수교육과 이대식, 2019)

역과 폭이 좁다. 그래서 생각하는 영역과 폭도 좁을 가능성이 크며, 그로 인해 할 수 있는 경험 역시 제한적이다. 따라서 '관심'에 초점을 맞추어, 영역과 폭을 확장시키는 것만으로도 교육적 의미가 크다. 나와 내 주변의 삶의 모습을 바탕으로 핵심 주제를 선정하고 이에 맞추어 관심 범위를 확장해 나간다면, 학생들에게 생각하는 힘을 길러 주고 싶은 수업 목적을 달성할 수 있을 것이다.

이렇게 수업 목적을 정리한 교사철학은 재구성에 중요한 방향타가 되어 흔들리지 않는 자신감을 심어 준다. 도대체 왜 나는 이 수업을 하려는지, 이를 통해 아이들에게 어떤 변화를 바라는지, 그 변화를 위해 어떤 주제와 내용을 다룰 것인지, 의미 있는 배움을 위해 수업 내용을 어떻게 구조화할 것인지, 수업 방법은 어때야 하는지, 학생의 성장 과정을 어떻게 확인할 것인지 등을 스스로 묻고 답을 찾아 나가며 재구성에 대한 확신과 다짐을 받아 낸다.

재구성에서 뼈대 세우기가 중요한 이유

이제 재구성의 뼈대를 세울 차례다. 교사에게는 이 뼈대를 세우는 과정이 재구성을 실천하는 데 있어 가장 중요한 순간이다. 건물을 짓겠다고 마음을 정하면 건물의 기본 뼈대를 세우는 일이 가장 중요할 것이다. 교육과정 재구성도 마찬가지다. 해 봐야겠다고 마음을 정하면 일단 뼈대를 만들어야 한다.

재구성에서 뼈대 세우기는 여러 기능을 한다. 첫째, 재구성을 실천하기 위한 전체적인 흐름을 관리해 준다. 짧은 몇 차시분의 재구성이라도 그 과정을 짜기란 쉬운 일이 아니다. 이때 나는 보통 마인드맵을 사용한다. 마인드맵은 다양한 생각을 나열하는 데 가장 좋은 방법이다.

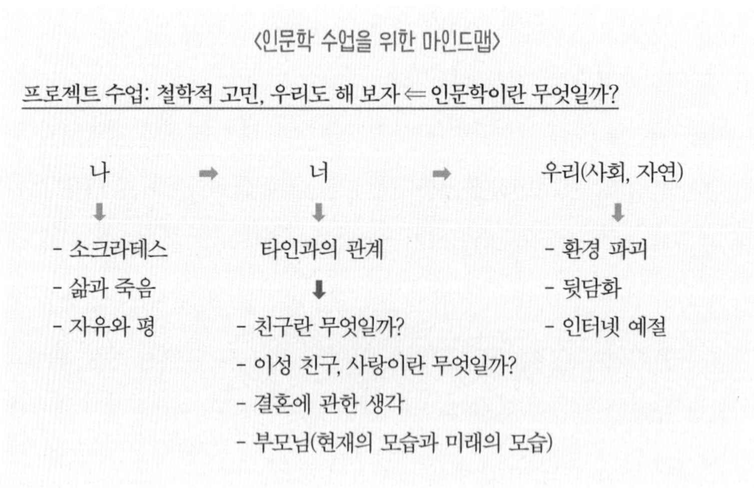

위의 예시처럼 일단 생각나는 아이디어를 정리해 본다. 이를 바탕으로 참고 자료를 같이 정리하기도 한다. 참고 자료에는 재구성에 관련된 교과목의 교육 목적, 핵심 주제, 주제들을 구성할 전략, 교수 학습 방법 등이 포함된다. 이런 자료들이 받침이 되어 한층 튼튼해진 뼈대는 특별한 활동지나 교재를 만들지 않아도 그 자체만으로 수업에 활용할 수 있는 기본 바탕이 되기도 한다. 이렇게 만들어진 뼈대는 재구성의 전체적인 흐름을 한눈에 확인할 수 있게 하고, 필요하거나 참고해야 할 사항들이 정리되어 있어 수업 관리에도 매우 효율적이다.

둘째, 뼈대 세우기를 통해 강조하고 싶은 배움이나 관련 주제를 적재적소에 배치할 수 있다. 우리는 아이들과 짧게는 1년 길게는 3년을 함께한다. 이 일련의 교육 활동이 의미를 가지려면 필요한 수업 주제들이 적재적소에 배치되어야 한다. 이때 뼈대는 아이들에게 필요한 주제를 선정하고 배치하는 데 도움을 준다. 즉, 여러 주제를 특정 기준과 목적에 따라 운용하면서 교육 내용을 체계적으로 구조화할 수 있는 것이다. 또한 개별 주제와의 연관성을 한눈에 볼 수 있게 해 재구성을 체계적으로 실행하게 해 준다.

셋째, 내가 어떤 수업을 하려는지 분명한 목표 의식을 심어 준다. 재구성의 뼈대를 만들다 보면 자연스럽게 수업을 고민할 수밖에 없다. 뼈대에 나열된 다양한 주제나 교육 내용은 교육 목표를 어떻게 달성할지와 연결되어 있고, 이 주제와 내용을 어떻게 구조화할지에 대한 전략은 수업 방법과 연결되어 있다. 참고 자료는 교육 내용을 풍성하게 만들고 다양한 시도를 가능하게 하며, 활동지는 수업 평가와 자연스럽게 이어진다. 즉, 재구성의 뼈대는 분명한 목표 의식을 가지고 교육과정과 수업, 평가를 하나의 과정 안에 묶어 교육 활동에 안정성을 높여 준다.

마지막으로, 뼈대 세우기는 교육과정 재구성을 꾸준히 추진할 수 있는 동력을 준다. 뼈대를 만들기 위해서는 많은 고민과 노력이 필요하다. 뼈대를 짜면서 전체적인 흐름을 잃지 않기 위해 노력하고, 주제들을 적재적소에 배치하기 위해 고민한다. 또한 어떤 수업을 하려는지 분명한 목표 의식을 잊지 않으려 노력한다. 이 마음을 수시로 확인하면 힘들고 부담스러워 보이는 재구성을 포기하지 않고 꾸준히 유지하는 힘이 길러진다. 또한 뼈대는 필요에 따라 언제든 조정하고 수정할 수 있으므로 실패에 대한 불안감을 감소시켜 준다.

[수업 사례1] '장인교육 프로젝트 시즌1'

다시 인문학 수업을 위한 재구성 작업으로 돌아와, 나는 이 재구성을 위해 여러 가지 뼈대를 세웠다. 얼핏 장애 학생과는 거리가 있어 보이기도 하는 인문학을 함께 공부하기 위해선 기초 작업이 중요하다고 판단했기 때문이다. 위의 마인드맵을 중심으로 상상력을 발휘해 아이디어를 정리하고, 필요한 부분을 가려 주제를 정하고, 선정된 주제에 맞게 내용을 구조화했다. 새로운 시도에 확신이 안 설 때면 아이들에게 꼭 필요한 교육이라는 생각으로 마음을 다잡았다. 학생들의 삶에 조금이라도 도움이 된다면, 그래서 더 행복하게 살아갈 수 있다면, 다른 무엇과도 바꿀 수 없는 소중한 경험이 될 것이라고 스스로를 격려했다.

재구성의 교과 제목은 '**장**애 학생을 위한 **인**문학 **교육** 프로젝트'로 정했다. 장애인이라는 말이 너무 강조되는 것 같아 중요 단어의 머리글자

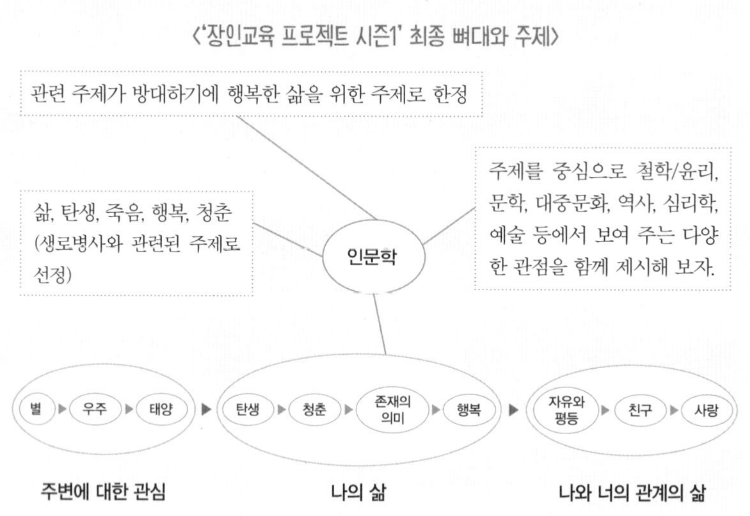

를 따서 '장인교육 프로젝트'라고 줄여 불렀다. 한편으로는 '長人교육'이라고도 불렀는데, 오래도록(長) 행복한 사람(人)으로 살아가길 바라는 의미에서였다.

재구성의 첫 단계 주제는 '주변에 대한 관심'이었다. 나와 너 그리고 우리 주변을 살펴 학생의 삶에 필요하다고 판단되는 관심거리들을 뽑아 하위 주제로 정하고, 이들을 인문학적 관점에서 살피는 것이 목표였다. 하위 주제들은 일상에서 쉽게 볼 수 있지만 그래서 쉽게 지나치기도 하는 대상으로 뽑았다. 거기서 새로움을 발견한다면 주변에 관심을 갖는 것이 얼마나 즐거운 일인지 깨달을 거라고 믿었다.[2] 시작은 우주와 별, 태양으로 정했다. 늘 우리 곁에 있지만 당연하게 여겼고, 오랜 시간 인류의 관찰과 관심의 대상이었기에 이야깃거리로 적합해 보였다. 이어서 본격적으로 인문학적 사유를 경험하기 위한 두 번째 단계로 '나의 삶'과 맞닿아 있는 하위 주제를 선정했다. 여기에는 탄생, 죽음, 청춘, 존재의 의미, 행복이 포함되었다. 살아가면서 한 번쯤 진지하게 되돌아봐야 하는 문제지만 여러 이유로 장애 학생에게는 불필요한 무엇으로 치부되던 것들이다. 하지만 인간다운 삶을 위해 필요한 고민이라면, 어렵고 의미 없어 보일지라도 자신만의 생각을 다듬어야 한다. 이 주제들에는 정해진 답이 없으므로 우리들의 생각과 언어로 정의 내리면 된다. 그렇기에 서로의 의견을 존중하고 각자에게 의미 있는 수업이 될 수 있다. 우리 주변을 살피고 이를 바탕으로 나의 삶을 되돌아보았다면, 이제 모두가 함께 행복하

---

2 장인교육 프로젝트로 학생들이 일상에서 '신비롭다' 혹은 '신기하다'는 느낌을 발견하길 바랐다. 호기심은 생각을 이끌기에 학생들의 삶을 보다 재미나게 만들어 줄 중요한 요소라고 생각한다.

기 위해 타인과의 관계를 점검할 차례다. 바로 재구성의 마지막 단계, '나와 너의 관계의 삶'이다. 여기에서는 자유, 평등, 친구, 사랑을 하위 주제로 두고 이들을 통해 나와 너를 위해 필요한 것이 무엇인지 고민해 본다.

이렇게 인문학 수업 재구성 뼈대를 세운 다음, 구조화를 위해 다시 인문학이 지닌 특성을 활용했다. 인문학은 철학, 고전, 역사, 미술사, 음악사, 문학, 문화 등을 아우르며 인간의 삶을 다양한 시각에서 살펴본다. 따라서 하나의 주제를 중심에 두고 여러 관점의 이야기를 엮어 낼 수 있다는 생각이 들었다. 예를 들면 별을 중심에 두고, 밤하늘의 별을 보며 감수성 강한 시인들은 어떤 생각을 했는지, 관찰을 좋아하는 과학자들은 어떤 생각을 하고 이를 어떻게 기록했는지, 이야기를 좋아하는 사람들은 어떤 상상(고전 문학, 설화, 전설, 문화 등)을 했는지 살피는 것이다. 필요한 자료는 일반 교육과정의 교과를 참고했다. 개별 교과목이 인문학의 하위 영역들과 비슷한 성격을 가지고 있다고 판단해서다. 가령 도덕·윤리는 철학과, 국어는 고전이나 문학과, 한국사나 세계사는 역사와, 미술은 미술사와, 음악은 음악사와, 사회는 문화 등과 자연스럽게 연결된다. 필요 시 자료 검색을 통해 색다른 관점을 제시하기도 했다. 이렇게 하나의 주제로 다양한 관점을 배울 수 있는 종합 인문서가 '장인교육 프로젝트'의 완성된 틀이었다.

〈'장인교육 프로젝트 시즌1' 교재 구성표〉

대주제	소주제	수업 시 주요 활동(연계 교과)	활동 제재
별, 우주	밤하늘의 별을 보며 ①	밤하늘의 별을 보고 시인이 한 생각을 살펴보며, 시를 감상한다. (문학)	– 이해인 〈꽃마음 별마음〉 – 김광석 〈저녁에〉

별, 우주	밤하늘의 별을 보며 ②	밤하늘의 별을 보며 과학자들은 어떤 고민을 했는지 함께 생각해 본다.(과학)	– 빅뱅이론 – 우리 은하와 태양계의 위치
	별을 보며 사람들은 이야기를 한다 ①	밤하늘의 별을 보며 별자리를 생각한 사람들의 생각을 살펴본다.(과학)	– 북극성과 지구의 자전 – 북극성과 별자리(북두칠성, 큰곰자리, 작은곰자리) – 시계 기능을 하는 북극성
	별을 보며 사람들은 이야기를 한다 ②	밤하늘의 별을 보며 우리의 조상들은 어떤 생각을 했는지 살펴본다.(역사)	– 아득이고인돌과 첨성대 – 견우성과 직녀성
	별을 보며 사람들은 이야기를 한다 ③	밤하늘의 별을 보며 사람들은 어떤 상상을 했는지 살펴본다.(고전 문학, 문화)	– 견우와 직녀 이야기(은하수, 오작교, 칠월칠석 등)
태양	해가 뜨고 해가 지고	매일 보는 태양에 관해 기본 지식을 살핀다.(과학)	– 태양의 탄생 – 태양계의 구성
	사람들은 태양을 어떻게 생각했을까? ①	태양과 관련한 옛사람들의 생각을 살펴본다.(문학, 과학)	– 태양 마차 – 천동설과 지동설
	사람들은 태양을 어떻게 생각했을까? ②	사람들에게 태양은 어떤 의미인지, 옛 조상들의 생각을 살펴본다.(역사)	– 고조선과 고구려의 삼족오 – 조선의 혼천의
	태양을 피하고 싶었어	대중문화 속에서 태양에 대한 사람들의 생각을 살펴본다.(음악, 대중문화)	– 비 〈태양을 피하고 싶었어〉 노래 감상
탄생	탄생, 출생, 삶이란 어떤 의미일까?	태어난다는 것이 어떤 의미를 갖는지 살펴본다.(사회)	– 출생의 사회적 의미
	출생과 관련된 우리나라의 풍습	태교의 의미를 살피고, 태교와 출생에 관한 우리나라 풍습을 살펴본다.(사회)	– 태교에 관하여 – 전통문화 속의 태교와 탄생(산모 미역, 금줄 등)
	백일잔치	선생님의 백일잔치 이야기를 살펴보고, 백일잔치의 의미를 이해한다.(사회 문화)	– 백일잔치의 의미

탄생	돌잔치	선생님의 돌잔치 이야기를 살펴보고, 돌잔치의 의미를 이해한다.(사회 문화)	– 전통적인 돌잔치 과정 (돌잡이 등) – 돌잔치의 의미
죽음	죽음이란 무엇인가?	죽음은 우리에게 어떤 의미로 다가오는지 살펴본다. (철학, 도덕)	– 죽음의 의미(동양, 서양) – 죽음이 주는 함의
	돌아가신 분에 대한 예의	전통문화 속 상례에 관해 살펴본다.(사회 문화)	– 상례의 과정 – 고인돌
	죽음은 슬프고 두렵기만 한 걸까?	죽음에 대한 사람들의 다양한 생각을 살펴본다.(문학)	– 안민학 〈애도문〉 – 천상병 〈귀천〉 시 감상
청춘	나의 푸르른 청춘도 지나갈까?	지나가고 있는 아쉬운 청춘에 대해 생각해 본다. (음악, 대중문화)	– 산울림 〈청춘〉 노래 감상 – 선생님의 성장 과정 사진
존재의 의미	그렇다면 나는 누구일까? 그리고 나는 무엇일까?	나라는 존재에 관해 고민해 본다.(문학)	– 김광규 〈나〉 시 감상
	이 세상에 쓸모없는 것은 없다	나 자신을 아끼고 사랑하는 마음을 갖도록 한다.(문학)	– 권정생 〈강아지 똥〉 읽기
	나는 생각한다, 고로 나는 존재한다	존재의 의미를 명확하게 찾을 수는 없지만 주변에 관심을 가지고 생각하는 습관을 기른다.(미술–그림 감상)	– 로댕 〈생각하는 사람〉 – 폴 고갱 〈우리는 어디서 왔는가? 우리는 누구인가? 우리는 어디로 갈 것인가?〉
행복	누구나 행복하기를 바란다	행복의 조건을 살펴본다. (심리학)	– (긍정의 심리학)행복의 조건
자유와 평등	나에게 주어진 자유와 평등 ①	자유가 지닌 진정한 의미에 관해 살펴본다.(사회)	– 자유에 대하여
	나에게 주어진 자유와 평등 ②	차이를 존중함으로써 평등의 의미를 살펴본다.(사회)	– 평등에 대하여
친구	붕우유신, 친구간의 믿음	친구 사이의 믿음의 중요성에 관해 살펴본다.(사회 문화)	– 다몬과 핀티아스 이야기 – 선생님의 우정에 관한 이야기
	친구 사이	친구 사이에 지켜야 할 예의에 관해 살펴본다.(사회 문화)	– 친구 사이에 지켜야 할 예절 (믿음, 의리)

<table>
<tr><td>친구</td><td>친구야 사랑한다</td><td>우정에 관한 선생님의 이야기를 듣고
고마운 친구에게 편지를 써 본다.</td><td>– 선생님의 이야기</td></tr>
<tr><td rowspan="3">사랑</td><td>가슴 시린 짝사랑
해 본 적 있을까?</td><td>짝사랑에 관한 사람들의 생각을
살펴본다.(문학)</td><td>– 시경 〈복숭아나무〉
– 손효진 〈넌 아니?〉</td></tr>
<tr><td>어떤 것도 바라지
않는 사랑?</td><td rowspan="2">사랑의 느낌과 생각을
표현할 수 있다.
(미술, 음악, 대중문화)</td><td>– 레오니드 아프레모브의
그림 감상</td></tr>
<tr><td>사랑이란 정말
무엇일까?</td><td>– 쥬얼리 〈니가 참 좋아〉 노래
감상
– 수잔 앤더슨 이야기(SNS)
– 윤하 〈오늘 헤어졌어요〉
노래 감상
– 구스타프 클림트 〈키스〉
그림 감상</td></tr>
</table>

교재는 만들었지만 한계가 있었다. 학생의 개별적 특성이 고려되지 않은 점이다. 교재를 바탕으로 수업을 진행하면서 이런 점이 자연스럽게 드러났다. 하지만 교재에 대한 생각을 달리하면서 나름의 해결책을 찾았다. 교재가 아이들에게 필요한 삶을 담았다면, 나는 그 교재를 바탕으로 아이들에게 새로운 관점을 의미 있게 전달해 주면 되는 것이었다. 주제를 구성하고 구조화하기 위해 수많은 자료를 찾고 그 자료들을 보기 좋게 정리한 것이 교재라면, 그 교재는 내 수업에서 아이들에게 들려줄 이야기의 중요한 대본이라고 생각했다. 그리고 교재를 중심으로 수업 상황을 조금 달리 디자인해 보았다.

먼저, 도입에서는 학생이 자신의 생각을 어떤 형태로든 표현할 수 있게 했다. 그리고 교재 내용을 함께 보며 그 의미를 이야기해 주었다. 주제와 관련된 교육 목표와 의도를 아이들이 받아들일 수 있도록 다양한 설명도 곁들였다. 이때 교재의 핵심 주제와 개별 학생의 생각이 서로 다르지 않음을 강조했고, 때로는 아이들의 생각에 더 큰 의미를 부여하기도 했다. 생각을 표현하는 것에 자신감을 심어 주고 싶었고, 그래서 생각하는 힘이 자라나길 바라서였다.

〈재구성 교재를 기반으로 한 수업의 전체적인 흐름 예시〉

도입

▶ 칠판에 '청춘'이라는 단어를 적고 떠오르는 생각들을 물어본다.

"어떤 의견이라도 좋아. 정답이 없으니까. 너희들이 이야기하는 모든 것이 정답이야."

간단한 발문을 통해 학생의 생각을 이끈다. 특히 주의할 점은 아이들의 의견에 비판적 태도를 보이지 않는 것이다. 이에 학생들은 자신의 생각을 표현한다.

- 젊었을 때의 추억을 많이 만들어야겠다.
- 피 끓는 청춘=열정
- 꽃보다 청춘
- 고래는 덩치가 크고 활발해서 청춘이 생각난다.
- 어렸을 적 기억, 부모님의 청춘

칠판에 모든 의견을 적고 함께 수업 내용을 확인하다.

전개

▶ 산울림 노래 〈청춘〉을 감상한다. 가수 김창완은 이 노래를 아이 돌잔치를 하면서 지나가는 청춘이 아쉬워서 만들었다는 에피소드를 들려준다. 이와 함께 청춘의 소중함과 아쉬움을 학생들과 함께 이야기한다. 나의 성장 과정을 담은 사진 자료로 '선생님의 청춘 시절' 이야기도 나눈다.

나눔

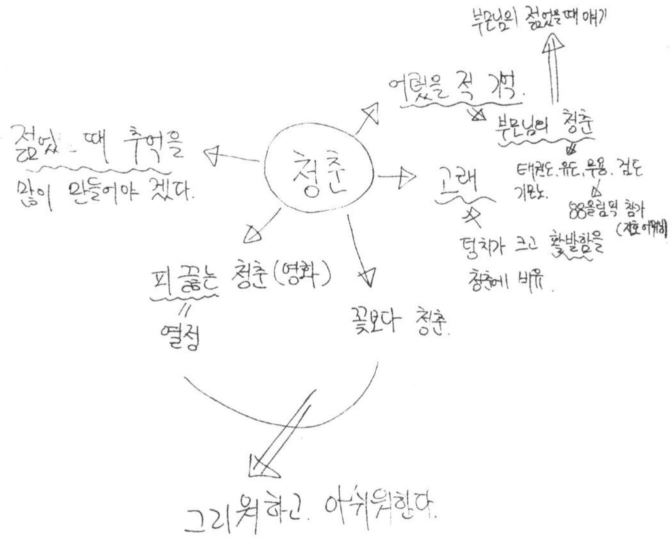

▶ 도입 단계에서 확인한 청춘에 관한 각자의 의견과 전개에서 감상한 노래를 바탕으로 수업 내용을 최종적으로 정리한다.
"너희들의 생각에도 지나가는 청춘에 대한 아쉬움이 담겨 있어. 청춘은 지금도 지나가고 있기에 그립고 아쉬운 거야." 그리고 "소중한 청춘의 하루하루를 최선을 다해 보내자"라는 코멘트로 활동을 정리한다.

많은 교사들이 교육과정 재구성에 부담을 느낀다. '재구성'이라는 단어가 다소 복잡한 작업을 필요로 하는 느낌을 주기 때문일 것이다. 재구성을 한다는 것은 나만의 뚜렷한 교육철학과 목표를 가지고 필요한 교육과정을 분석하는 일이다. 이를 바탕으로 뼈대를 만들고 수업을 준비하고, 수업을 통해 학생에게 어떤 변화가 일어나는지 평가하며 다시 의미를 되새기는 과정이다. 그런데 한번 생각해 보자. 교육과정 재구성이라는 용어 안에 이 모든 과정이 필수적으로 구현되어야 할까? '교육과정-수업-평가의 일체화'가 오롯이 담겨야 할까? 한 발 더 나아가, 개별 학생에게 필요한 개별화된 교육까지 그 틀 안에 모두 담겨야 할까? 이런 부담감을 고려했다면 나는 애초 '장애 학생을 위한 인문학 교육 프로젝트'를 시도조차 하지 못했을 것이다. 재구성은 새로운 도전과 실험이기에 처음부터 모든 과정을 완벽하게 구현할 수 없다. 나의 경우에는 '의미 있는 수업을 해야 한다'는 데 재구성의 초점을 맞추었다. 학생의 삶에 의미 있는 변화와 배움이 일어나는 주제를 선정하는 데 오롯이 집중했다. 개별 학생의 특성을 반영한 다양한 수준의 활동지나 평가 방법 등은 차후로 미루었다. 미완의 재구성이지만 필요한 부분은 수업 과정에서 학생들과 함께 풀어 갈 문제라고 생각했다. 그래서 재구성의 방향이 잘못되거나 의미를 찾을 수 없을 때는 방향을 재설정하고, 활동지와 수업 내용, 평가 등을 수시로 수정하고 보완했다.

교사 개인이 가진 역량은 저마다 다르다. 역량에 따라 할 수 있는 재구성의 범위 역시 다르며, 장점을 보이는 부분도 다르다. 그렇기에 자신에게 맞는, 자신이 가장 잘할 수 있는 부분부터 도전하고 시도하는 것도 좋다고 생각한다. 교육과정 분석, 뼈대 만들기, 수업 전략, 수업 내용, 활동지, 평가지 등 자신 있는 부분부터 역량을 발휘해 보자. 우리의 교육 활동에는 실패를 최소화하면서 성공할 수 있는 특정 모델이나 답이 없다. 중요한 것은 확고한 교사철학을 믿고 실패를 두려워하지 않는 마음이다.

<2016년-말 '장인교육 프로젝트'에 대한 학생들 평가>

학생A - 견우와 직녀 이야기 재미있었다.
- 데카르트의 명언 어려워 보인다.
- 죽음에 대한 철학자들의 생각이 명언 같았다.
- 선생님의 친구는 별명이 있는 줄 몰랐다.
- 시인이 쓴 시가 감명 깊었고, 별에 대해서도 많이 알았다.

학생B - 별, 태양은 지구에서는 중요하고 소중하고 없어서는 안 되는 존재이다.
- 청춘 재미있고 의미 있게 보내자.
- 탄생에 대한 수업을 듣고 부모님이 낳으실 때 기쁨과 소중함 등을 다시 깨닫게 되었고 그래서 생각하면서 살고, 의미 있게 살자는 말처럼 열심히 살아야겠다.
- 죽음에 대한 주제는 친구 또는 내 주변 사람 또는 부모님 등 소중함을 알게 되고 고마움과 있을 때 잘해야 하는 말이 있듯이 또는 끝날 때 끝난 게 아니다는 말처럼 내 지인분에게 잘해야겠다는 생각이 든다.
- 친구에 대한 주제는 수업에서 친구가 소중함을 알게 되었고 친구의 배려, 믿음, 존중 등이 얼마나 중요한지 알게 되었다.
- 나는 생각한다. 고로 나는 존재한다. 이 말은 너무 어렵지만 나는 누구일까?

'장인교육 프로젝트 시즌2, 시즌3'

내가 지금 잘하고 있는지 확인하고 싶은 마음은 언제나 굴뚝같다. 특히나 특수학급을 운영하는 특수교사들에게는 이런 욕구가 늘 머릿속을 맴돈다. 때로는 "잘하고 있어요"라는 말이 듣고 싶기도 하다. 그래서 기회가 생기면 수업 사례들을 모아 연구 대회나 공모전에 나간다. 참여의 가장 큰 목적은 '점검'이다. 지금 하고 있는 활동들이 교육의 보편적 흐름과 맞는지 점검하는 것이다. 참여 취지나 결과를 정리하다 보면 지난 날을 되돌아볼 수 있어 스스로에게 많은 도움이 되었다. 또한 이를 매개로 동료들과 그 의미를 나누기도 좋았다.

앞에서 살펴본 '장인교육 프로젝트 시즌1'로 공모전에 참여했다. 재구성 방향을 설명한 계획서와 함께, 1년간 수업을 운영하며 기록한 결과물들을 정리해 보고서를 작성했다. 나도 아이들도 재미를 느꼈던 교육과정 재구성이었기에 내심 입상을 기대했다. 재구성에 대한 동기 부여를 위해서라도 좋은 결과를 기대했지만 허사였다. 그런데 의외의 곳에서 동기 부여를 받을 수 있었다.

공모전에 제출할 결과 보고서를 작성하면서 점검과 피드백이 필요하다고 느껴 같은 학교의 선배 교사에게 검토를 부탁했다. 그는 수학 과목 교사로 평소 특수교육에도 관심이 많았다.

"특수학급 학생들과 나누기에는 너무 어려운 내용이 아닐까? 주제들이 철학적이라 비장애 학생한테도 힘들어 보여. 탄생을 이야기하고 곧바로 죽음으로 이어지는 것도 심리적으로 안정적이지 않고. 생로병사를 기준으로 재구성해 보면 어떨까? 주제 구성이나 재구성 방법은 학교 선생님들과 충분히 나누어 볼 만하니까 연수 형식으로 공유하면 좋을 것 같아."

재구성에는 긍정적이었지만, 방향 수정이 필요하다는 조언이었다. 소중한 피드백이었다. 학생의 삶에 도움이 되기를 바라 그저 '재구성해야 한다'는 목표에만 집중했지 정작 학생을 위한 배려가 부족했다는 생각이 들었다. 선배 교사의 의견을 정리해 새로운 방향을 고민했다. 기존처럼 여러 주제를 나열하기보다 핵심적인 한두 가지 주제를 중심으로 이야기를 풀어 가는 방식으로 새로운 '장인교육 프로젝트' 재구성을 준비했다.

흔히 학교 안에서 특수교사는 혼자라는 생각을 많이 한다. 조언을 구하고 싶지만 마음을 나눌 선배 교사가 없다고 느낀다. 그 마음의 저변에는 장애 학생과 비장애 학생이 다르다는 것을 전제하고 있기 때문일지도 모른다. 그래서 공동의 화제도 제한적이라고 생각한다. 하지만 교사로서 학생을 생각하는 마음은 장애 유무를 떠나 다르지 않다. 그래서 함께할 이야기도 많다. 조금 더 적극적으로 다가가 고민을 나눌 수 있어야 한다. 그래야 서로의 다름을 이해하고, 함께할 방향을 설정할 수 있다.

[수업 사례2] 인간의 생生으로 살피는 인문학 이야기 _태어난다는 것은 무엇일까?

생로병사(生老病死)는 인간이 겪는 네 가지 고통으로, 인간의 삶을 그대로 보여 주는 말이다. '장인교육 프로젝트 시즌2'는 인간의 생로병사를 바탕으로 하였다. 태어나고(탄생, 生), 나이를 먹으면서 주변 사람들과 관계를 맺고(청춘, 老), 어른이 되어 자신의 책임을 다하며(어른, 病), 무엇을 위해 살아가고 있는지(삶의 의미, 死) 고민해 볼 수 있다고 생각했고, 그에 따라 핵심적인 소주제를 잡았다.

재구성의 첫 번째 이야기는 탄생이었다. '소중한 탄생'을 핵심 주제로 두고 탄생의 의미를 살펴보았다. 나의 탄생이 갖는 의미를 알고 우리의 건강한 성장을 위해 어른들이 어떤 노력을 했는지 살펴보며 감사한 마음을 갖길 바랐다. 또한 탄생이 '시작'을 의미한다면, 우리 주변에 어떤 소중한 탄생이 있는지도 살펴보고자 했다.

〈'탄생'과 관련한 마인드맵〉

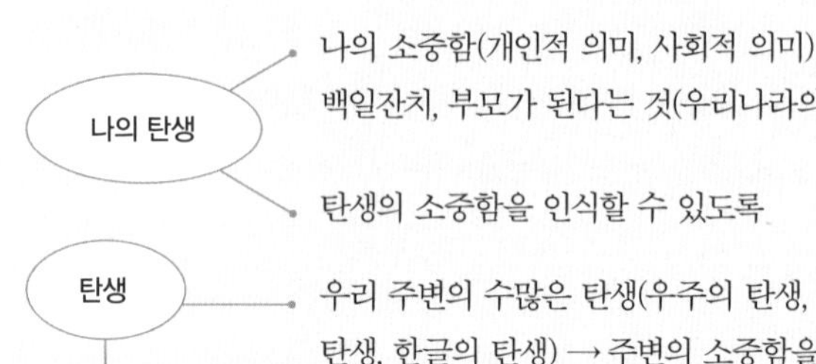

- 우리 부모님이 생각하는 나의 탄생은?
- 나를 가졌을 때의 생각
- 태몽은? 백일잔치의 모습은?
- 부모님의 연애사(서로의 첫인상)

이 세상의 모든 탄생은 소중하다. 그리고 사람들은 그것을 지키기 위해 노력한다. 우리의 탄생 역시 소중하다. 사랑으로 시작된 임신, 건강한 출산을 위한 태교, 새로운 생명의 탄생을 준비하는 문화와 풍습, 그 속에 담긴 삶의 지혜 그리고 현대와 다른 점 등을 배우며 그 안에 숨은 어른들의 책임감도 알기를 바랐다. 또한 탄생의 소중함을 더욱 강조하고 싶어, 우리 주변의 위대한 탄생을 몇 가지 골라 수업 내용에 포함했다.

〈'장인교육 프로젝트 시즌2 : 태어난다는 것은 무엇일까?' 교재 구성표〉

대주제	소주제	활동 제재
탄생	탄생, 나의 탄생, 위대한 탄생	
	탄생을 무엇이라고 말하는가? (시인들의 생각)	– 최풍성 〈탄생의 신비〉 – 강미숙 〈출산〉
	나라는 사람은 어떻게 생겼을까?	– 생물에서 말하는 임신과 배 속 아이의 성장 과정

<table>
<tr><td rowspan="3">태교</td><td>배 속의 아가를 위한 노력 ①</td><td>– 사주당 이씨 『태교신기』의 태교 방법
– 이이 『성학집요』에 나오는 태교 방법
– 해평 윤씨 『규범』에 나오는 태교 방법
– 『태중훈문』에 나오는 태교 방법</td></tr>
<tr><td>배 속의 아가를 위한 노력 ②</td><td>– 『태교신기』 다시 살펴보기</td></tr>
<tr><td>배 속의 아가를 위한 노력 ③</td><td>– 현대의 태교에 관한 생각
– 태교와 관련된 과학적 실험</td></tr>
<tr><td rowspan="5">출생과 출생 이후의 노력</td><td>태어나는 순간, 그 소중함</td><td>– 산바라지, 삼신상, 삼신끈 등 출생에 관련한 선조들의 전통</td></tr>
<tr><td>건강하게 태어난 아기를 위하여 ①</td><td>– 금줄
– 모유 수유를 위한 선조들의 노력(현재의 모습과 비교)</td></tr>
<tr><td>건강하게 태어난 아기를 위하여 ②</td><td>– 건강하게 자라기를 바라는 마음을 담은 선조들의 지혜(명다리, 아명 등)</td></tr>
<tr><td>건강하게 태어난 아기를 위하여 ③</td><td>– 건강하게 자라기를 바라는 마음을 담은 선조들의 지혜(삼칠일, 백일잔치 등)</td></tr>
<tr><td>건강하게 태어난 아기를 위하여 ④</td><td>– 건강하게 자라기를 바라는 마음을 담은 선조들의 지혜(돌잔치, 돌상)</td></tr>
<tr><td rowspan="4">엄마가 된다는 것</td><td>어머니, 엄마가 된다는 것은 무엇일까? ①</td><td>– 엄마, 여성의 사회적 의미</td></tr>
<tr><td>어머니, 엄마가 된다는 것은 무엇일까? ②</td><td>– 아이를 향한 절대적인 사랑과 희생정신
– 현대의 워킹 맘에 관하여</td></tr>
<tr><td>살아 계실 때 잘해드려라~</td><td>– GOD 노래 〈어머님께〉</td></tr>
<tr><td>“어머니, 사랑합니다”라는 말 한마디</td><td>– 박목월 시 〈엄마하고〉, 〈어머니의 눈물〉</td></tr>
<tr><td rowspan="3">위대한 탄생 ①</td><td>위대한 탄생, 한글 ①</td><td>– 세종 대왕과 한글</td></tr>
<tr><td>위대한 탄생, 한글 ②, ③</td><td>– 한글의 위대함, 과학성
– 한글에 관하여
– 한글의 사용</td></tr>
<tr><td>최초의 한글 소설 『홍길동전』</td><td>– 『홍길동전』 줄거리 요약 제시
– 『홍길동전』이 가진 의미</td></tr>
<tr><td rowspan="2">위대한 탄생 ②</td><td>철학의 시작, 철학이란 ①</td><td>– 고대 그리스에서 탄생한 철학</td></tr>
<tr><td>철학의 시작, 철학이란 ②</td><td>– 고대 그리스 철학자 소크라테스</td></tr>
</table>

'장인교육 프로젝트 시즌2'에서는 조금 색다르게 우리의 전통문화를 많이 다루었다. 나쁜 것은 말하지도 보지도 말라는 태교법, 아기 건강을 지켜 주는 삼신할머니, 출산을 돕는 산바라지, 아기를 세심히 배려한 삼칠일, 백일잔치, 돌잔치 등에는 선조들의 따뜻한 마음이 깃들어 있다. 이를 통해 소중한 것을 위해 마음을 나누고 모아야 한다는 것을 알고, 아이들도 주변 사람들과 따뜻한 마음을 나누면서 살아가길 바랐다. 또 이런 전통문화들이 지금은 어떤 방법으로 전해 내려오는지도 살펴보았다. 예전과는 다른 현대의 태교, 백일잔치와 돌잔치를 보며 시대 변화에 따라 문화도 바뀌는 것을 확인했다. 다만, 그 속에 담긴 의미는 여전히 '따뜻한 마음을 나누는 삶'임을 강조했다. '엄마가 된다는 것'에서는 아이들이 부모의 사랑과 책임을 알아주길 바랐다. 우리 부모, 우리 주변 사람 모두 우리의 소중한 탄생을 지켜보고 건강하게 자라길 빌었듯, 부모가 될 아이들 역시 사랑과 책임감을 가지고 자신에게 다가올 삶을 온전히 지켜 나가려 노력하길 바랐다.

장인교육 프로젝트 시즌1이 여러 주제로 다양한 관점을 제시해 복잡하고 깊이가 얕았다면, 시즌2는 하나의 핵심 주제(탄생의 소중함)와 이를 연결하는 하위 주제들(탄생, 태교, 부모가 된다는 것, 위대한 탄생 등)로 보다 집중적이고 체계적인 재구성이 되었다. 핵심 주제는 수업 시간마다 강조되었고, 주제를 매번 다른 제재들과 연결해 많은 이야기를 풀어냈다. 덕분에 교육 목표를 일관성 있게 끌어 나가며 의미 있는 배움을 유지할 수 있었다.

〈학생A의 활동지〉

1. 태교가 중요한 이유를 설명해 주세요.
- 엄마와 아기가 서로 좋은 관계를 맺히기 위해서 주변 사람들이 배려를 해야 태교의 중요한 의미가 되는 것이다.

2. 태교 신기에서는 임산부가 먹지 말이야 할 것으로 어떤 것을 제시하였나요?
- 태교 신기에서는 먹으면 안 되는 음식이 벌레를 먹거나, 썩어 떨어진 것, 참외, 날채소, 찬음식, 냄새나 색이 좋지 않은 것, 설익거나 제철이 아닌 과일이나 채소, 고기류, 우렁, 가재, 나귀, 물고기, 비늘 없는 물고기, 엿기름, 마늘, 메밀, 왕소(솟아나는 물), 복숭아, 순무, 마, 개고기, 양의 간, 닭고기, 오리고기 및 알, 참새고기, 생강, 미역귀, 산양고기, 버섯, 계피, 노루고기, 말 밑고기, 쇠무릎(도가니) 등이 정해져 있다.

3. 이 세상에 태어난 '나', 나는 왜 소중할까요?
- 부모님의 사랑과 축복을 받으면서 어른이 되라고 하는 게 이 세상에 태어난 나를 소중하다고 생각한다.

〈학생들 상호 평가〉

학생B : 왠지 글자가 꼬인 것 같다.
학생C : A도 나랑 친구니까 너도 나한테는 많이 소중해.
학생D : 앞으로 친하게 지내자.

[수업 사례3] 인간의 노老로 살피는 인문학 이야기 _청춘이 들려주는 이야기

"계절의 봄은 다시 돌아오지만 인생의 봄은 다시 돌아오지 않는다."

– '청춘'에 관한 학생 생각

요즘 아이들은 태어날 때부터 디지털 기기를 보며 자란다. 소위 'Z세대'라 불리는 아이들은 인터넷 환경이 익숙하고 자연스럽다. 각종 스마트 기기들을 통해 다양한 정보를 얻으며, 그 안에서 자신들만의 놀이 문화를 만들어 나간다. SNS, 유튜브, 게임 등은 이미 아이들 삶에 깊숙이 녹아 있으며, 일상의 시간을 함께 보내 주는 훌륭한 친구가 되었다.

스마트폰의 생활화에는 득과 실이 공존한다. 하지만 내 눈에는 문제점이 더 도드라져 보인다. 우선 대부분의 콘텐츠가 동영상을 기반으로 한다. 동영상으로 세상을 배우고 정보를 얻지만, 이 영상들이 아이들에게 미치는 영향이 결코 적지 않다. 일단 영상은 읽고 판단할 필요가 없기에 생각하지 않아도 된다. 자극적이고 왜곡이 심한 경우도 많다. 특별한 취미 생활이 없다면 이런 영상들을 보며 시간 가는 줄도 모른다. 이뿐만 아니다. 웹을 통해 만나는 불특정 다수와의 관계 맺음도 우려된다. 자신의 진짜 모습도, 표정도, 행동도, 말투도 숨기고 다가갔다가 필요 없으면 지워 버린다. 인간관계를 '쉽게' 생각할까 봐 걱정스럽다. 자

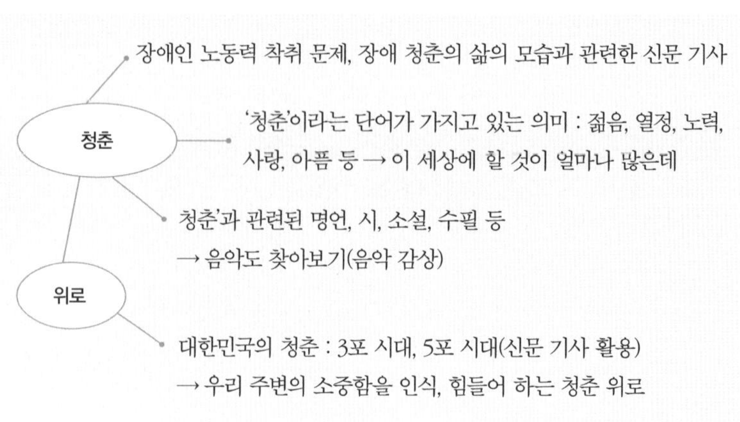

신이 한 말에 책임을 느끼지 않기도 한다. 기분 나쁘면 내뱉고, 삭제하고, 숨어 버리면 그만이다. 스마트 기기로 만나는 게임은 또 어떤가? 온라인 게임은 학생들이 여가시간을 보내는 가장 훌륭한 놀이 문화가 되었고, 그 놀이 문화는 자신의 역할까지 까맣게 잊어버리게 만드는 중독을 낳기도 했다.

나는 아이들이 가상 세계에서 허비하는 시간이 아까웠다. 아이들이 있어야 할 세상은 가상이 아닌 지금의 현실임을, 그리고 자신들이 지금 살고 있는 청춘의 시간이 얼마나 소중한지 알게 해 주고 싶었다. 하고 싶은 것과 해야 할 것이 얼마나 많은지 깨닫고 시간을 허비하지 않고 하루하루 최선을 다해 살아가길 바랐다. 그리고 눈앞에 실재하는 사람과 '관계 맺음'이 삶의 중심이 되어야 했다. '장인교육 프로젝트 시즌3'은 이런 마음으로 시작했다.

〈'장인교육 프로젝트 시즌3 : 청춘이 들려주는 이야기' 교재 구성표〉

소주제	활동 제재	활동지 구성
'청춘'의 의미	– 일제 강점기의 월간지 《청춘》 – '청춘'의 사전적 의미	– (먼저 생각해 볼 문제) 청춘과 관련된 영화, 음악, 문학 작품, 역사 등 조사하기
봄날, 청춘 그리고 젊음	– 고전(중국 시)에 나오는 '청춘'의 의미	– (먼저 생각해 볼 문제) 봄날, 청춘, 젊음 하면 떠오르는 것은?
청춘이 들려주는 이야기	– 심보선 〈청춘〉 – 지금의 청춘의 의미	– 심보선의 시 〈청춘〉을 읽고 느낀 점 이야기하기(상호 평가 실시)
시로 읽어 보는 청춘	– 사무엘 울만 〈청춘〉 – 조지 도슨 『인생은 아름다워』(98세에 영어를 배움) – 마쓰시타 고노스케 '청춘 이야기'(일본 최고의 경영인)	– 사무엘 울만의 시 〈청춘〉을 읽고 느낀 점 이야기하기(상호 평가 실시)

대한민국의 청춘들은 어떻게 살아가고 있을까?	– 신문 기사	– 3포 세대, 5포 세대에 대한 생각 나눔
장애와 청춘, 세상 사는 일이 쉽지만은 않다	– 신문 기사	– 노동력을 착취당하는 장애인에게 필요한 것
봄날, 청춘 그리고 젊음=불안 in 한국	– 영화배우 곽도원 이야기 – 장애인 노동력 착취 관련한 카드 뉴스	– 마이클 조던의 명언을 보고 느낀 점 이야기하기 (상호 평가 활용) – 노동력 착취로 청춘을 빼앗긴 장애인의 이야기를 듣고 느낀 점
언젠간 가겠지 푸르른 이 청춘, 지고 또 피는 꽃잎처럼	– 산울림 〈청춘〉	– (먼저 생각해 보기) 청춘을 위해 할 수 있는 위로 – 산울림 〈청춘〉 노래 감상
말하는 대로, 생각한 대로 모두 다 잘될 거야	– 유재석 〈말하는 대로〉	– 유재석 〈말하는 대로〉 노래 감상
장애와 청춘	– 장애 청춘의 특별한 이야기를 다룬 신문 기사 – 지적 장애 청소년 '렌즈로 희망을 보다' – 지적 장애 첼리스트 배범준 – 지적 장애인을 디자이너로 만드는 사회적 브랜드 '키뮤'	– 지적 장애를 가진 청년들이 찍은 사진 감상하기 – 명언의 의미 함께 생각해 보기
우리의 청춘이 가지고 있는 그 수많은 이야기	– 한재희 선생님의 청춘 이야기	– (활동 종합) 여러분이 생각하는 청춘은 어떤 의미인가요?

수업에서는 먼저 '청춘'이라는 단어가 지닌 상징적 의미를 함께 이야기했다. 청춘이라는 말 그대로 푸른 봄날을 보았고, 그 안에 숨은 열정, 풋풋함, 노력, 좌절, 아픔 등의 의미를 살폈다. 이를 통해 청춘은 소중하기에 해 봐야 할 것도 해야 할 것도 많다고 재차 강조했다. 한편 힘들어

하는 대한민국 청춘의 현실도 들여다보면서 힘든 친구들을 위로할 방법을 함께 고민했다. '젊은이'라는 단어 속의 열정과 도전 그리고 성공과 실패에 관해서도 이야기를 나누었다.

<'먼저 생각해 볼 문제'에 대한 학생B의 활동지>

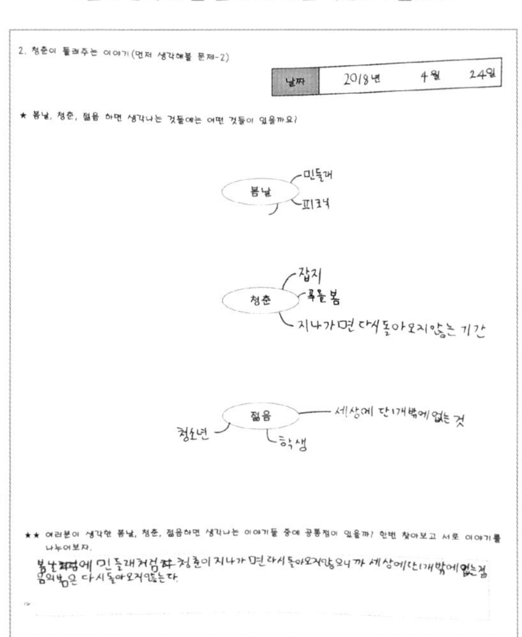
2. 청춘이 들려주는 이야기(먼저 생각해볼 문제-2)

날짜	2018년 4월 24일

★ 봄날, 청춘, 젊음 하면 생각나는 것들에는 어떤 것들이 있을까요?

봄날 - 민들래, 피크닉

청춘 - 잡지, 푸른봄, 지나가면 다시돌아오지않는 기간

젊음 - 세상에 단1개밖에 없는 것, 청소년, 학생

★★ 여러분이 생각한 봄날, 청춘, 젊음하면 생각나는 이야기들 중에 공통점이 있을까? 한번 찾아보고 서로 이야기를 나누어보자.

봄날에 민들래처럼 청춘이 지나가면 다시돌아오지않으니까 세상에단1개밖에없는젊음의봄은 다시돌아오지않는다.

1. 봄날, 청춘, 젊음 하면 생각나는 것은?
   - 봄날 : 민들레, 피크닉
   - 청춘 : 잡지, 푸른 봄, 지나가면 다시 돌아오지 않는 기간
   - 젊음 : 청소년, 학생, 세상에 단 한 개밖에 없는 것
2. 여러분들이 생각한 봄날, 청춘, 젊음하면 생각나는 이야기들 중에 공통점이 있을까? 한번 찾아보고 서로 이야기를 나누어 보자.
   - 봄날에 민들레처럼 청춘이 지나가면 다시 돌아오지 않으니까 세상에 단 한 개밖에 없는 젊음의 봄은 다시 돌아오지 않는다.

〈학생들 상호 평가〉

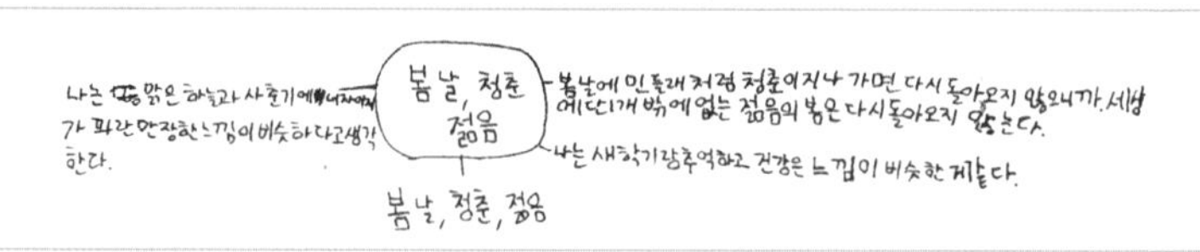

학생A : 나는 맑은 하늘과 사춘기 에너자이저가 파란만장한 느낌이 비슷하다고 생각한다.

학생C : 나는 새 학기랑 추억하고 건강은 느낌이 비슷한 거 같다.

학생D : 봄날, 청춘, 젊음

재구성에는 장애인의 청춘도 담았다. 매해 장애인 노동력 착취 문제를 심심치 않게 발견한다. 우리 사회의 고질적인 문제다. 전수 조사를 통해 문제를 파악하고 이를 예방하려 하지만, 근본적인 문제 해결은 멀어 보인다. 피해 당사자가 '착취'임을 알고 문제를 해결하려고 노력해야 겠지만 발달 장애인들에게는 이조차 쉽지 않다. 수십 년 동안 새우잡이 배 노예, 염전 노예, 농장 노예, 애호박 노예, 축사 노예 등으로 살아가는 장애 청춘의 삶을 접해 왔지만 개선은 더디기만 하다. 적어도 지금 나와 함께하는 학생들은 이런 문제를 보다 적극적이고 능동적으로 해결해야 했기에 이 내용도 수업에 담았다. "이런 일들이 너희한테도 일어날 수 있어. 너희의 소중한 청춘은 너희 스스로 꼭 지켜 내야 해."

장애 청춘에게만 해당하는 이야기가 아니다. 너나없이 힘겨운 대한민국 청춘들 아닌가. 장애와 비장애를 떠나 위로와 도움이 필요하면 서로에게 다가가 "힘내자"고 말할 수 있기를, 도움을 주고 도움을 받는 삶을 살기를 바랐다.

〈장애인 노동력 착취 뉴스에 대한 학생C의 활동지〉

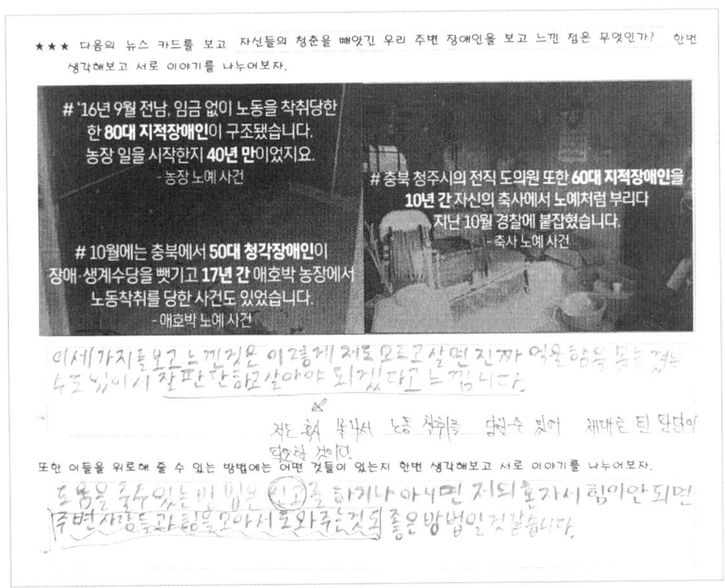
★★★ 다음의 뉴스 카드를 보고 자신들의 청춘을 빼앗긴 우리 주변 장애인을 보고 느낀 점은 무엇인가? 한번 생각해보고 서로 이야기를 나누어보자.

'16년 9월 전남, 임금 없이 노동을 착취당한 한 80대 지적장애인이 구조됐습니다. 농장 일을 시작한지 40년 만이었지요.
- 농장 노예 사건

충북 청주시의 전직 도의원 또한 60대 지적장애인을 10년 간 자신의 축사에서 노예처럼 부리다 지난 10월 경찰에 붙잡혔습니다.
- 축사 노예 사건

10월에는 충북에서 50대 청각장애인이 장애·생계수당을 뺏기고 17년 간 애호박 농장에서 노동착취를 당한 사건도 있었습니다.
- 애호박 노예 사건

또한 이들을 위로해 줄 수 있는 방법에는 어떤 것들이 있는지 한번 생각해보고 서로 이야기를 나누어보자.

1. 다음의 뉴스 카드에서 청춘을 빼앗긴 우리 주변 장애인을 보고 느낀 점을 생각해 보고 서로 이야기를 나누어 보자.
   - 이 세 가지를 보고 느낀 것은 이렇게 저도 모르고 살면 진짜 억울함을 못 느꼈을 수도 있어서 잘 판단하고 살아야 되겠다고 느낍니다.
2. 또한 이들을 위로해 줄 수 있는 방법은 어떤 것이 있는지 한번 생각해 보고 서로 이야기를 나누어 보자.
   - 도움을 줄 수 있는 방법은 신고를 하거나 아니면 저의 혼자서 힘이 안 되면 주변 사람들과 힘을 모아서 도와주는 것도 좋은 방법일 것 같습니다.

수업 마지막에는 나의 청춘 시절 이야기를 들려주었다. 갓난아기 사진(첫째 아이 사진)부터 젊은 시절의 사진, 결혼 후 가족사진, 교사로서의 삶을 담은 사진 그리고 나이가 지긋이 든 모습(아버지 사진)까지, 태어나 학창 시절을 거쳐 어른이 되고 나이가 들어 가는 과정의 모습을 보여

〈'청춘이 들려주는 이야기' 읽기 자료〉

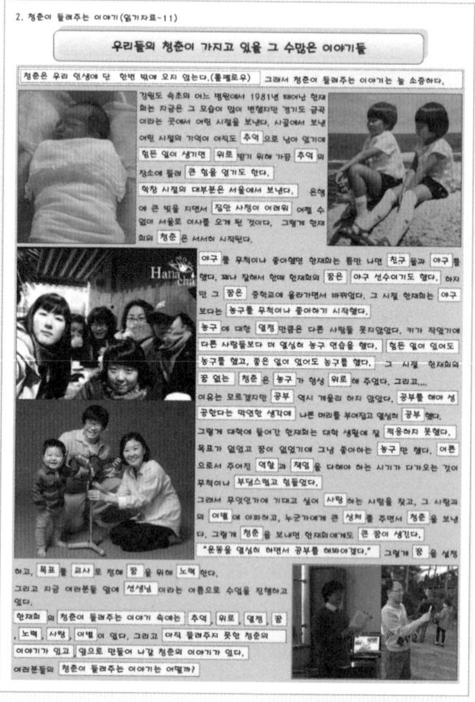

2. 청춘이 들려주는 이야기(읽기자료-11)

우리들의 청춘이 가지고 있을 그 수많은 이야기들

청춘은 우리 인생에 단 한번 밖에 오지 않는다.(롱펠로우) 그래서 청춘이 들려주는 이야기는 늘 소중하다.

강원도 속초의 어느 병원에서 1981년 태어난 한재희는 지금은 그 모습이 많이 변했지만 경기도 금곡이라는 곳에서 어린 시절을 보낸다. 시골에서 보낸 어린 시절의 기억이 아직도 추억으로 남아 있기에 힘든 일이 생기면 위로 받기 위해 가끔 추억의 장소에 들러 큰 힘을 얻기도 한다.

학창 시절의 대부분은 서울에서 보낸다. 은행에 큰 빚을 지면서 집안 사정이 어려워 어쩔 수 없이 서울로 이사를 오게 된 것이다. 그렇게 한재희의 청춘은 서서히 시작된다.

야구를 무척이나 좋아했던 한재희는 틈만 나면 친구들과 야구를 했다. 꽤나 잘해서 한때 한재희의 꿈은 야구 선수이기도 했다. 하지만 그 꿈은 중학교에 올라가면서 바뀌었다. 그 시절 한재희는 야구보다는 농구를 무척이나 좋아하기 시작했다.

농구에 대한 열정만큼은 다른 사람들 못지않았다. 키가 작았기에 다른 사람들보다 더 열심히 농구 연습을 했다. 힘든 일이 있어도 농구를 했고, 좋은 일이 있어도 농구를 했다. 그 시절 한재희의 꿈 없는 청춘은 농구가 항상 위로해 주었다. 그리고...

이유는 모르겠지만 공부 역시 게을리 하지 않았다. 공부를 해야 성공한다는 막연한 생각에 나쁜 머리를 부여잡고 열심히 공부했다.

그렇게 대학에 들어간 한재희는 대학 생활에 잘 적응하지 못했다. 목표가 없었고 꿈이 없었기에 그냥 좋아하는 농구만 했다. 어른으로서 주어진 역할과 책임을 다해야 하는 시기가 다가오는 것이 무척이나 부담스럽고 힘들었다.

그래서 무엇인가에 기대고 싶어 사랑하는 사람을 찾고, 그 사람과의 이별에 아파하고, 누군가에게 큰 상처를 주면서 청춘을 보낸다. 그렇게 청춘을 보내던 한재희에게도 큰 꿈이 생긴다.

"운동을 열심히 하면서 공부를 해봐야겠다." 그렇게 꿈을 설정하고, 목표를 교사로 정해 꿈을 위해 노력한다.

그리고 지금 여러분들 앞에 선생님이라는 이름으로 수업을 진행하고 있다.

한재희의 청춘이 들려주는 이야기 속에는 추억, 위로, 열정, 꿈, 노력, 사랑, 이별이 있다. 그리고 아직 들려주지 못한 청춘의 이야기가 있고, 앞으로 만들어 나갈 청춘의 이야기가 있다.

여러분들의 청춘이 들려주는 이야기는 어떨까?

- 소주제 : 우리들의 청춘이 가지고 있는 그 수많은 이야기
- 활동 제재 : 한재희 선생님의 청춘 이야기
- 내용

강원도 속초의 어느 병원에서 1981년 태어난 한재희는 경기도 금곡이라는 곳에서 어린 시절을 보낸다. 시골에서 보낸 어린 시절의 기억이 아직도 추억으로 남아 있기에 힘든 일이 생기면 위로받기 위해 가끔 추억의 장소에 들러 힘을 얻기도 했다. (중략) 야구를 무척이나 좋아했던 한재희는 틈만 나면 친구들과 야구를 했다. 꽤 잘해서 한때 한재희의 꿈은 야구 선수이기도 했다. 하지만 그 꿈은 중학교에 올라가면서 바뀌었다. 그 시절 한재희는 야구보다 농구를 좋아하기 시작했다.

농구에 대한 열정만큼은 다른 사람 못지않았다. 키가 작았기에 다른 사람보다 더 열심히 연습을 했다. 힘든 일이 있어도 농구를 했고, 좋은 일이 있어도 농구를 했다. 그 시절 한재희의 꿈 없는 청춘은 농구가 항상 위로해 주었다. (중략) 대학에 들어간 한재희는 대학 생활에 잘 적응하지 못했다. 목표가 없었고 꿈이 없었기에 그냥 좋아하는 농구만 했다. 어른으로서 주어진 역할과 책임을 맡아야 하는 시기가 다가오는 것이 무척이나 부담스럽고 힘들었다. 그래서 무언가에 기대고 싶어 사랑하는 사람을 찾고, 그 사람과의 이별에 아파하고, 또 누군가에게 큰 상처를 주면서 청춘을 보냈다. 그렇게 청춘을 보내던 한재희에게 큰 꿈이 생긴다. (이하 생략)

주었다. “한재희의 청춘이 들려주는 이야기 속에는 추억, 위로, 열정, 꿈, 노력, 사랑, 이별이 있어. 그리고 아직 들려주지 못한 청춘 이야기가 있고, 앞으로 만들어 나갈 청춘의 이야기도 있지. 여러분들의 청춘이 들려주는 이야기는 어떨까?”

수업을 끝내고 아이들이 열심히 청춘의 추억을 쌓기를 바라던 어느 날, 한 학생에게 전화가 왔다. “선생님과 함께했던 추억이 생각나서 연락드려 봤어요.” 가슴이 찡했다. 전화를 준 학생은 이 단락의 시작에서 “계절의 봄은 다시 오지만 인생의 봄은 다시 오지 않는다”는 명언(?)을 남긴 당사자다. 함께한 수업을 추억으로 떠올렸다니, 청춘 수업이 제 역할을 했다는 생각에 재구성에 쏟은 노력을 충분히 보상받은 기분이었다. “그래, 우리가 함께한 그때처럼 앞으로도 좋은 추억 많이 만들면서 살아가야 한다.”

‘인물로 보는 한국사 이야기’

“학생에게 필요한 교사 = 학생의 학습 안내자”

– 2017년 재구성 노트 메모에서

중학교 역사 교과서를 바탕으로 아이들과 함께할 역사 교재를 만들었다. 교재 구성이나 목차는 역사 교과서 것을 그대로 가져오면서, 어려운 단어는 쉬운 단어로, 다소 복잡해 보이는 사진은 보기 편하거나 실생활과 관련 있는 사진으로 대체했다. 일반교과의 교과서를 바탕으로 필요한 부분을 수정 보완하는 재구성은 처음 수업을 고민하면서 자주 활용했던 방법이다. 교육과정 재구성의 정의가 '교사가 자신만의 교육과정을 구성해 나가는 과정'이라면 소극적인 방법으로 이런 재구성도 시도해 볼 수 있다. 나의 경우에는 고등학교의 사회·문화, 중고등학교의 진로와 직업, 중학교의 미술, 고등학교의 생활과 과학[3] 등의 교과서를 참고해 특수학급 학생들과 함께할 내용을 수정 보완했다. 이번 역사 재구성도 선사 시대부터 조선 건국 전까지의 역사 교과를 수정 보완했고, 그렇게 소극적으로 재구성한 교재를 가지고 수업을 진행했다.

그런데 한참 수업을 하던 중, 아이들이 재미를 못 느끼고 지루해하는 모습을 발견했다. 이유는 당연하고 간단했다. 아이들에게는 왜 이 수업을 해야 하는지 물음이 없었다. 재구성에는 철학이나 방향이 없었으며, 이를 드러낼 뼈대도 없었다. 생각을 바꿀 필요가 있었다. '이런 수업이 나와 학생에게 어떤 의미가 있을까?' 방향 설정을 위한 고민이 시작됐다.

교육과정을 펼쳐 역사 교과를 살펴보았다. '인류의 다양한 삶과 문화를 이해하고, 현재의 생활과 앞으로 전망되는 미래 생활을 과거 생활과 관련지어 살펴봄'이라는 부분이 눈에 띄었다. '단편적인 사건의 나열에서 벗어나'라는 부분도 눈에 들어왔다. 기존에 했던 단순한 사건 나열의 재구성에서 벗어나 다른 의미와 방향을 가질 필요가 있었다. 즉, 역사 교육의 가치는 과거에 인류에게 있었던 일들을 발판 삼아 미래를 살

---

3 '1997 개정 교육과정'에 처음 등장한 교과목으로 '2009 개정 교육과정' 때 사라졌다가 '2015 개정 교육과정'과 함께 다시 등장했다. 우연히 교과서를 접하게 되었고, '생활 중심 교육과정'을 강조하는 특수교육 교육과정의 성격과 일맥상통한다고 생각하여 '1997 개정 교육과정' 시기의 '생활과 과학'을 기반으로 교재를 만들었다.

아갈 지혜를 배우는 데 있다는 당연한 결론에 이른 것이다. 우리의 역사 안에는 분명 앞으로를 살아갈 힘을 길러 줄 지혜가 녹아 있다. 그 당연한 결론을 외면하고 수업을 해야 한다는 당위에만 집중한 탓이었다. 또 다른 고민이 이어졌다. '과거에서 배운 미래의 삶의 지혜를 어떤 방식으로 풀어낼 수 있을까?'

지루한 수업보다 의미 있고 재미있는 수업을 하고 싶었다. 기존의 수업이 아이들의 흥미와 관심을 끌 수 없다면 관점을 바꾸어야 했다. 고민 끝에 역사 속 다양한 인물들의 삶을 살펴보면 어떨까 하는 아이디어가 떠올랐다. 통사적인 역사 교육에서 벗어나 역사 속 주인공들의 삶을 살핀다면 그 안에는 분명 우리에게 필요한 지혜가 있을 것이었다. 이런 생각을 바탕으로 재구성을 위한 뼈대를 만들고 '인물로 보는 한국사 이야기'라는 제목을 붙였다.

〈'인물로 보는 한국사 이야기' 방향 설정〉

① 인물 중심의 역사 읽기
② 이전에는 몰랐던 인간적인 모습 살펴보기
③ 인물을 통해 배울 수 있는 삶의 지혜를 살피고 지금 삶을 살아가는 데 어떻게 적용되는지 관련 자료를 제시할 수 있도록 구성 (관련 : 문화, 문학, 철학, 예술 등을 포함한 한 편의 작은 종합 인문서)
④ 다양한 인물을 테마로 두고 봐도 좋을 듯함
⑤ 역사 연표 제시, 시대의 흐름을 한눈에 볼 수 있도록 구성

'인물로 보는 한국사 이야기'는 선사 시대부터 신라의 삼국 통일까지의 역사를 인물 중심으로 살펴보는 것이 목표였다. 시대별 주요 인물로

는 네안데르탈인, 크로마뇽인, 뫼비우스[4], 신석기인, 단군왕검, 나철, 소수림왕, 광개토대왕과 장수왕, 연개소문, 근초고왕, 성왕, 의자왕과 계백, 내물왕, 법흥왕, 이차돈, 진흥왕, 김유신, 김수로왕, 우륵, 문무왕을 선정했다. 역사적 인물들이 현재 어떻게 조명되고 있는지 정보를 얻기 위해 교과서 외에 다양한 자료를 참고했다.[5]

교육 내용을 구조화하는 데도 신경을 썼다. 단원별 서두에는 한 시대나 국가의 역사를 통사적으로 제시했다. 이어서 개별 인물이 그 시대나 국가에서 어떤 역할을 했는지, 그들의 삶이 어떤 의미를 갖는지 확인했다. 그리고 이런 배움이 지금 우리에게 어떤 의미가 있는지 함께 고민했다. 여기서는 세 가지 사례를 통해 재구성과 수업이 어떻게 연계되었는지 간략히 살펴보려 한다.

[수업 사례4] 신라 역사를 관통하는 느림의 미학_법흥왕

신라의 역사는 주변의 고구려나 백제에 비해 불교 공인, 율령 반포, 왕권 강화 등에서 한 발짝씩 늦었다. 하지만 한 발짝 앞선 국가들에게서 좋은 점을 본받아 자신들의 것으로 바꾸어 나갔다. 왕권 강화를 위해 도움을 구했던 내물왕, 불교 공인을 위해 희생한 이차돈, 태학을 벤치마킹한 화랑이 그러했다. 느렸지만 느린 만큼 자신만의 색으로 역사

---

4 미국의 고고학자. 인도를 기준으로 주먹 도끼가 많이 발견된 서쪽 지역과 그렇지 않은 동쪽 지역을 구분하고, 서로 다른 문화를 가지고 있다고 주장했다. 즉, 동양보다 훨씬 더 뛰어난 서양이 이미 선사 시대에 시작되었다는 것이다.

5 '네이버 캐스트'의 '인물 한국사'를 참고해 역사 속 인물들이 현재는 어떻게 조명되는지 살펴보았다.

를 만든 것이다. 이처럼 신라의 발전을 관통하는 '느림의 미학'은 우리에게도 시사하는 점이 많다.

〈수업 장면1〉

교재 내용 : (생략) 이를 적극적으로 바꾸려고 노력한 사람이 바로 신라 17대 왕 내물 마립간이었다. 내물 마립간 이후로는 김 씨만 왕위에 오를 수 있었고, 이는 이후 신라의 발전에 큰 영향을 미친다. 당시 신라 주변 상황은 그리 좋지 않았다. 백제에는 근초고왕이, 고구려에는 광개토 대왕이 대단한 활약을 하고 있었기 때문이다. 또한 신라는 왜의 침략을 받기도 했다. 내물 마립간이 신라 왕으로 있는 동안 네 차례 공격을 받았다. (중략) 심각한 타격을 입을 위기에 놓인 신라 내물왕은 고구려의 광개토 대왕에게 도움을 청하고, (중략) 물론 이 일로 신라는 고구려의 간섭을 받는다. 이를 보여 주는 유물이 위에 보이는 호우명 그릇이다.

▶ '마립간'이라는 단어의 의미를 살피며 왕의 힘이 약했던 신라의 실정을 알아보았다. 이렇게 힘이 들 때면 주변 사람들에게 적절하게 도움을 구하는 삶의 태도가 중요하다는 것을 강조하였다.

〈수업 장면2〉

교재를 중심으로 앞 시간에 배운 수업을 아래 도식처럼 학생들과 함께 정리한다.

1. 왕의 힘이 차츰 강해졌으며 김 씨가 왕위를 물려받았다.
2. 주변 상황이 나빴다.(고구려에는 광개토 대왕, 백제에는 근초고왕)
3. 왜의 네 번에 걸친 공격이 있었다.
4. 힘들 때는 도움 구하기

도식을 통해 필요하다면 적절하게 주변 사람에게 도움을 요청하는 것도 삶을 살아가는 데 중요하다고 또 한 번 강조하였다.

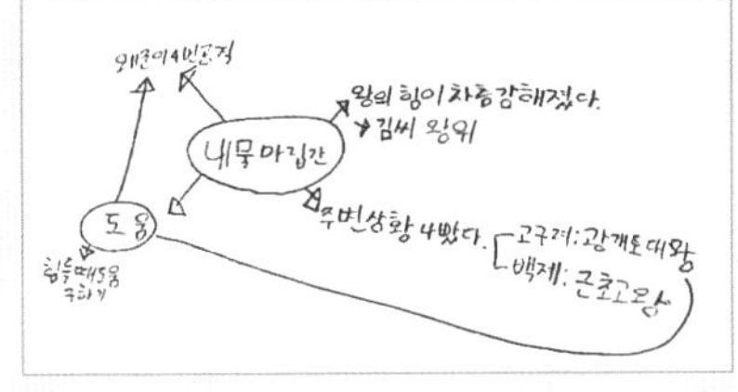

<수업 장면3>

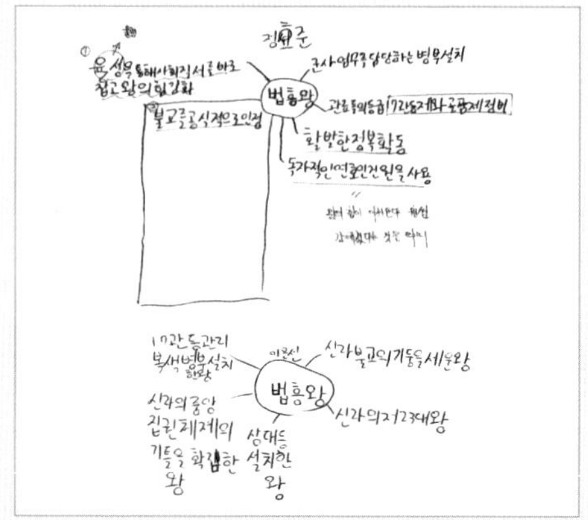

법흥왕을 학습하기 전, 아이들은 법흥왕과 관련해 다음의 자료를 조사했다.

1. 군사 업무를 담당하는 병부 설치
2. 관료들의 등급인 17관등제와 골품제 정비
3. 활발한 정복 활동, 독자적인 연호인 '건원'을 사용
4. 불교를 공식적으로 인정
5. 율성(율령)을 통해 사회 질서를 바로잡고 왕의 힘 강화

<수업 장면4>

교재 내용 : (생략) 법흥왕 역시 신라의 왕권 강화를 위해 많은 노력을 기울였다. 고구려의 소수림왕이나 백제의 고이왕처럼 국가의 법인 율령을 만들어 사회 질서를 유지하고 왕권 강화에 힘썼다. 또한 국가 관리들의 등급을 정비하였으며, (중략) 특히나 그는 불교를 국가적으로 인정하는 데 공을 들였다. 신라는 고구려나 백제에 비해 강한 왕을 중심으로 한 국가 발전이 많이 느린 나라였다. <u>하지만 이런 점은 신라 입장에서 큰 장점이 되었다.</u>

▶ 아이들의 사전 조사 자료와 수업 자료가 일치함을 강조한다. 발전이 느렸지만 장점을 배우면서 성장하는 것의 의미를 아이들과 함께 나눈다.

〈수업 장면5〉

교재 내용 : (중략) 이차돈의 희생으로 어렵게 불교를 공식적으로 받아들였지만, 법흥왕은 신라 고유의 토착 신앙을 무시하지 않았다. 고구려의 소수림왕이 불교 공인과 더불어 왕에게 충성할 신하를 교육시키기 위해 '태학'이라는 학교를 만들었다. 반면 법흥왕은 신라 고유의 종교에 바탕을 둔 교육 제도인 '화랑'을 두었다. <u>발전이 가장 늦었던 신라만의 특색이 돋보이는 면이다.</u>

▶ <u>느렸지만 좋은 것을 보고 배웠던 신라의 느림의 장점을 아이들과 함께 나눈다.</u>

〈수업 장면6〉

느림은 신라 역사를 관통하는 핵심 주제이며, 앞으로 우리 삶에도 많은 영향을 미친다는 점을 강조하며 아래 도식처럼 정리한다.

1. 고구려의 소수림왕(불교, 율령, 학교), 백제의 고이왕
2. 중앙 집권 체제의 기틀 마련
3. 율령 반포, 불교 공인
4. 이차돈의 불교 사랑
5. 화랑의 토대 마련 (불교+토착 신앙)
6. '느리다'는 말의 의미
7. '느리다'가 가지고 있는 좋은 점은?

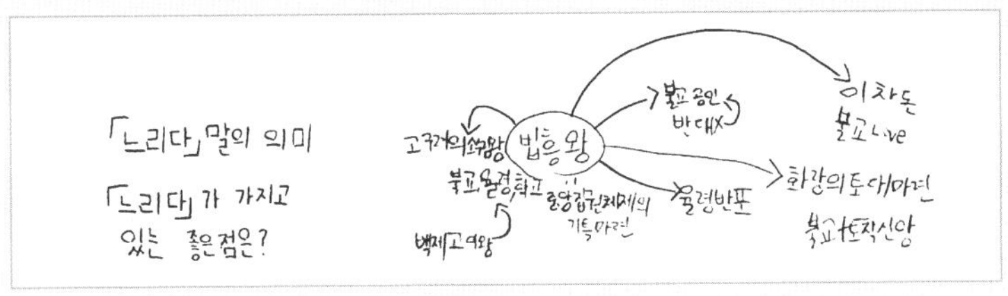

〈수업 장면7〉

교재 내용 : (생략) 지금 우리가 알고 있는 신라는 불교를 떼어 놓고는 이해할 수 없다. 신라가 남긴 수많은 불교 문화는 지금도 세계인들의 감탄을 자아낸다. (중

략) 무엇이든 빨리 시작하고 먼저 했다고 항상 성공하는 것은 아니다. 조금 늦더라도 성실하게 열심히 배운다는 생각으로 노력한 사람이 결국 더 멋진 삶을 사는 게 아닐까? 선생님의 개인적인 의견이다.

▶ '느리다'는 것이 가진 의미와 좋은 점을 정리하며 수업을 마무리한다.

〈수업 장면8〉

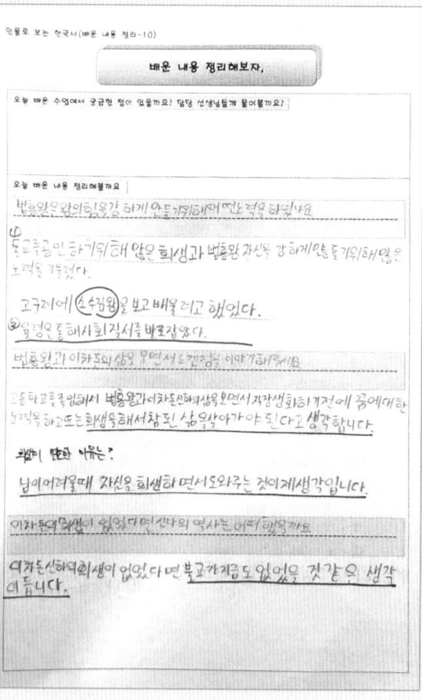

인물로 보는 한국사(배운 내용 정리-10)

배운 내용 정리해보자.

오늘 배운 수업에서 궁금한 점이 있을까요? 담당 선생님들께 물어볼까요?

오늘 배운 내용 정리해볼까요

법흥왕은 왕의 힘을 강하게 만들기 위해 어떤 노력을 하였나요

① 불교를 공인하기 위해 많은 희생과 법흥왕 자신을 강하게 만들기 위해 많은 노력을 기울였다.

고구려에 소수림왕을 보고 배울려고 했었다.

② 율령을 통해 사회질서를 바로잡았다.

법흥왕과 이차돈의 삶을 보면서 느낀 점을 이야기해주세요

고등학교를 졸업해서 법흥왕과 이차돈 신하의 삶을 보면서 직장생활하기 전에 꿈에 대한 노력을 하고 또는 희생을 해서 참된 삶을 살아가야 된다고 생각합니다.

희생이 필요한 이유는?

남이 어려울 때 자신을 희생하면서 도와주는 것이 제 생각입니다.

이차돈의 희생이 없었다면 신라의 역사는 어떠했을까요

이차돈 신하의 희생이 없었다면 불교가 지금도 없었을 것 같은 생각이 듭니다.

발문1. 법흥왕은 왕의 힘을 강하게 만들기 위해 어떤 노력을 하였나요?

- 불교를 공인하기 위해 많은 희생과 법흥왕 자신을 강하게 만들기 위해 많은 노력을 기울였다.
- 고구려의 소수림왕을 보고 배우려고 했었다.
- 율령을 통해 사회 질서를 바로잡았다.

발문2. 법흥왕과 이차돈의 삶을 보면서 느낀 점을 이야기해 주세요.

- 고등학교를 졸업해서 법흥왕과 이차돈 신하의 삶을 보면서 직장 생활하기 전에 꿈에 대한 노력을 하고 또 희생을 해서 참된 삶을 살아가야 된다고 생각합니다.
  (피드백) 희생이 필요한 이유는?
- 남이 어려울 때 자신을 희생하면서 도와주는 것이 제 생각입니다.

발문3. 이차돈의 희생이 없었다면 신라의 역사는 어떠했을까요?

- 이차돈 신하의 희생이 없었다면 불교가 지금도 없었을 것 같은 생각이 듭니다.

▶ 하나의 수업 주제가 끝나면 위의 활동지처럼 배움을 정리하는 시간을 갖는다. 질문을 미리 정하지 않았으며, 수업 시간에 일어난 배움을 중심으로 필요에 따라 아이들과 함께 발문을 만들었다.
질문들은 교재를 찾아서 쓰는 단순한 것부터 자신의 생각을 이야기할 수 있는 것까지, 수준과 깊이를 다양화했다. 활동이 끝난 학생들은 교사와 함께 내용을 점검하며 즉각적인 피드백을 받을 수 있도록 지원하였다.

[수업 사례5] 누구나 존경받는 삶을 살 수 있다_김수로왕

"우리 인생에서 존경받는 삶을 산다는 것은 어떤 의미일까? 가야 김수로왕과 관련된 몇 개의 이야기 속에서 그는 사람들의 존경을 한 몸에 받고 있었다. 인생을 살아가면서 다른 사람들로부터 인정받고 존경받는다면, 그보다 신나고 재미있고 즐거운 삶은 없을 것이다. 주변 사람들에게 존경받고, 인정받으며 살아간다는 것의 의미에 대해서도 한번쯤 생각해 보면서 우리의 긴 인생을 살아보는 것도 의미가 있을 것이라고 생각한다."

– '인물로 보는 한국사 이야기_김수로왕' 읽기 자료에서

김수로왕은 가야 사람들의 존경을 한 몸에 받았다. 나라를 잘 이끌었을 때는 신라보다 강한 모습을 보여 주기도 했다. 『삼국유사』에는 매년 7월 29일이면 사람들이 특별한 놀이를 하며 김수로왕을 기렸다고 쓰여 있다.

김수로왕의 삶을 함께 보며, 존경을 받는 것은 훌륭한 사람들만 할 수 있는 일이 아님을 학생들에게 이야기해 주고 싶었다. 자신의 위치에서 최선을 다한다면 우리 모두 존경받고 인정받을 수 있다고 생각했다.

먼저 김수로왕을 통해 존경 받는 삶의 모습이 무엇인지 살펴보았다. 그리고 우리가 살아가는 지금의 현실에서 존경받고 인정받는 삶의 모습도 살펴보았다. 신문 기사를 검색해 우리처럼 평범한 삶을 살고 있지만 자신의 위치에서 최선을 다하는 사람들의 모습을 하나의 사례로 뽑았다. 마침 적절한 기사가 있었다. '조막손 투수 짐 애보트' 이야기를 접하고 야구에 열정을 보인 김성민 군의 기사였다. 최선을 다하는 김성민 군의 삶을 통해 존경받고 인정받는 삶의 의미를 다시금 생각해 보았다.

〈학생들에게 제시한 질문과 학생C의 답변〉

▶ 2015년 4월 20일 뉴스 미디어 '스포츠Q'에서 '아들을 존경하는 엄마 "장애인과 비장애인은 다르지 않다"'는 제목의 기사를 찾아 학생들에게 맞게 재구성하여 제시했다. 기사를 함께 읽고, 다음의 두 가지를 질문했다.

질문1. 김성민 학생이 주변 사람들에게 인정받고 존경받는 이유는 무엇이라고 생각하나요?

- 김성민 학생이 야구를 잘하려고 끝없이 노력했기 때문에 인정받고 존경받는 것입니다.

질문2. 신문 기사를 다 읽은 여러분, 누군가에게 존경받고 인정받는다는 것은 무엇이라고 생각하나요?

- 그냥 잘하는 것은 아니고 노력과 끈기로 잘하려고 노력을 해야 누군가에게 인정받고 존경받는다는 것일 것 같아요.

원래 존경을 주제로 재구성하면서 세웠던 계획은 현장 체험 학습과 연계해 기사 주인공을 직접 찾아가는 것이었다. 하지만 섭외도 어려워 보였고 학생들과 특별한 라포도 형성되어 있지 않아 의미를 찾기 힘들 거라 판단했다. 처음의 계획을 수정했다. '자신의 자리에서 항상 최선을 다하고 노력하는 사람'이 존경의 대상이라면 그런 삶을 살아가는 분과의 만남도 의미 있을 것 같았다. 고민 끝에 떠올린 것이 '선생님의 은사님 찾아뵙기'였다. 평소 존경하는 은사님을 찾아가 존경받는 삶이 무엇인지 여쭤본다면, 어떤 체험 학습보다 의미 있는 교육 활동이 될 것이라 생각했다.

중학교 시절 은사님께 연락을 드려 현장 체험 학습의 취지를 설명하고 일정을 잡았다. 중학교를 졸업하고 20여 년 만에 처음 찾아뵙는 터라 개인적인 감회도 남달랐다. 아이들에게 이런 나의 모습과 마음도 모두 보여 주고 싶었다. 자주 찾아뵙지 못해 부끄러운 마음, 오랜 시간이 흘러 다시 만나는 설레임, 감사한 기억 등 아이들은 은사님 앞에 선 내게서 새로운 모습을 발견했다. 자신들의 선생님이 직접 은사님께 감사한 마음을 표현하는 것을 보며 앞으로 살아갈 삶의 모습을 두 눈으로 확인하는 소중한 경험이 되길 바랐다.

너나울반 교과 연계 현장 체험 학습 운영
-존경받는 삶과 감사의 마음 알기-

1. 추진 목적 및 필요성

가. 특수학급에서 배운 내용을 실제 생활에 적용해 보는 기회 마련

나. 다양한 활동을 통해 배운 내용을 일상생활에 적용해 보고 이를 통한 전이와 일반화 강화

다. 교과와 연계하여 실질적인 경험을 제공

라. 삶의 다양한 모습을 살펴보고 이를 통해 삶을 살아가는 태도나 지혜를 배울 수 있는 기회의 장을 마련

2. 운영 방침

가. 본교 특수학급 주제별 수업인 '인물로 보는 한국사 이야기'의 '존경과 감사'와 연계하여 운영함

나. 현장 체험 학습 운영 전 주제와 연관된 수업 활동을 진행하여 실질적인 경험이 될 수 있도록 지원함 (인터뷰지 작성 등)

다. 현장 체험 학습 이동 시 안전을 최우선으로 하며, 사전 안전 교육을 반드시 실시함 (사전 안전 교육 일시 : 2018년 6월 5일 (화) 9시~9시 40분, 너나울반 교실, 진행 교사 한재희)

3. 세부 운영 계획

가. 체험 학습 일시 : 2018년 6월 5일 화요일 10시~17시

나. 체험 학습 장소 : ○○대학교 사범대학 부속 중학교 체육부실

다. 체험 학습 주제 : 한재희 선생님의 은사님 찾아뵙기(○○중 체육 교사 신☆철)

라. 체험 학습 운영 방법

1) 교과 시간 내 '존경 받는 삶'을 주제로 수업 진행

2) 한재희 선생님의 은사님과의 만남을 위한 인터뷰지 사전 작성

3) 작성된 인터뷰지를 바탕으로 한재희 선생님의 은사님을 뵙고 인터뷰 진행

4) 인터뷰 내용을 바탕으로 '존경받는 삶'과 '감사'의 마음의 관계 살펴보기

마. 세부 일정

시간	활동	비고
10시~12시	○○대학교 사범대학 부속 중학교로 이동	이동 시 대중교통 이용 방법 지도
12시~13시	점심 식사	점심 식사 선택권을 학생에게 부여
13시~15시	선생님의 은사님 인터뷰 진행	
15시~17시	학교로 이동	이동 시 대중교통 이용 방법 지도

수업 시간에 사전 인터뷰지를 작성할 때 아이들의 관심사는 나의 어릴 적 모습에 초점이 맞추어졌다. 은사님이 나의 어릴 적 모습을 그대로 기억하는 산증인이라고 생각했기 때문이다. 인터뷰 현장에서도 마찬가지였다. 학생들은 은사님께 연신 물었다. "한재희 선생님은 공부를 잘하셨나요?", "한재희 선생님은 학교 다닐 때 장난이 심했나요?" 등의 질문이 주를 이루었다. 자연스러운 호기심이기는 해도 수업 주제와 목적에서 너무 벗어나면 안 되기에 마지막 공통 질문인 "존경받는 삶을 살아가기 위해서 어떻게 해야 할까요?"를 질문하고 은사님의 답을 들었다.

체험 학습을 마치고 "인정받고 존경받는 삶을 살기 위해선?"이라는 발문에 아이들은 각자의 의견을 냈다. 모든 아이들의 단어를 하나 이상 넣어 아래와 같은 우리만의 결론을 도출했다.

"인정받고 존경받는 삶은 상대방을 이해하고 배려하며 사람들을 돕고 열심히 최선을 다해서 주어진 일뿐만 아니라 열심히 노력하면 존경받는 삶을 살지 않을까 생각합니다."

수업을 마무리하면서 우리의 경험을 인터뷰 기사로 작성했다. 작성한 기사는 학급 뒷문에 있는 '꽤 괜찮은 게시판'에 걸고 학교 공동체 모두와 공유하기 위해 선생님들께 메시지를 보냈다. 그렇게 특수학급에서 일어난 배움을 또 한번 학교 안 모두와 나누었다.

〈현장 체험 학습 후 평가회 풍경〉

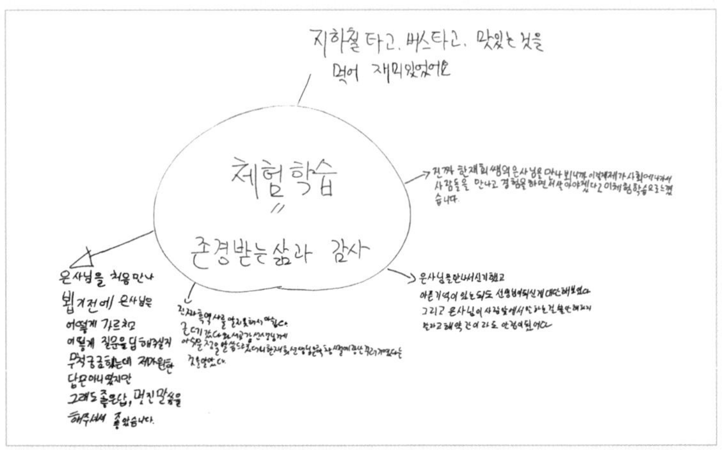

- 지하철 타고, 버스 타고, 맛있는 거 먹어 재미있었어요.
- 진짜 한재희 선생님의 은사님을 만나뵈니까 이렇게 제가 사회에 나가서 사람들을 만나고 경험을 하면서 살아야겠다고 이 체험 학습으로 느꼈습니다.
- 은사님을 만나서 신기했고 아픈 기억이 있는데도 선생님 되신 게 대단해 보였다. 그리고 은사님이 사람 앞에서 말하는 걸 불안해하지 말라고 해 약간이라도 안정이 되었다.
- 진짜 흑역사를 알지 못해서 아쉽다. 근데 갔다 와서 교감 선생님께서 아쉬운 점을 말씀드렸더니 한재희 선생님은 학장 시절에 장난꾸러기였다는 것을 알았다.
- 은사님을 처음 만나 뵙기 전에 은사님은 어떻게 가르치고 어떻게 질문을 답해주실지 무척 궁금했는데 제가 원한 답은 아니었지만 그래도 좋은 답, 멋진 말씀을 해주셔서 좋았습니다.

〈학생들이 작성해 게시한 기사 내용〉

6월 5일 학교에 등교한 다음 9시 넘어서 청평으로 가는 버스를 타러 설악터미널로 갔다. 그리고 청평에 도착해서 청평역으로 갔다. 전철을 타고 건대입구역에서 갈아탔고 구의역까지 갔다. 야비꼬를 찾으러 갔는데 그 가게가 이사를 가서 당황은 했지만 그 근처에 있는 곰탕집이 있어서 그 가게에서 밥을 먹게 되었다. 밥을

다 먹고 한재희 선생님의 은사님을 만나러 갔다. 근데 학교 입구가 막혀서 지하 주차장 입구를 통해서 학교를 들어갈 수 있었다.
그리고 계단을 올라갔는데 은사님을 만날 수 있었다. 은사님은 다른 장소로 이동하고 그 장소에서 우리가 만든 질문을 여쭈어서 은사님이 대답을 해 주셨다. 그 질문 중에 첫 번째 질문은 "한재희 선생님께서는 중학교 시절 때 반에서 인기가 많았나요?" 두 번째 질문은 "은사님은 선생님이 원래부터 꿈이었나요?" "선생님이 되고 싶었던 이유가 무엇인지 여쭈어봐도 될까요?"라고 질문을 했다. 은사님이 그 질문에 답을 해 주셨다. 첫 번째 질문에는 한재희 선생님이 중학교 때는 인기가 많고 밝은 아이였고 운동을 잘했다고 말씀해 주셨다. 두 번째 질문에는 은사님이 원래 꿈이 선생님이셨다고 말씀해 주셨다. 선생님 되고 싶은 이유는 중학교 시절에 아픈 기억이 있어서 학생들에게 편한 선생님이 되고 싶고 폭력 없는 선생님이 되기 위해서라고 말씀해 주셨다. 그리고 공통 질문이 있었다. 그 질문의 답변을 듣고 너나울반의 결론은 인정받고 존경받는 삶을 살기 위해선 상대방을 이해하고 배려하며 다른 사람을 잘 도와주어야 한다는 것이다. 또 모든 일에 최선을 다해서 항상 열심히 노력하면 될 것이라고 결론을 내렸다.
선생님이 생각하는 인정받고 존경받는 삶은 무엇인가에 대한 대답으로 은사님은 자기다운 사람, 자기로 인해 다른 사람을 행복하게 해 주는 사람이 존경받는 사람 같다고 말씀해 주셨다. 그리고 마지막에는 은사님과 사진을 찍고 작별 인사를 했다.

– 2018년 6월 11일 A, B 기자

프로젝트 기반 학습(Project-Based Learning)이란 학습자 스스로 의미 있는 주제를 선정하고 학습 계획을 세워 참고 자료 및 현장 체험, 실험을 통해 자기 주도적으로 깊이 있게 학습하고, 그 결과를 다양한 방법으로 표현하고 실천까지 연결해 보는 활동을 말한다.[6] 그래서 프로젝트 기반 학습은 다음의 조건을 충족해야 한다. 먼저 교사 중심에서 벗어나 학생이 중심이 된 능동적 학습 과정이어야 한다. 이를 통해 학생의 역동성, 통합적인 사고력, 자발성과 문제 해결 능력을 기른다. 또한 맥락적 지식을 중시하고 학생들의 자율성과 표현의 자유, 비경쟁적이고 상호 협력적인 소통과 참여의 학습 환경으로 변화를 추구하고, '앎과 행함'을 같이 수행하게 하여 지식과 사고의 양분을 극복해야 한다. 이는 교사와 학생들이 하나의 강력한 학습 공동체가 되어 배움에서의 성취, 자기 주도적 학습, 협력적 참여를 강조하는 교실 환경을 만들도록 도와준다. 조건들이 다분히 장황하고 어렵다. 그래서 우리 아이들에게 프로젝트 기반 학습을 적용할 수 있을지 의문이 들 때가 많았다.

하지만 이 역시 생각을 조금 달리해 봤다. 프로젝트 기반 학습의 모든 조건들을 다 충족했을 때만 PBL이라고 부를 수 있는 것은 아니지 않을까. 제시된 조건들의 취지에는 부합해야겠지만 필요하다면 실정에 맞게 보완하고 수정할 수 있다고 생각한다. 같은 의미로 특수학급에서 시도해 볼 수 있는 프로젝트 기반 학습 역시 주어진 제반 조건에서 필요한 부분을 취하고 수업 방향에 맞게 수정할 수 있다고 보았다. 학생들에게 의미 있는 배움을 계획한다면 시도해 볼 수 있는 어떤 것이든

---

6 『PBL의 실천적 이해』 강인애 외, 문음사, 2007

수정하고 보완할 수 있다. 중요한 것은 프로젝트 기반 학습이 가진 철학이고 방향이며, 이를 통해 학생에게 어떤 변화가 일어났는지 관찰하고 반성하는 일이다.

학생이 중심이 되고, 소집단을 이루고, 서로 협력하고, 실생활과 연결되어야 한다는 것이 프로젝트 기반 학습의 철학이며, 문제 상황에 관해 질문하고, 창의성과 비판적 사고, 논리적 사고를 통해 해결 방안을 찾아 실행해 나가는 것이 프로젝트 기반 학습의 방향이다. 이를 통해 학생이 주도적으로 배움을 만들어 나갈 수 있는 수업의 장을 만들어 주는 것이 프로젝트 기반 학습의 모습이다. 특수학급에서 이들을 온전히 실현할 수는 없지만, 이런 철학과 방향을 수업 곳곳에서 시도하는 것이 필요하다. 나는 이를 특수학급에서 할 수 있는 '대안적인 프로젝트 기반 학습'이라고 생각한다. 그리고 이러한 교육적 상상력 속에 다양한 시도와 도전을 가능하게 하는 것 역시 우리가 할 수 있는 특수학급에서의 교육과정 재구성이다.

[수업 사례6] 음악이 우리 삶에 미치는 영향_우륵

우륵은 가야의 멸망과 신라의 삼국 통일 과정을 모두 지켜본 인물이다. 시대가 바뀌는 굵직한 사건들 한가운데서 흔들림 없이 자신의 삶을 살아온 우륵. 그런 우륵의 삶을 지탱해 준 것은 음악이었다. 음악을 통해 시대의 변화를 담아내려 했고, 음악으로 많은 사람에게 영향을 미쳤다. 우리는 우륵의 삶 자체와 다름없는 음악에 관해 함께 공부했다.

우륵은 분열되는 가야를 음악을 통해 하나로 모으고자 노력했다. 하지만 그는 가야의 멸망을 지켜볼 수밖에 없었다. 이어진 그의 선택은 신라로의 망명이었고 여기서도 그는 음악으로 세상을 바꾸고자 노력한다. 당시 신라는 삼국 통일을 목표로 하고 있었기에 백성을 하나로 묶을 구심점이 필요했다. 우륵은 이에 일조하였고 결국 신라는 삼국을 통일한다. 이런 우륵의 삶을 통해 우리가 듣는 음악이 어떤 의미를 가지고 있는지 살펴보았다.

이번 재구성에서는 배움에 의미를 더하기 위해 다양한 형태의 활동지를 고민했다. 먼저 '무엇을 배울까요?(먼저 생각해 보기)'라는 이름으로, 수업 주제를 미리 생각해 보는 발문을 담은 사전 활동지와, 주제와 관련된 자료를 검색하는 사전 활동지를 준비했다. 발문에는 핵심 주제를 담아 본수업에서 배울 내용에 대해 자신의 생각을 정리하도록 했고, 자료 조사는 본수업에 필요한 배경 지식을 미리 습득할 수 있게 구성했다. 또한 '무엇을 배웠을까요?(곰곰이 생각해 보기)'라는 이름의 사후 활동지도 추가해, 수업에서 배운 내용을 점검하고 변화된 자신의 생각을 확인할 수 있게 했다.

〈사전 활동지 '무엇을 배울까요?(먼저 생각해 보기)'〉

3. 고구려, 백제, 신라 그리고 가야(무엇을 배울까요?-3)

날짜	년 월 일

★ 음악이 우리들의 삶에 미치는 영향은 무엇일까? 이와 관련하여 가야의 우륵에 관해 먼저 알아보자.

나에게 음악은?	우륵

3. 고구려, 백제, 신라 그리고 가야(무엇을 배웠을까요?-14)

날짜	년 월 일

시대		핵심 단어		배울 점	

★ 가실왕과 우륵이 가야금과 가야금으로 만든 음악을 통해 이루고자 했던 것은 무엇이었을까? 한번 생각해 보고 서로 이야기를 나누어 보자.

★★ 친구들에게 꼭 들려주고 싶은 음악을 하나 선정하자. 그리고 선정 이유를 간단하게 정리하고 서로 이야기를 나누어 보자.

들려주고 싶은 음악은? :

들려주고 싶은 이유는? :

★★★ 신라의 진흥왕이 망한 가야 출신의 우륵과 가야금을 신라의 국가 음악으로 받아들인 이유가 무엇이라고 생각하는가? 상상해 보고 서로 이야기를 나누어 보자.

★★★★ 다음은 선생님이 우륵과 가야금을 통해 여러분들에게 들려주고 싶은 이야기를 정리한 것이다. 잘 읽고 앞으로 나의 삶을 어떻게 변화시켜 나갈지 생각해 보고 서로 이야기를 나누어 보자.

> 음악은 우리들이 생각하는 것 이상으로 우리 생활에 많은 영향을 미친다. 스마트폰이나 컴퓨터로 좋아하는 음악을 찾아 듣기도 하고, 좋아하는 가수에 열광하기도 한다. 배경 음악이 들어가지 않는 텔레비전 프로그램은 별로 없으며, 국회 의원이나 대통령 선거 등에도 음악은 적극적으로 활용된다. 음악은 이미 우리 생활의 일부이고 우리에게 많은 영향을 미친다. 우륵과 가실왕도 그런 음악의 영향력을 잘 알고 있었던 것 같다. 단순히 듣고 즐기기 위한 음악에 그치지 않고, 더 나아가 사회를 바꾸는 음악으로 활용했다. 이렇게 음악은 다양하게 활용되고 있다. 다양하게 활용되는 것만큼 다양한 음악을 즐기는 것도 우리들의 삶을 보다 풍요롭게 만들어 주지 않을까?

활동지는 수업 내용이나 주제, 참고 자료 등에 따라 다양하게 만들었으며, 학생 차이를 고려하여 개별적으로 제시했다. 활동지 형식은 앞의 예시 같은 것도 있고, 개별 학생을 위해 일대일로 인터뷰를 진행하는 형식도 있었다. 중요한 것은 활동지를 통해 학생들이 수업 내용을 충분히 생각해 볼 기회를 갖는 것이다.

이렇게 정리된 학생들의 생각은 한곳에 모아 공유하는 시간을 반드시 가졌다. 이때 나는 수업 주제나 목표와의 연관성을 찾기 위해 학생들의 모든 생각이 수업 안에서 지속적으로 이야기될 수 있도록 노력했다. 예를 들면, '나에게 음악이란?'이라는 발문에 '쉬고 있을 때 듣는 것'이라고 표현했다면, 나는 그 학생의 생각을 본 수업 내용과 연결하며 수시로 인용했다. "지금처럼 스마트폰이나 텔레비전이 없던 시절에는 음악이 사람들에게 휴식과 기쁨을 주었어. ○○이 말대로 음악의 의미는 우륵이 살던 가야 시대 사람에게도 똑같은 역할을 했단다." '쉬고 있을 때 듣는 것'이라는 학생의 의견을 수업 내내 예시로 활용하는 것이다. 이렇게 공유된 생각은 본수업을 이끌어 가는 큰 힘으로 작용한다. "어제 ○○이가 얘기한 것처럼, 가실왕도 우륵에게 가야금을 만들어서 힘들어하는 가야 백성들을 편히 쉬게 해 주고 싶었어. 그래서 다시 힘을 모아 위기를 극복하려 했지. 우리들이 생각하는 음악이랑 우륵의 음악은 같은 역할을 한 거야." 자료 조사의 경우도 마찬가지다. 개별 학생이 조사한 자료를 한곳에 모아 공유하면서 수업에서 다룰 내용을 미리 소개했다. 이렇게 아이들이 생각하거나 조사한 내용은 모두 수업 주제와 밀접하게 연결되기에 아이들도 재미와 흥미를 가지고 수업에 참여할 수 있었다.

〈친구들에게 들려주고 싶은 음악들〉

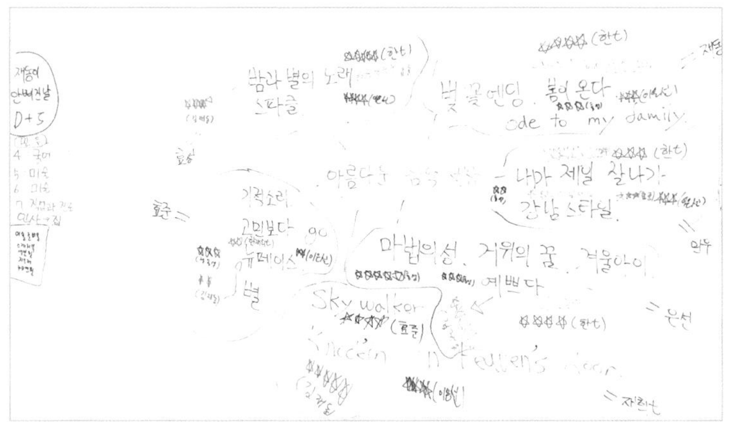

▶ 학생들과 이야기를 나누면서 누가 어떤 음악을 좋아하는지 알 수 있었다. 서로 새로운 음악을 추천해 주면서 '다양성'을 강조할 수도 있었다.
교사가 해 줄 수 있는 다양한 경험의 기회는 학생들이 앞으로의 삶을 살아가는 데 큰 밑거름이 될 것이다.

우륵을 통해서 음악이 가진 힘을 살펴보고 '서로가 좋아하는 음악'에 관해서도 이야기를 나누었다. 여기에는 대안적 형태의 프로젝트 기반 학습을 적용했다. 우륵이 음악으로 세상을 바꾸려 했듯, 우리 역시 자신이 좋아하는 음악을 소개하며 서로에게 영향을 미쳐 보자며 활동을 진행한 것이다. 학생들이 칠판에 서로에게 들려주고 싶은 음악을 두 곡씩 적으면 뮤직 비디오를 검색해 음악을 찾았다. 영상을 시청하기 전 각자의 추천 이유를 간단히 설명한 뒤 음악을 함께 감상했다. 위의 사진처럼 추천 음악에 별점을 주는 방식으로 상호 평가도 실시했다. 학생들은 자신들만의 방식으로 좋아하는 음악을 표현했고, 흥에 겨운 친구는 음악을 들으면서 춤을 추기도 했다.

스스로 곰곰이 생각해 보기

> "철학은 지혜를 향한 사랑을 뜻한다. 철학은 배움에 대한 즐거움과 끊임없이 생각하는 능력을 가지고 우리 주변 것들에 관해 고민하고, 질문하고, 답을 구하려는 노력이다. 그 안에서 답을 찾고 깨달음을 얻어 만족감을 느끼면 그 자체로 철학이라고 할 수 있다.
>
> 그러므로 철학은 나와 나를 둘러싼 주변 세상에 질문을 던지는 데서 시작한다. 우주는 어디에서 왔을까? 지구는 어떻게 생겼을까? 왜 행복해야 할까? 사랑이란 무엇일까? 눈물은 왜 날까? 죽음은 무엇일까? 수많은 질문에 관해 생각하다 보면 그 속에서 과학, 수학, 심리학, 사회학, 교육학, 역사 등의 학문과 연결되어 해답을 찾아 나가게 된다." – '멍 때리는 철학 이야기' 읽기 자료에서

나와 함께하는 학생들은 '멍해 있지 않고 생각을 많이 하면 좋겠다'고 오래전부터 생각해 왔다. '멍 때리는 철학 이야기'라는 재구성 제목은 그렇게 아이들이 수많은 생각에 둘러싸여 삶을 살아가기를 바라는 마음에서 시작되었다. 서양 철학자들의 삶을 함께 들여다보며 생각하는 힘을 키워 보자는 아이디어를 떠올렸고, 이에 따라 철학 수업 재구성 작업에 들어갔다.

어찌 보면 철학은 모든 학문의 기초이고, 철학을 기초로 다양한 학문이 발전했다고 보아도 좋다. 이렇게 학문을 발달시킨 철학은 우리에게도 중요한 의미를 가진다. 생각하는 능력만 있다면 우리 모두는 철학을

할 수 있다. 따라서 생각을 통해 학교와 학교 밖에서 배운 수많은 지식이 우리를 위한 지혜가 되도록 노력해야 한다. 생각하는 습관은 앞으로 우리 삶에서 만날지 모르는 큰 어려움을 이겨 내고, 중요한 판단을 내리는 데 도움을 줄 것이다. 우리가 철학을 공부하는 이유는 곰곰이 생각할 수 있는 힘을 기르기 위함이다.

[수업 사례7] '멍 때리는 철학 이야기'

선택 중심 교육과정에는 '생활과 교양'이라는 교과 영역이 있고, 이 중 일반 선택 과목에 철학이 있다. 이에 경기도교육청은 『창의·지성 고등학교 철학』이라는 교과서를 제작했다. 아이들과 함께할 철학 수업 재구성의 기본 틀을 짜는 데 참고하기 위해 교과서를 펼쳤다. 교과서는 인간론, 세계론, 가치론으로 구성되어 있었는데, 선뜻 다가가기 어려워 보였다. 다시 사회과 일반 선택 과목의 '생활과 윤리'와 '윤리와 사상' 교과서를 검토했지만 어려운 내용이 너무 많았다. 내가 아이들과 함께하고 싶은 재구성은 '철학자들의 생각과 내 생각을 서로 비교해 보자'는 것이었다. 그런데 이들 교과서 내용은 우리 아이들이 소화하기엔 너무 어려웠다. 나 역시 이해하기 힘든 부분이 많았다. 그도 그럴 것이 일반 선택 과목은 공통 과목에 대한 기본적인 이해를 바탕으로 하기에 장애 학생에게는 적용하기 힘든 부분이 존재할 수밖에 없다.

〈보통 교과〉

교과 영역	교과(군)	공통 과목	선택 과목	
			일반 선택	진로 선택
탐구	사회 (역사·도덕 포함)	통합사회	한국 지리, 세계 지리, 세계사, 동아시아사, 경제, 정치와 법, 사회·문화, 생활과 윤리, 윤리와 사상	여행 지리, 사회 문제 탐구, 고전과 윤리
생활과 교양	교양		철학, 논리학, 심리학, 교육학, 종교학, 진로와 직업, 보건, 환경, 실용 경제, 논술	

교육과정을 재구성하는 데 있어 공통 교육과정이나 선택 중심 교육과정을 참고하는 것은 어쩌면 교육과정의 현 수준을 확인하는 작업일지도 모른다. 기본 교육과정과 나머지 교육과정 사이에는 학습에서 수준 차이가 엄연히 존재한다. 이런 재구성이 무슨 의미가 있는지 스스로 반문할 때도 많다. 그럴 때마다 마음을 가다듬고 도전의 끈을 바짝 쥔다. 이유는 기본 교육과정에 대한 생각 때문이다. 2장에서 언급한 것처럼 기본 교육과정은 공통 교육과정과 선택 중심 교육과정의 핵심 요소를 담고 있기에, 모든 교육과정을 아우를 수 있고 또 재구성의 뼈대를 만드는 가장 기초적인 틀이 될 수 있다. 이에 다시 본질로 돌아가기 위해 기본 교육과정 사회과의 교과 목표, 성격, 내용 체계 등을 검토했다.

사회과의 교육 목표는 자신의 삶을 자유롭게 관리하면서 다양한 사회적 관계를 형성하고, 이를 통해서 사회 구성원으로서 자신의 삶을 능동적으로 향유하는 데 목표를 두고 있다. 이를 위해서 자기 옹호도 필요하며, 바른 인성을 통해 적절하게 행동해야 하고, 민주주의 가치를 생활 속에서 실현할 수 있는 시민 의식을 가져야 한다. 이 목표를 실현하려면 교육 활동이 간단할 수 없었다. 그래서 기본 교육과정 사회 교과의 여러 주제를 통합해 다양한 재구성을 시도했다. 실제 생활과 연계하여 의미 있는 학습이 이루어지도록 디자인할 필요도 있었다. 그러려면 다양한 교과의 학문 영역을 접목시켜 학생들이 종합적인 시각에서 사회 현상을 이해하도록 도와야 했다.

사회과를 중심으로 철학이라는 학문을 접목시킨 서양 철학 재구성은 방향이나 생각은 좋았지만 막상 수업을 하려니 너무 어려웠다.[7] 의욕적인 준비 과정에 비해 실천이 즐겁지 않았다. 한 학기 동안 수업을 억지로 이끌어 갔지만 아이들과 내게 남은 것은 '곰곰이 생각하는 삶이 중요하다'는 메시지 정도였다. 수정 보완이 필요했다. 그렇게 철학 재구성 시즌1의 미진함을 뒤로하고, 다음 학기를 준비하면서 철학 재구성 시즌2를 구상했다. 시즌1의 틀은 그대로 유지하되 동양 철학으로 방향을 다시 잡았다.

동양 철학 재구성의 주제는 '인간의 본성에 관한 이해'였다. 이를 바탕으로 사회 구성원으로서 바른 인성을 지키기 위해 무엇을 할 수 있을지 함께 고민해 보려 했다. 재구성에 담을 철학자로 맹자, 순자, 노자를 선정했다. 맹자의 성선설과 순자의 성악설은 서로 대립되는 내용이기에 흥미로울 것이라 판단했고, 이와는 조금 결이 다른 노자의 철학은 색다른 의미로 다가갈 수 있을 것 같았다. 재구성 방향에 맞춰 다음과 같은 뼈대를 만들었다.

---

7 4장의 [수업 사례13] 참고

〈'멍 때리는 철학 이야기 시즌2' 재구성 뼈대〉

〈맹자〉: 성선설	**〈순자〉: 성악설**	**〈노자〉: 삶을 여유 있게 살아가는 지혜**
- 어머니의 자식 교육 (맹모삼천지교) - 인간의 본성은 착하다 - 네 가지 착한 마음(동의할까?) : 증거+선한 노력이 뒷받침 되어야=호연지기 - 용기가 필요	- 선이란 꾸밈이다, 본성은 악하다, 이익을 좋아하고 시기하며, 예쁜 것을 좋아한다 : 교육의 이유 - 맹자 VS 순자 - 하늘의 정복과 이용 : 과학 정신 - 현실주의자 순자	- 무위자연 (VS 유가의 인위주의) - 노자의 생각 : 겸손, 낮음 등 - 자연스럽게 받아들이고 내가 해야 할 것들을 위해 사는 것 - 인간관계에서의 자연스러움 - 도와 무

뼈대에는 되도록 자세한 내용을 기록했다. 이렇게 하면 참고 자료가 방대해지면서 재구성의 방향이 흔들릴 위험을 막아 준다. 나름의 노하우다. 더군다나 '멍 때리는 철학 이야기'는 참고할 교육과정이나 교과서가 거의 없었기에 교과서를 벗어난 방대한 자료를 수집했고, 이를 자세히 기록해 길을 잃지 않도록 했다.

〈'멍 때리는 철학 이야기' 마인드맵〉

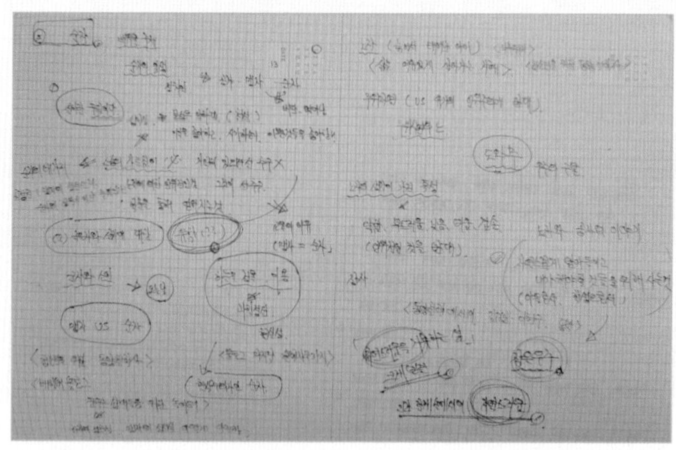

▶ 검토한 자료를 중심으로 학생들과 함께할 수업 내용을 3~4개 정하고, 대주제 아래 하위 주제를 정리한다. 이때 수업 내용이나 방향에 관해 짧은 메모를 곁들인다. 사이사이에 참고한 자료들도 정리해 놓았다. 이렇게 정리된 마인드맵은 원래 학생들과 함께하려 했던 재구성이 수많은 자료에 묻혀 방향을 잃지 않도록 중심을 잡아주는 역할을 한다.

〈뼈대 예시〉

맹자의 호연지기가 우리에게 주는 의미

: 불쌍하고 가엾게 여기는 마음, 부끄러워할 줄 아는 마음, 공경하고 양보하는 마음, 옳고 그름을 판단하는 마음(착한 마음의 예)

- "괜찮아요", "감사합니다", "죄송합니다(미안합니다)", "좋아요/싫어요"
- "괜찮아요?(도와드릴까요?)", "미안해요(다친 데 없어요?)", "고마워요", "좋아요/싫어요"

〈개별 활동지 작성〉

'호연지기를 실천하기 위해 우리가 자주 써야 하는 말'과 관련해 개별 학생에 적합한 다양한 활동지를 제공한다.

활동지A

- 제시된 말을 언제 주로 사용하는지 생각해 보고 이야기하기

활동지B

- 제시된 말을 언제 주로 사용하는지 주어진 상황과 연결해 말해 보기

활동지C

- 제시된 말을 그림과 함께 조금 단순하게 제시
- 바르게 인사하기

또한 뻐대에는 학습 차를 보이는 학생을 위한 지원 사항도 담았다. 인간의 본성이 착한 근거로 맹자의 4단을 학습할 때를 예로 들어 보자. "우리는 불쌍히 여기는 마음, 부끄러워하는 마음, 양보하는 마음, 옳고 그름을 가리는 마음이 있어서 착한 거야"라고 모두에게 설명하고 이 착한 마음을 지키기 위한 방법을 학습한다. 이때 학습 차를 보이는 학생들을 위해 각각 다른 학습지를 제시한다. 어떤 학생에게는 4단을 지키는 방법으로 '호연지기(크고 당당한 용기)'와 '부동심(흔들리지 않는 마음)'을 말해 주고, 다른 학생에게는 상황에 따라 큰 소리로 "괜찮아요, 미안해요. 고마워요, 좋아요/싫어요"를 표현하는 활동을 제시했다.

활동지A

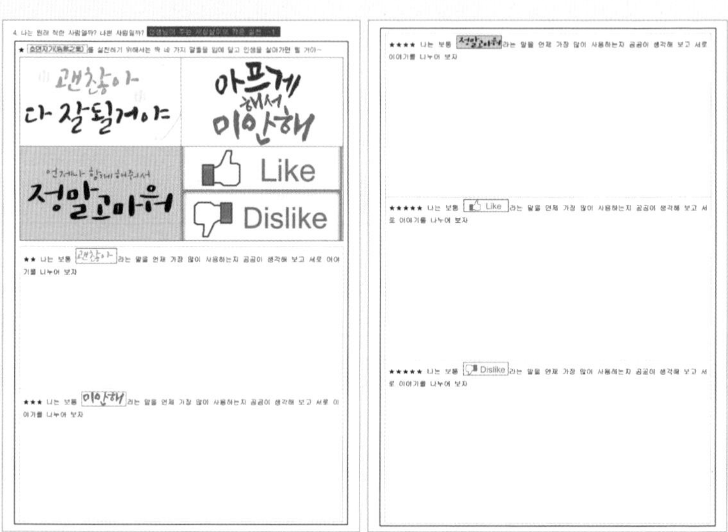

★★ 나는 보통 괜찮아 라는 말을 언제 가장 많이 사용하는지 곰곰이 생각해 보고 서로 이야기를 나누어 보자.

활동지B

4. 나는 원래 착한 사람일까? 나쁜 사람일까?

★ 바르고 강한 마음을 가지고 살아가기 위해서는 딱 네 가지 말을 입에 달고 인생을 살아가면 될 거야~

★★ 괜찮아 는 언제 주로 사용할까요?

1. 엄마가 많이 아파 보여요. →
2. 아빠가 땀을 흘리며 하루 종일 누워만 계셔요. →
3. 언니가 방 안에서 울고 있어요. →
4. 할머니가 길에서 그만 넘어졌어요. →
5. 할아버지가 무거운 짐을 들고 가고 있어요. →
6. 효준이가 울고 있어요. →

★★★ 미안해 는 언제 주로 사용할까요?

1. 준비하는 시간이 오래 걸려 가족들이 나를 기다리고 있어요. →
2. 친구들과의 약속 시간에 늦었어요. →
3. 내가 천천히 걸어서 친구들 모두가 타야 할 버스를 놓쳤어요. →
4. 장난으로 친구의 연필을 숨겼는데, 친구가 연필을 찾고 있어요. →
5. 모르고 선생님의 발을 밟았어요. →

★★★★ 정말고마워 는 언제 주로 사용할까요?

1. 아빠가 맛있는 저녁 식사를 해 주셨어요. →
2. 엄마가 짜장면을 사주셨어요. →
3. 울고 있는 나를 친구들이 위로해 주었어요. →
4. 행동이 느린 나를 친구들이 함께 기다려 주었어요. →
5. 넘어져 다친 다리를 선생님이 치료해 주셨어요. →

★★★★★ 싫어요! 는 언제 주로 사용할까요?

1. 모르는 사람이 맛있는 것을 사 준다고 할 때 →
2. 모르는 사람이 같이 좋은 곳에 가자고 할 때 →
3. 소중한 내 몸을 누군가가 자꾸 만지려고 할 때 →
4. 내 소중한 물건을 빼앗으려고 할 때 →
5. 나를 때리려고 할 때 →
6. 친구가 나에게 기분 나쁜 장난을 쳤을 때 →

★★ 괜찮아 는 언제 주로 사용할까요?

1. 엄마가 많이 아파 보여요. →

2. 아빠가 땀을 흘리며 하루 종일 누워만 계셔요. →

3. 언니가 방 안에서 울고 있어요. →

4. 할머니가 길에서 그만 넘어졌어요. →

5. 할아버지가 무거운 짐을 들고 가고 있어요. →

6. 효준이가 울고 있어요. →

활동지C

★ 바르고 강한 마음을 가지고 살아가기 위해 알아두면 좋을 첫 번째 이야기 안녕
친구를 만나면 반갑게 인사를 해요 · 안녕
친구를 만나면
손을 흔들고
환하게 웃으며
'안녕'이라고 말해요.
대신 인사는
꼭 한 번만 해야
한다는 것을 기억해
주세요

어른을 만나면 반갑게 인사를 해요 · 안녕하세요

어른들을 만나면
바른 자세로 서서, 머리를 굽혀서 인사를 합니다.
상대방을 바라보며
"안녕하세요"라고 인사를 한다
친구에게 인사하는 것과 같이
꼭 한 번만 해야 한다는 것을 기억해 주세요

★★ 바르고 강한 마음을 가지고 살아가기 위해 알아두면 좋을 두 번째 이야기 고마워
도움을 준 친구에게 감사한 마음을 담아
"도와줘서 고마워"라고 말할 수 있어야 합니다.

재구성에서 뼈대 세우기의 중요성은 아무리 강조해도 지나치지 않다. 나는 수많은 재구성을 고민했고, 그에 따라 새로운 형태의 수업을 시도하고 실천하기를 반복했다. 이런 가운데 가장 중추적인 역할을 한 것이 나만의 재구성 뼈대였다. 뼈대는 재구성을 위한 방향이며 시작이다. 그 자체가 재구성이 될 수도 있다. 그래서 강조하고 또 강조한다. 재구성에는 정해진 형식이나 틀이 없다. 재구성을 하려는 나의 철학, 목표 그리고 이를 실천할 방법 등만 담아낼 수 있다면 틀에 얽매일 이유가 없다. 중요한 것은 이를 시도하려는 마음과 실천이다. 재차 이야기하지만 뼈대만으로도 수업 지도안이 될 수 있다. 거기에 고민이 생기면 기록하고, 해결 방안을 적고, 필요한 자료를 더하다 보면 처음 고민하며 해 보고 싶던 수업을 나도 모르게 하고 있기도 하다. 재구성의 뼈대는 교사에게 불안감을 덜고 실천하는 용기를 준다. 그리고 서로의 열정을 지지하는 연결 고리가 되어 준다.

'멍 때리는 철학 이야기'의 뼈대 역시 그랬다. 의문이 생길 때마다 문제를 해결할 실마리를 주었고, 재구성을 끝까지 붙들고 마무리 지을 열정을 주었으며, 설정한 방향을 잃지 않도록 나침반이 되어 주었다.

〈'멍 때리는 철학 이야기 시즌2' 교재 구성표〉

대단원	소단원	주제 구성	활동지	
			To 활동지	ToTo 활동지
나는 착한 사람 일까? 나쁜 사람 일까?	맹자	자식 교육을 위한 부모의 노력, 맹자를 만들다	- 사전 조사(맹자와 성선설)	- 사전 조사(맹자와 성선설) : 자료 제시 - 부모님이 좋았을 때 이야기하기 - 욕이 나쁜 이유 말하기

나는 착한 사람일까? 나쁜 사람일까?	맹자	맹모삼천지교가 담고 있는 의미에 대한 고민	– 좋은 부모가 되기 위해서 우리가 할 수 있는 것은?	
		"인간은 태어날 때부터 착하다." 성선설에 관하여	– 사전 활동지(인간은 정말 태어나면서부터 착할까? : 장애인 노동력 착취 기사를 보면서) – 호연지기를 바라보며 – 호연지기를 실천하기 위해 우리가 자주 써야 하는 말(괜찮아, 미안해, 고마워, 좋아요/싫어요) – 잘 살아간다는 것은 무엇을 의미할까? – 왜? 공부를 해야 할까? – **맹자가 우리에게 들려주는 이야기 함께 나누기(통합학급 게시 자료 제작)**[8]	– **호연지기를 실천하기 위해 우리가 자주 써야 하는 말(괜찮아, 미안해, 고마워, 좋아요/싫어요)** – 맹자가 우리에게 들려주는 이야기 함께 나누기(통합 학급 게시 자료 제작)
		맹자의 호연지기가 우리에게 주는 의미		
	순자	맹자와는 조금 다른 생각을 가졌던 순자, 그는 누구인가?	– 사전 조사(순자) – 조사하기(더럽다, 추하다, 혐오스럽다, 악, 아름다움의 반대말)	– 사전 조사(순자) : 자료 제시 – 조사하기(더럽다, 추하다, 혐오스럽다, 악, 아름다움의 반대말) – 조사하기(욕망, 무시, 욕, 시기, 질투, 원망, 모함, 교만, 방자) – 순자가 우리에게 들려주는 이야기 함께 나누기(통합 학급 게시 자료 제작)
		인간의 본성은 추하고 더럽고, 혐오스럽다?	– 사람 마음이 원래 악하다고 말할 수 있는 근거 생각해 보기(인터넷 악성 댓글을 보면서)	
		같은 듯 다른 듯, 맹자의 성선설과 순자의 성악설	– 인간의 본성에 대한 고민 – 맹자와 순자의 차이 비교하기 – 법의 역할을 고민하기	
		배움을 통해 순자는 군자가 되기를 바랐다	– 사전 조사(군자) – 조사하기(욕망, 무시, 욕, 시기, 질투, 원망, 모함, 교만, 방자) – 순자가 말하는 '군자' 되돌아보기	

나는 착한 사람일까? 나쁜 사람일까?	순자	자연현상을 무서워하지 말고 오히려 이용해 보자	– '운명'에 관해 고민하기 – **순자가 우리에게 들려주는 이야기 함께 나누기(통합 학급 게시 자료 제작)** – 평생의 배움을 강조한 맹자와 순자, 그리고 우리들이 생각해 봐야 할 배움에 대한 고민	
'자연스러운 삶', 우리에게도 때론 필요하지 않을까?	노자	약함, 부드러움, 낮음, 비움, 겸손을 강조한 철학자, 노자	– 사전 조사(노자) – "공자 사상의 핵심은 인이라고 할 수 있는데, 인이란 사람을 사랑하는 것이다"라는 말과 관련해, '사람을 사랑하는 마음이 세상에 퍼지면 세상은 평화로워질 것이다'에 대한 생각 표현하기[9] – 노자의 '자연스러움, 자발적인, 자율적인, 순수한 양심'에 대한 이야기가 가지고 있는 의미 표현하기	– 사전 조사(노자) : 자료 제시 – 조사하기(자유, 자발, 양심, 순수함, 자연스러움)
		노자가 말하는 도는 과연 무엇일까?	– "원수를 은혜로 갚으라"는 노자와 "은혜는 은혜로, 원수는 정의로 갚으라"는 공자의 이야기에 대한 나의 생각 표현하기	
		멀리 '무릉도원'으로 길을 떠나는 노자	– 무위자연의 상태로 산다는 것은 무엇을 의미할까?	

모든 재구성이 그렇듯 '멍 때리는 철학 이야기' 역시 아이들이 앞으로 인생을 살아가는 데 조금이라도 도움이 되기를 바랐다. 아이들과 맹모삼천지교를 보며 좋은 부모의 모습을 고민했고, 성선설을 통해 착한

8 101쪽 참고

9 『교과서를 만든 철학자들』 이수석, 금담출판사, 2006

마음을 지키며 세상 앞에 당당하게 서기를, 성악설을 통해 행여나 피어오를 나쁜 마음은 끊임없는 배움으로 이겨 내자고 이야기했다. 항상 낮은 자세로 겸손할 것과, 물과 같은 자연스러운 삶도 인생에 중요한 의미를 가진다고 강조했다.

우리 교사에게 필요한 것은 학생들의 삶과 맞닿아 있는 교육을 위한 상상력이라고 생각한다. 그래서 때로는 정해진 틀을 벗어날 필요가 있다. 교사로서가 아닌, 삶을 먼저 살아 본 어른으로서 지혜를 나누어 줄 필요도 있다. 아이들은 그 안에서 어떻게 살아갈지 고민하며 앞으로 나갈 힘을 기를 것이다.

이런 재구성이 어쩌면 특이한 사례일지 모른다. 특정한 사람의 개인적인 경험치일 수도 있다. 하지만 교실에서 학생들을 만나는 것은 이 글을 읽고 있는 교사들이다. 아이들은 교사와의 만남 속에서 삶의 지혜를 찾아 나간다. 이 만남에 필요한 것이 바로 상상력이다. 나와 학생의

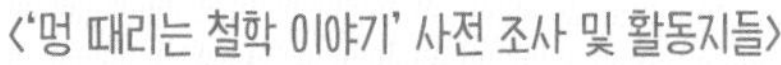
〈'멍 때리는 철학 이야기' 사전 조사 및 활동지들〉

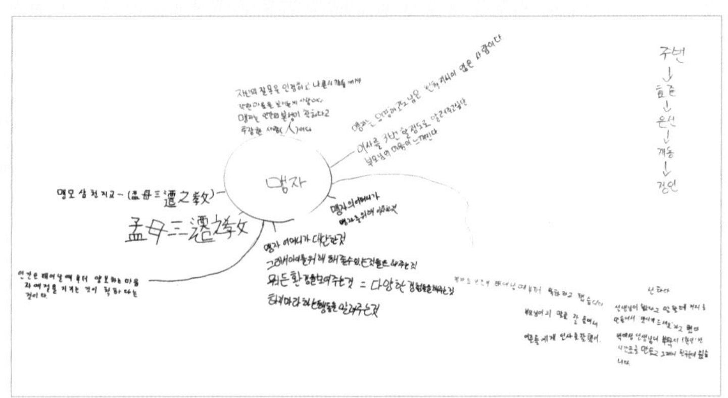

▶ 맹자에 관한 사전 조사 결과물이다. 검색을 통한 '조사하기'는 학생들과 쉽게 할 수 있는 활동이다. 또한 학생들에게 꼭 필요한 활동이다. 필요한 정보를 스스로 얻는 연습은 누구에게나 필요하다.

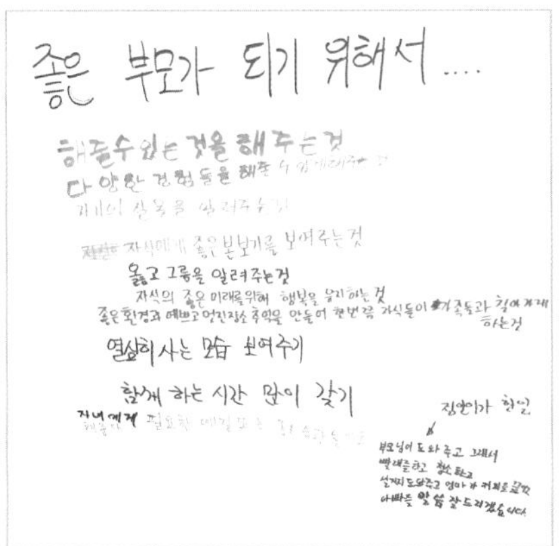

▶ 발문 '좋은 부모가 되기 위해 필요한 것'에 대한 학생들의 생각이다. 수업 이후 학급 게시판에 붙여 학교의 모든 공동체와 배움을 나누었다.

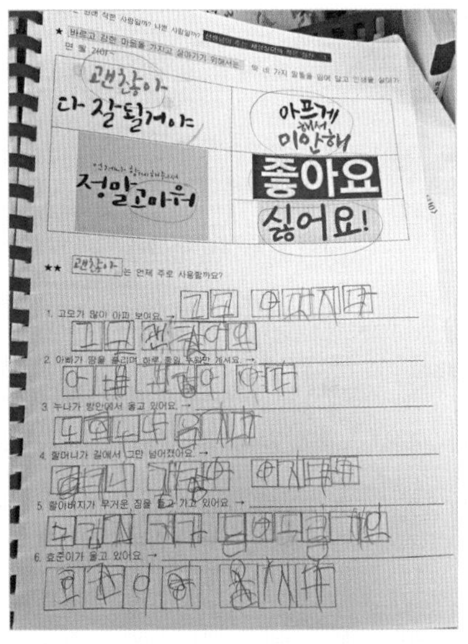

▶ 다양한 능력을 가진 학생을 위한 활동지 결과물이다. 개별 학생에게 맞춘 활동지가 있다면 어려운 주제의 수업도 함께할 수 있다.

삶과 맞닿아 있는 교육을 위한 상상력, 그것이 우리가 하는 교육과정 재구성 안에 녹아 있어야 할 가장 중요한 본질이라고 생각한다.

고교 학점제에 관한 고민, 재구성으로 답하다

> "기존의 수업 일수만 채우면 진급하고 졸업할 수 있는 시스템에서 정해진 학점을 이수하고 그 누적에 따라 졸업을 인정받는 고교 학점제로의 변화는 고등학교 특수학급에 어떤 영향을 미칠까? 예측이 어렵다. 절대 평가 비중이 커지고 학생의 선택권을 중시하며 그에 따른 책무를 강조하는 고교 학점제를 특수학급에서는 어떻게 운영할 수 있을까? 이에 관한 구체적인 고민과 생각이 없다면 어쩌면 특수학급은 '작은 섬'이 아니라 학교 안의 '또 다른 특수학교'로 분리가 더 심화될 것이다. 깊이 있게 서로에 대해 함께 고민해 봐야 할 때다."
>
> – '혁신고의 또 다른 식구, 함께하는 특수학급을 위하여' 설악고 한재희[10]

고교 학점제는 단순히 고등학교 교육의 변화를 바라는 정책이 아니다. 고교 학점제는 공교육 시스템을 바꾸려는 도전이며, 그 첫 단추로 도입을 적극 추진하는 정책이다. 미래 교육을 위한 고교 학점제의 의미

10 「제4회 혁신고등학교 네트워크 및 혁신고실천연구회 합동 포럼 자료집」 경기도교육청, 2019, 47쪽

를 김성천(2019)은 다음과 같이 말했다.

"고교 학점제가 우리 교육의 제문제를 해결해 줄 만능열쇠라는 뜻은 아닙니다. 그렇지만 최소한 미래 교육으로 도약하기 위한 첫 번째 플랫폼이 되어 줄 것입니다. 고교 학점제의 정신은 고등학교를 넘어 중학교와 초등학교로도 확장되어야 합니다. 적어도 단위 학교별로 교과목을 개설할 수 있는 권한, 그것을 감당할 수 있는 교원의 자율성이 보장되어야 합니다. 그리고 좋은 교육과정이 무엇인지를 치열하게 논의할 수 있는 학교와 지역 공동체의 숨결이 함께 작동해야 합니다. 즉, 교육과정 거버넌스를 모색해야 할 시점에 이른 거죠."

고교 학점제를 필두로 한 이런 미래 교육으로의 변화에 특수교육은 어떤 고민을 하고 있을까? 고교 학점제가 시행되면 고등학교 특수학급에는 어떤 변화가 일어날까? 분명 변화가 필요해 보이지만 그 변화에 관해 누구와 어디서 어떻게 이야기해야 할지 막막했다. 특수학급 학생에게는 가시적 선택권만 부여될 뿐, 잠재적 책무는 무시될 것이 뻔했다. 부여된 선택권 역시 학생에게 맞지 않는 옷이기에 금방 벗어던질 것 또한 자명했다. 뚜렷한 대안 없이 정책을 시작하는 지금, 이 시점에서 문제를 함께 고민하지 못한다면 분명 특수교육은 이전보다 더 고립될 것이다.

특수교사가 무엇을 할 수 있을지 고민했다. 하지만 실제로 시도해 볼 수 있는 것에는 한계가 따랐다. 소속 학교가 소규모(6학급) 학교였기에 선택 과목을 개설할 수 없었다. 또한 이를 함께 나눌 동료도 부족했으며, 교육청에서는 대책이나 지침이 없었다. 제도는 멈추지 않고 정해진 목표를 좇아 달려가고 있지만 우리와는 시작점부터 다르기에 거리는 점점 멀어지고 있었다. 수업에서 해결의 실마리를 찾아야겠다고 생각했다. 수업 안에서 실천해 볼 수 있는 작은 단서들을 찾아야 했다. 주어진 상황에서 조금이라도 더 많은 과목을 접할 기회를 주고 싶다는 바람으로 선택 과목들을 살펴 재구성을 고민했다.

선택 중심 교육과정은 크게 공통 과목과 선택 과목으로 나뉜다. 공통 과목은 말 그대로 학생들이 고등학교에서 이수해야 하는 필수 과목이다. 반면 선택 과목은 학생들에게 과목 선택권을 부여한다. 선택 과목은 다시 일반 선택 과목과 진로 선택 과목으로 나뉜다. 예를 들면 탐구 영역 교과 중 과학 교과군은 공통 과목으로, 통합과학과 과학탐구실험을 3년 동안 반드시 이수해야 한다. 여기에 과학과 일반 선택 과목인 물리학Ⅰ, 화학Ⅰ, 생명과학Ⅰ, 지구과학Ⅰ을 학생이 선택해 이수할 수 있고, 학교별로 조건이나 여건이 되면 진로 선택 과목으로 물리학Ⅱ, 화학Ⅱ, 생명과학Ⅱ, 지구과학Ⅱ, 과학사, 생활과 과학, 융합과학을 개설하여 운영할 수 있다. 나는 이 중 진로 선택 과목에 관심이 있었다.

진로 선택 과목은 학생의 진로와 적성, 흥미에 따라 다양하게 선택할 수 있도록 개설한 과목이다. 나는 여기서 '학생의 흥미를 고려한다'는 점을 주목했다. 흥미가 핵심이라면 다양한 범위에서 기본 교육과정과의 접점을 찾을 수 있을 것이라 생각했다. 그런 관점으로 바라보니, 교사에게도 학생에게도 흥미를 끌 수 있는 진로 선택 과목들을 발견할 수 있었다. 하나는 '여행 지리'였고, 다른 하나는 '과학사'였다.

[수업 사례8] '여행으로 배우는 삶의 지혜'

우선 여행 지리는 '여행'이라는 소재가 지닌 관심도가 매우 높았다.

고교 학점제를 실행할 수 없는 학교의 현실적 문제와 이를 실천할 수 없는 특수학급의 상황에서 재구성을 통해서라도 아이들이 여행을 경험하게 해 주고 싶었다. 그리고 이런 시도가 의미 있다면 향후 작은 학교나 특수학급 안에서의 재구성을 적극적으로 고민해 볼 수 있다고 생각했다. 즉, 특수교사가 재구성을 통해서 과목을 개설하고 장애 학생과 비장애 학생 구분 없이 그 과목을 선택할 수 있을 것이다.[11] 거꾸로 일반교사가 다양한 학생들의 역량에 맞게 수업 상황을 재구성하여 모두가 참여할 수 있는 과목을 개설할 수도 있을 것이다. 이런 대안에 관해서는 고민되는 부분이 많지만 그 고민을 해결할 방법을 다시 수업에서 찾고자 한 것이다.

〈사회과 교육 과정(여행 지리의 성격)〉

여행 지리는 기본적으로 고등학교 지리 과목 중 하나로서의 성격에서 출발한다. 즉, 지리 교육의 교과 역량이라 할 수 있는 **인간과 환경의 관계에 대한 이해**를 바탕으로 지리적 관찰력과 감수성, 지리적 의사 결정과 상상력, 탐구력과 문제 해결력 등을 기르고자 한다. 하지만 여행 지리는 과목명에서 명시하고 있는 바와 같이 지리 교과에 **현대인의 삶과 여가 생활 속에서 갈수록 그 의미가 커지고 있는 여행이라는 주제 및 형식을 결합하고 확장한 것이다.**[12]

11 현재 중학교에 근무하고 있는 필자는 다양한 과목 개설을 고민하고 있다. 2021학년도 2학기에는 자유 학년제의 동아리 활동에 '특수교사와 함께하는 인문학 이야기'라는 과목을 열어 비장애 학생과 장애 학생 모두와 함께하고 있다. 이는 중학교의 자유 학년제 안에서 해 볼 수 있는 시도이며, 이후 고등학교에서 새로운 과목 개설을 통한 통합교육 실현을 위해 실천해 볼 만하다고 생각한다.

12 교육부(2015)

수업 안에서는 여행에 관해 서로의 생각을 나누는 자체만으로도 의미가 있었다. 지금과는 달랐던 과거의 여행, 여행의 종류, 여행이 갖는 의미, 여행을 위해 필요한 준비, 교통수단, 우리 지역의 여행지 등을 함께 살펴보았다. 그렇게 함께 나눈 이야기는 매시간이 소중했다. 과거부터 현재까지, 우리나라에서 외국까지, 시간과 장소를 가리지 않고 떠나는 작은 여행 같아 보였다. 여행이라는 단어 자체가 주는 즐거움도 크지만 여행이라는 주제를 중심으로 다양한 이야기를 풀어 갈 수 있음에, 특수학급에서 해 볼 수 있는 최고의 시도였다.[13]

〈'여행으로 배우는 삶의 지혜' 수업 풍경〉

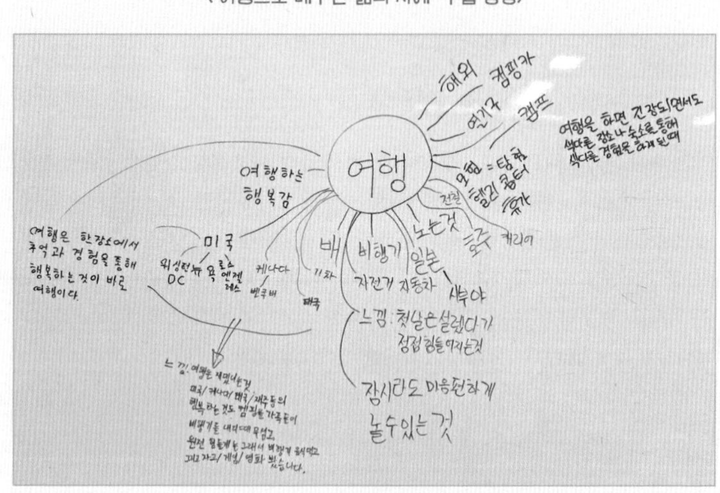

▶ '가고 싶은 여행지는?' '하고 싶은 여행은?' 여행을 주제로 학생들과 다양한 생각을 나누었다. 여행을 생각하는 것 자체만으로도 설레기에, '여행으로 배우는 삶의 지혜'는 교사와 학생 모두가 지루해할 수 없는 수업이었다.

---

13 116쪽 참고

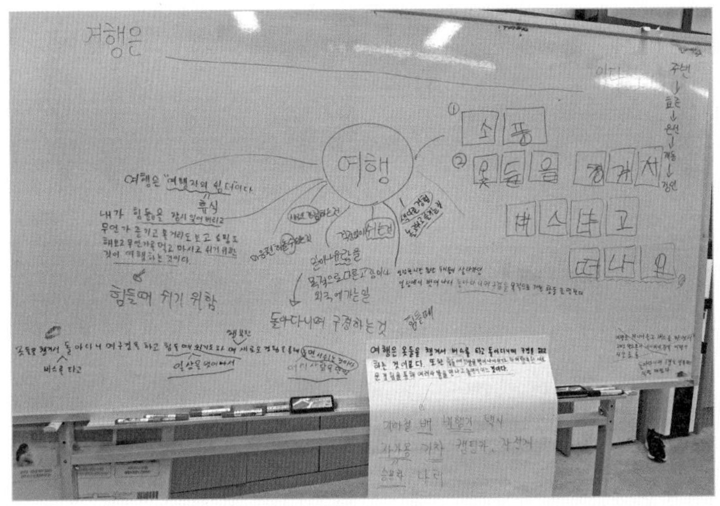

▶ 학생 모두의 생각을 반영해 우리는 여행을 다음과 같이 정의했다. “여행은 옷들을 챙겨서 버스를 타고 돌아다니며 구경을 하는 것이다. 또한 힘들 때 일상에서 벗어나서 쉬기도 하며 행복한 새로운 경험을 통해 여러 사람을 만나고 놀면서 쉬는 것이다.”

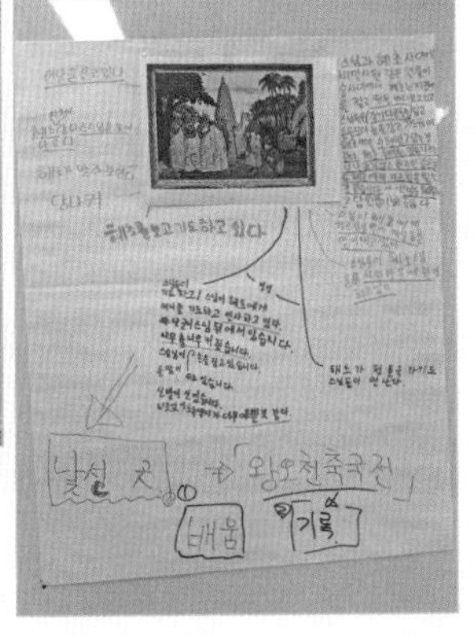

▶ 아주 오래전 여행의 의미를 살폈다. 석가모니의 고행상을 보며 여행은 깨달음을 얻기 위한 하나의 방법이기도 했음을 인지했다. 막고굴에서 발견된 『왕오천축국전』을 통해서는 여행에서 기록이 갖는 의미를 살펴볼 수 있었다. 우리가 SNS에 사진을 찍어 올리는 의미에 대해서도 의견을 나누었다.

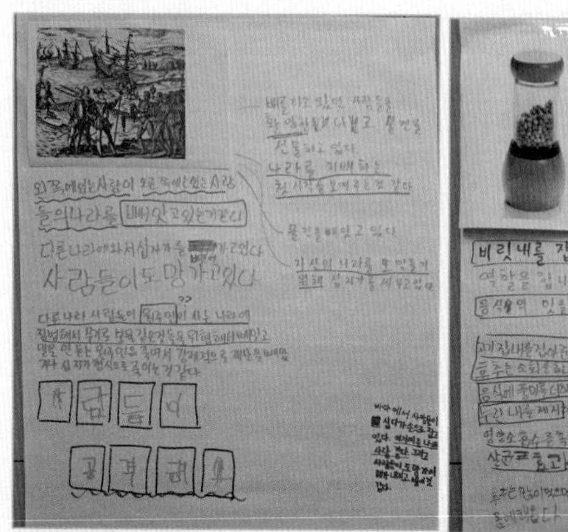

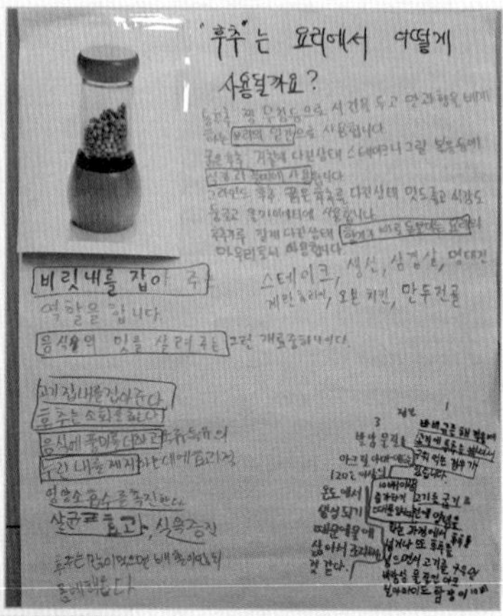

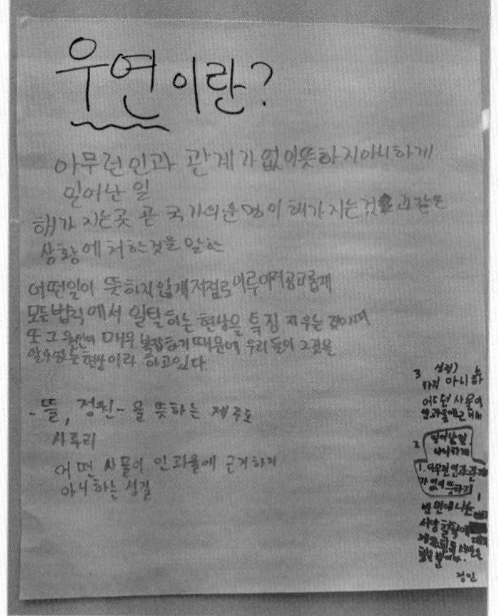

▶ 아메리카 대륙의 발견은 후추를 찾아 인도로 가는 뱃길 탐색에서 시작되었다. 목숨을 건 이 여행은 우연히 아메리카 대륙을 발견하는 계기가 되었고 이후 세계 역사에서 가장 큰 변화를 불러일으키는 사건이 되었다. 여행의 우연성과 후추라는 식품이 갖는 의미를 함께 살펴보았다. 지금의 여행과는 또 다른 옛 여행을 살펴보며 여행의 의미를 한층 확장시킬 수 있었다.

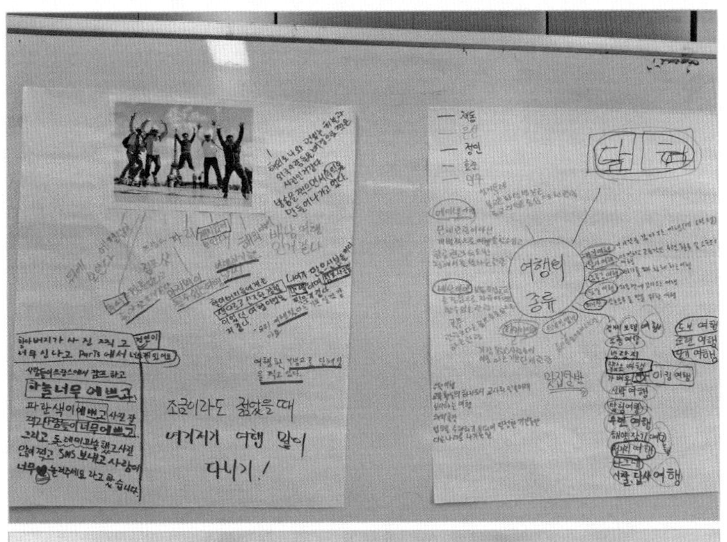

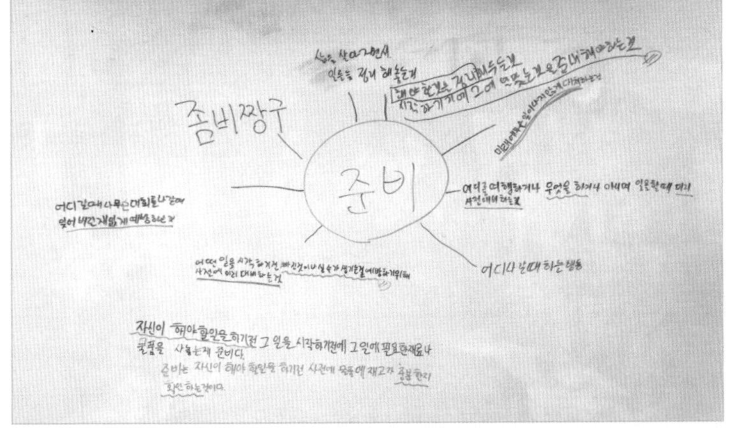

▶ 발문을 통해 학생들의 생각을 이끄는 마인드맵을 작성할 때는 모든 학생이 참여하지 못하는 경우가 종종 발생했다. 특히 발문 내용이나 구조가 복잡하면 아이들의 생각을 이끌어 내기 힘들었다. 이를 보완하는 방법은 의외로 간단했다. 흥미를 가질 만한 사진 자료를 제시하자 아이들은 자신의 생각이나 의견을 훨씬 편하게 이야기했다.

[수업 사례9] '고민하는 과학이 들려주는 자서전'

고교 학점제와 관련해 과학 교과의 상황은 어떨까? 과학 교과의 기본 목표는 자연 현상에 관심을 가지며, 탐구 활동을 통해 과학적 지식과 개념, 과학적 방법 및 태도를 배워 일상생활에서 일어나는 문제나 사회의 문제를 적극적으로 해결하려는 태도를 기르는 것이다. 목표는 훌륭하지만 특수학급에서 학생들과 과학 교과목을 통해 삶의 의미를 찾는 일은 생각보다 쉽지 않다. 조금 더 의미 있는 배움이 일어날 수 있는 방법적 고민이 필요하다.

그간 나름 다양한 시도를 해 보았다. 먼저 과학 실험을 중심으로 재구성을 고민했다. 하지만 공통 교육과정에서 학생들의 흥미를 유발하면서 장애 학생의 특수성까지 고려한 과학 실험 자료를 찾기가 힘들었다. 몇 가지 실험 활동을 묶어 보았지만 모형 만들기 등이 대부분이었다. 또 다른 시도는 기본 교육과정을 기반으로 한 재구성이었다. 나의 몸을 중심으로 주변 환경, 자연, 지구, 우주 등 관찰 범주를 확장시키는 뼈대를 만들었다. 하지만 이 역시 학생의 실질적 삶과의 연계 지점을 찾는 데 한계를 느꼈다. "우리 몸에서 뼈는 몸을 지탱해 주는 역할을 하니 뼈에 튼튼한 음식을 잘 챙겨 먹어야 한다", "이는 음식물을 소화시키는 첫 번째 기관이니 잘 관리해야 한다" 등은 감흥이 일어나는 내용이 아니었다. 이는 수업이 아닌 일상에서 자연스럽게 다룰 수 있는 주제이기에 배움이 깊어 보이지 않았다. 조금 더 깊이 있고 학생의 삶과 직접적으로 연관될 수 있는 수업이 필요했다.

과학사는 그런 차원에서 많은 함의를 가지고 있다. 과학사를 소개하는 자료에서 그 의미를 확인할 수 있다.

<과학과 교육과정(과학사의 성격)>

과학사는 일반계 고등학교나 과학 계열 고등학교에서 과학에 흥미와 관심이 있는 학생을 대상으로 하여, 과학사를 학습함으로써 과학의 본성 및 사회적 특성을 이해하기 위한 과목이다. 이 과목의 학습을 통해 올바른 과학 지성을 정립하고 과학·기술·사회의 관계를 이해하도록 한다.[14]

학생들에게 과학적으로 생각하는 힘을 길러 주고 싶었는데, 과학사는 이를 충분히 만족시킬 만했다. 과학의 발전 과정은 과학의 역사다. 그리고 그 안에는 수많은 인물과 사건, 계기들이 있다. 숱한 경험이 쌓이고 쌓여 과학이 발전했듯, 그 경험 안에는 삶과 밀접하게 관련된 가치들이 숨어 있다. 그 가치들을 핵심 주제로 한다면, 과학사를 중심으로 한 재구성은 분명 새로운 도전이 될 거라 생각했다.

하지만 여전히 해결해야 할 문제는 있었다. 고등학교의 선택 과목은 기초적인 배경 지식이 필요하기에 학생들이 접근하기 어려운 부분이 존재한다. 앞서 살펴본 여행 지리는 학생의 여가 생활과 관련지으면 삶과의 연계 지점이 분명한 주제들이 많았다. 교과 자체가 여행이라는 흥미로움을 이미 가지고 있었기에 기본 교육과정의 흐름을 함께하며 재구성을 준비할 수 있었다. 하지만 과학사는 어느 지점에서 기본 교육과정과의 흐름을 공유할 수 있을지 갈피를 잡기가 힘들었다. 계속해서 스스로에게 물었다. '과학사를 가르치는 이유는 무엇일까?' '과학사는 아이들에게 정말 필요할까?'

14 교육부(2015)

과학사를 근간으로 한 교육과정 재구성이 삶을 위한 교육이 되려면 어떤 의미를 담아내야 할지 깊은 고민이 필요했다. 새로운 시도이고 도전이기에 실패할 수도 있었다. 특수교육이 나아가야 할 방향이나 철학과 맞지 않을 가능성도 컸다. 학생들의 삶과 연결될 수 없다면 새로운 시도는 무의미한 도전으로 끝날 것이었다. 하지만 이를 어떻게 풀어 나가야 할지 결론 내리는 데는 그리 오랜 시간이 걸리지 않았다. 내가 판단하기에 과학사는 분명 매력이 가득한 교과였다. 근거는 명료했다. 과학사는 과학을 하는 '방법'에 관한 내용이 주를 이루기 때문이다.

과학 하는 방법은 크게 귀납법과 연역법으로 나눌 수 있다. 단순하게 표현하면, 귀납법은 관찰을 통해 특정 결론에 이르는 경험적 방법이며, 연역법은 이성을 통한 추론이나 추측 등 깊이 있는 생각을 통해 결론을 내리는 사유적 방법이다. 과학은 과학이라는 이름으로 발전하기 전부터 이미 관찰을 통해 주변에서 일어나는 문제를 확인하고 그 해결 방법을 찾았다. 발전을 거듭하면서는 축적된 경험에 기대어 추론이나 추측 등의 사유적 방법을 더 많이 활용하게 되었다. 이는 과학사를 통해 관찰의 중요성을 살피고, 과학이 발전해 나가는 모습을 보며 생각하는 힘의 중요성을 자연스럽게 배울 수 있음을 의미했다. 기존에 시도했던 재구성보다 더 과학다운 수업이 될 거라는 자신감이 생겼다. 재구성은 과학의 발전 과정에서 일어난 중요한 사건을 통해 흥미로운 이야깃거리를 끄집어내는 쪽으로 방향을 잡았다. 배경 지식이 많아야 하는 어려운 재구성이 될 것이었다. 하지만 충분히 시도하고 도전해 볼 만했다. 교과 제목도 멋들어지게 지었다. '**고**민하는 **과**학이 들려주는 자**서**전'이라고 이름을 붙이고, 앞글자를 따서 '고과서'라고 불렀다. 교과서라는 느낌을 주면서 '교'를 '고'로 바꾸어 실수하고 틀려도 괜찮은 과목, 자유롭게 고민하고 생각할 수 있는 과목이라는 '개인적인' 의미도 부여했다.

이제 마인드맵을 중심으로 교육과정 재구성의 틀을 만들어 나갔다. 가장 기본이 되는 틀은 과학사 교과를 바탕으로 했다. 여기에 기본 교육과정 과학 교과의 고등학교 목표를 교육 활동의 핵심으로 설정했다. 재구성에 들어갈 교육 내용은 과학사의 '내용 요소'와 '일반화된 지식'을 기반으로 했다. 기본 교육과정 과학의 '기능'은 다양한 활동지를 통해 학생 참여 중심의 활동 수업이 될 수 있도록 활용했으며, 학습 능력이 다른 학생을 위해 초등학교 통합교과인 '슬기로운 생활'을 참고하여 활동지를 한 번 더 재구성했다.

과학사의 교과 내용은 방대했다. 수천 년 전으로 거슬러 올라가기에 다룰 내용이 너무 많았다. 이에 한 해 동안 할 수 있는 수업 범위를 정하고, 시즌을 나누어 재구성을 준비했다. 따라서 본 책에 제시된 '고과서'는 지금도 계속해서 수정하고 더하는 과정에 있다. 우선 시즌1은 고대 및 중세의 과학사를 다루면서 '고민하는 과학이 들려주는 자서전 시즌1 : 어렸을 적 이야기'라 명명했다.

<'고민하는 과학이 들려주는 자서전 시즌1' 마인드맵①>

- '슬기로운 생활'과의 연계+기본 교과과정 과학의 내용 체계 중 '기능'에 초점+진로 선택의 '과학사'에서 일반화된 지식 혹은 내용 요소를 확인
- 기본 교육과정 과학 고등학교의 목표 : 일상적인 자연 현상과 생활 주변에 나타나는 문제를 측정, 예상, 추리하여 종합적으로 해결할 수 있는 과학적 탐구 능력과 태도를 기른다.
- 성취해 주었으면 하는 개념 : 과학적 사고에 관심 갖기, 과학적 사고 연습하기,

과학적 사고 생활화하기

①이성을 가지고 주변을 올바르게 보는 것 ②합리적으로 생각하는 힘 기르기 ③감정에 치우치지 않고 제대로 비판하기 ④함께 해결해 나가는 것의 중요성 인식 ⑤자발성의 중요성, 자발성 갖기

- 통합교과 '슬기로운 생활' : 대체 활동 참고 사항
  ① 주변의 모습 : 우리가 사는 곳, 함께 사는 사람, 자연물과 인공물 등
  ② 주변의 변화 : 시간이 지나면서 바뀌는 것을 이해하도록 지도
    → 변화 및 성장 과정의 어느 시점을 사진, 그림, 장면을 이용해 구체적으로 재현 또는 표현하는 간단한 흐름도를 작성하여 변화 과정을 이해할 수 있도록 한다.
  ③ 주변의 관계 : 일상생활에서 접하는 구체적인 실물이나 현상을 서로 관련지어 이해할 수 있도록 지도
- '슬기로운 생활' 교과 활동 주제들
    → 주제들(나와 주변)을 관찰하고 유추하여 과학적 사고를 확장
    → 몸 살펴보기(몸을 소중히 다루기), 학교 둘러보기, 친구에게 관심 갖기, 집안일 조사하기

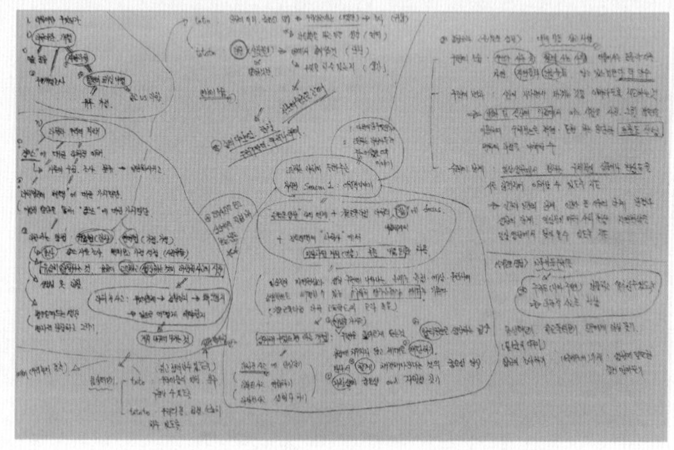

위와 같이 마인드맵 ①에는 재구성을 위해 검토한 참고 사항을 모두 기록했다. 기본 교육과정, 공통 교육과정, 선택 중심 교육과정에서 재구

성의 일관성을 유지하기 위해 필요한 교육 방향과 핵심 내용을 정리했다. 그리고 이 재구성의 교육 목표와 성취했으면 하는 핵심 주제를 적어 넣었다. 여기에는 ① 이성을 가지고 주변을 올바르게 보는 것, ② 합리적으로 생각하는 힘을 기르기, ③ 감정에 치우치지 않고 제대로 비판하기, ④ 함께 해결해 나가는 것의 중요성 인식, ⑤ 자발성의 중요성과 자발성 갖기 등으로 나누어 정리했다.

대체 활동의 참고 사항은 통합교과의 슬기로운 생활을 참고했고, 그 내용을 수시로 확인할 수 있도록 뼈대에 정리해 두었다. 슬기로운 생활의 수업 제재는 크게 주변의 모습, 주변의 변화, 주변의 관계를 기본으로 하였다. '주변의 모습'에서는 주변의 장소를 다양하게 살피는 것을 시작으로, 특정 장소 안에 있는 사람들의 생활 모습까지 함께 살피는 것을 수업의 주요 목표 삼았다. '주변의 변화'에서는 시간이 지나면서 바뀌는 것을 이해하는 데 배움의 초점을 맞췄고, '주변의 관계'에서는 일상생활에서 접하는 구체적인 실물이나 현상을 이해하는 데 초점을 맞추었다. 이를 바탕으로 활동 주제의 범주를 몸 살펴보기, 학교 둘러보기, 친구에게 관심 갖기, 집안일 조사하기 등으로 나누어 제시하고자 했다. 이때 함께하는 학생의 흥미와 특성, 필요한 교육적 지원 내용 등을 고려해서 또 다른 통합교과인 바른 생활과 즐거운 생활을 적극적으로 활용했다.

수업은 기본적으로 내용을 이해할 수 있는 학생을 기준으로 했다. 그렇게 교재가 완성되고 이후 수업을 준비하는 과정에서 학습 능력이 다른 학생들을 위한 활동지를 고민했다. 배우는 수업 내용은 같지만, 그 안에서 학생이 알아야 할 핵심 내용은 각자에 맞춘한 다른 수준의 학습지를 통해 익히도록 지원할 계획이었다. 이를 구현하기 위해 또 다시 마인드맵을 적극 활용했다. 떠오르는 아이디어나 생각, 필요한 사항을 마인드맵 이곳저곳에 메모했고, 그 메모에 기초해 새로운 활동지를 구상했다. 그리고 그에 따라 다시 새로운 수업이나 활동지 등을 고민하며 재구성의 방향을 계속 수정해 나갔다.

<'고민하는 과학이 들려주는 자서전 시즌1' 마인드맵②>

1. 과학이란 무엇인가? – 과학의 개념(종류, 주요 개념 조사), 자연 과학, 평소의 호기심 나열(종교와 과학)	**2. 과학과 우리의 미래** ① 징크스에 대한 과학적 이해 : 자료 수집, 조사, 분류 ② 과학 발전 혜택에 대한 가치 판단, 이성적 판단을 통해 징크스에 대한 가치 판단 ③ 과학 하는 방법 : 귀납법(관찰), 연역법(과정, 가설) – 유심히 관찰하는 것, 곰곰이 고민하고 생각하는 것이 과학적 사고의 시작 – 선생님의 옷 관찰
3. 바빌로니아와 이집트 : 놀라운 관찰력으로 세상을 보다 ① 밤하늘의 별, 황도 12궁, 첨성대(관찰 → 유추, 생각) ② 바빌로니아인의 신비로움, 이집트인의 신비함 → 우리 삶과 관련된 관찰 : 학교	**4. 중국과 인도 : 실험과 함께(종이 만들기–종이 사용에 대한 반성, 화산 폭발)** ① 종이 : 종이 만들기, 종이와 관련된 문제 인식, 해결 방법 등 ② 인더스 문명, 황화 문명 ③ 화약 : 이후 역사의 변화, 전쟁과도 연관된 조사, 전쟁에 대한 생각 나눔 ④ '0'의 의미 조사
5. 만물의 근원 : 가정, 생각, 고민, 가설 ① 세상의 근원에 대한 생각 나눔 ② 철학에서 과학으로의 변화(그리스 철학) ③ 과학적 사고와 나의 삶(문제 인식 → 해결)	**6. 피타고라스, 히포크라테스 : 비판의 힘(+건강 관리 방법)** ① 의학의 아버지로서 두 사람의 삶 ② 과학적 사고(비판)의 연습(by 히포크라테스) ③ 나의 건강 생활 돌아보기(과학적으로)

7. 헬레니즘의 과학 : 만남의 중요성, 자발성	**8. 우주론에 대한 (플라톤, 아리스토텔레스) : 제대로 된 비판**
① 만남의 중요성, 의미 ② 좋은 만남을 위해 필요한 '스스로의 변화' ③ 상대방에 대한 이해의 중요성+SNS의 사용과 의미 되새김 ④ 헬레니즘 과학 (동서양의 만남) ⑤ 자발성의 중요성	① 우주는 어떻게 탄생했을까? → 가설, 생각, 고민, 유추 ② 과학자로서 플라톤과 아리스토텔레스 ③ 제대로 이해하고 의심하는 과정으로서의 비판 (욕을 하는 이유 분석)

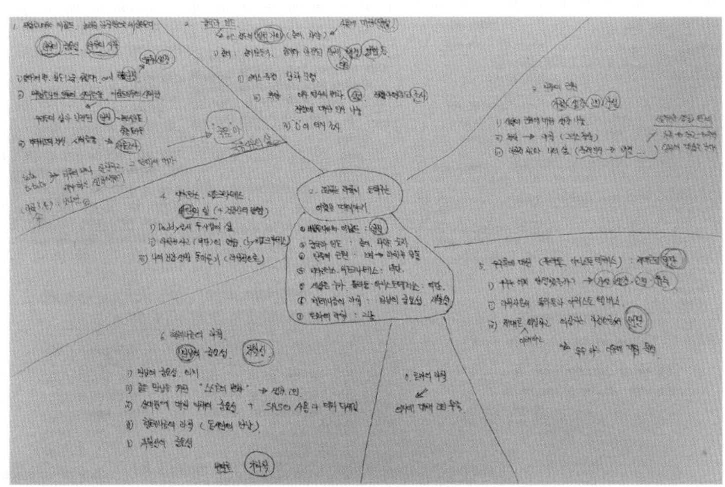

그동안 특수교육은 많은 부분에서 '쉬운' 수업 내용과 과제에 초점을 두었다. 하지만 이제는 아이들이 깊이 고민하고 어려워도 도전할 수 있는 과제나 수업 내용이 필요하다. 해결하기 쉬운 과제는 재구성도 쉽다. 하지만 깊은 생각이 필요한 과제는 아이들의 어려움을 살피고 효율적으로 지원하기 위해 준비해야 할 것이 많다. 그래서 조금 더 세심한 재구성이 필요하다.

나는 아이들과 과학사를 함께하면서 어려운 과학 용어를 이해시키는 데 중점을 두지 않았다. 우리가 알고 있는 귀납법이나 연역법의 개념, 바빌로니아나 이집트, 중국, 인도의 과학 기술, 철학과 과학의 관계, 히포크라테스의 의학, 헬레니즘 시대의 과학 발전 등을 기억하고 알아야 할 핵심 내용으로 삼지 않았다. 대신 아이들이 과학사의 수많은 사건을 살피며 삶의 지혜를 배우길 바랐다. 바빌로니아인과 이집트인, 중국인, 인도인들을 보면서는 관찰이 얼마나 중요한지를 알고, 문제의 실마리는 관찰을 통해 찾을 수 있다는 것을 이해해 주길 바랐다. 철학이 과학으로 발전할 수 있었던 가장 큰 요인이 생각과 고민이라는 것을 알길 바랐고, 히포크라테스처럼 비판하는 사고 역시 중요함을 깨닫길 바랐다. 그리고 만남은 우리의 삶을 변화시키는 매우 중요한 사건임을 역시 이해하길 바랐다.

〈'고민하는 과학이 들려주는 자서전 시즌1 : 어렸을 적 이야기' 구성과 활동지 내용〉

대단원	소단원	지향하는 성취 기준	주제 구성	활동지	
				활동지A	활동지B
과학이란 무엇인가?	과학이란?	과학적 사고의 중요한 틀 : 관찰과 생각 (가정)	- 과학이란 무엇인가?	- 사전 자료 조사(과학)	
	과학의 종류		- 자연 과학에 관해서 알아볼까?	- 자료 조사(탐구, 미시적) - 종교와 과학	
			- 과학은 우리의 미래? 우리의 멸망?	- 사전 자료 조사(징크스) - 나의 징크스에 관한 생각	
	과학 하는 방법		- 과학을 하는 방법에는 무엇이 있을까? : 귀납법(관찰)과 연역법(생각)	- 사전 자료 조사(귀납법, 연역법) - 징크스와 피라미드 벽화로 본 관찰과 생각	

<table>
<tr><td>과학이란 무엇인가?</td><td>과학 하는 방법</td><td>과학적 사고의 중요한 틀 : 관찰과 생각(가정)</td><td>- 세상을 올바르게 바라보는 생각의 힘을 길러 보자(관찰과 생각의 중요성)</td><td>- 선생님이 좋아하는 색은?</td><td rowspan="7">- 소중한 나의 몸
- 선생님이 좋아하는 색은?
- 소중한 나의 몸을 관찰하고 역할 생각하기
- 관찰과 생각(가정)에 대하여
- 우리 교실에는 무엇이 있을까? (사진 촬영 및 정리)
- 우리 학교에는 무엇이 있을까? (사진 촬영 및 정리)
- 밤의 모습을 살펴볼까?
- 밤에 하는 일은?
- 밤의 생활 모습 살펴보기(해야 할 일 구분하기)</td></tr>
<tr><td rowspan="6">고민하는 과학이 들려주는 자서전 : 어렸을 적 이야기</td><td rowspan="2">바빌로니아와 이집트</td><td rowspan="2">주변을 유심히 관찰하기</td><td>- 놀라운 관찰력으로 세상을 보다</td><td>- 관찰의 중요성(우리 주변 관찰하기)
- 밤하늘의 별을 보며</td></tr>
<tr><td>- 이집트 피라미드의 놀라운 이야기</td><td>- 자료 조사(피라미드 건설의 비밀)</td></tr>
<tr><td>중국과 인도</td><td rowspan="2">주제에 맞게 곰곰이(합리적으로) 생각하기</td><td>- 숫자와 화약 그리고 종이</td><td>- 중국의 위대한 발명품 : 종이
- 종이 만들기 실험
- 종이에 대한 생각 표현하기(절약)
- 화약과 전쟁에 대한 생각</td></tr>
<tr><td>만물의 근원</td><td>- 고민하는 철학이 고민하는 과학적 활동으로(곰곰이 생각하기)</td><td>- 사전 자료 조사(세상은 무엇으로 되어 있을까?)
- 문제를 찾아 해결하는 방법</td></tr>
<tr><td>피타고라스, 히포크라테스</td><td>감정에 치우치지 않고 비판하기</td><td>- 수학의 아버지 피타고라스, 의학의 아버지 히포크라테스(합리적 의심, 비판적 사고)</td><td>- 의학의 아버지 히포크라테스에게 배우는 과학적 사고</td></tr>
<tr><td>우주론에 대한</td><td>주제에 맞게 곰곰이(합리적으로) 생각하기</td><td>- 과학자로 만나는 플라톤과 아리스토텔레스</td><td>- 사전 조사(우주는 왜 태어났을까?)
- 제대로 이해하고 의심하는 비판적 사고(욕하는 것에 대해 비판해 보기)</td></tr>
</table>

고민하는 과학이 들려주는 자서전 : 어렸을 적 이야기	헬레니즘의 과학	만남의 중요성과 협력적 문제 해결의 중요성 인식하기	- 혼자서 연구하는 과학이 국가와 사회의 관심을 받게 된다면	- 만남을 대하는 방법 - 내가 먼저 좋은 사람이 되어 보자 - 새로운 소통과 만남의 장 SNS	
		자발성의 중요성 인식하기	- 헬레니즘 시대의 과학 발전	- 나를 변화시키는 힘, 자발성에 대하여	
	로마의 과학		- 역시 발전하려면 기술이 있어야 하는 건가요?	- 〈네모의 꿈〉 노래 감상 - 사전 자료 조사(기하학) - 배운 내용 총정리	

특수학급 안에는 다양한 능력을 가진 학생들이 있다. 통합학급 상황도 마찬가지다. 그렇기에 장애 학생이 통합학급에서 수업을 받을 경우 많은 부분 참여가 제한적일 수밖에 없다. 그렇다면 학급의 모든 아이들이 참여할 수 있는 수업은 없을까? 수업과 관련된 교사들의 고민은 여기서부터 시작될지 모른다. 일부 아이들만 참여하는 수업은 오랜 시간 우리 모두의 고민이었다. 그래서 어떻게 수업을 디자인할지, 모둠은 어떻게 구성할지, 구성된 모둠별로 시간 운영은 어떻게 할지 등 고민이 꼬리에 꼬리를 물고 이어진다. 그러다 명확한 방법을 찾을 수 없어 다시 특정 학생들을 중심으로 활동을 이끌어 갈 때도 많다. 나는 이에 대한 해결책 역시 교육과정 재구성에서 찾아야 한다고 생각한다. 그래서 학생들이 저마다 삶을 살펴볼 수 있는 재구성을 고민한다. 그 고민이 수업으로 이어졌을 때 다시 고민을 해결할 수 있는 실마리를 찾을 수 있을 것이다.

과학사 수업에서는 특히나 본수업 전의 사전 조사 활동을 적극 활용한다. 이를 통해 아이들은 앞으로 배울 내용을 미리 경험한다. 조사 대상으로는 수업에서 주로 신경 써야 할 핵심 단어를 선정해서 제시한다. 단어를 그대로 제시할 때도 있지만, 필요에 따라 관련 사진을 주고 그에 대한 느낌이나 의미를 표현하게 하는 경우도 적지 않다. 학생들은 핵심 단어를 가지고 활동지에 자신만의 마인드맵을 작성한다. 하나의 사례를 들어 보자. '과학 하는 방법' 수업에서는 귀납법과 연역법에 관해 사전 조사 활동을 진행했다. 이때 학생들은 두 모둠으로 나뉜다. 스스로 조사를 할 수 있는 학생 모둠과 교사의 지원이 필요한 학생 모둠이다. 한 모둠이 자료를 조사하고 내용을 정리하는 사이에 나는 다른 모둠 학생들과 관찰이나 생각을 표현한 사진 자료를 활용해 사전 조사를 한다. 사진의 느낌이나 의미 등 사진에서 찾을 수 있는 모든 것을 자신의 언어로 표현할 수 있도록 계속해서 질문한다. 나는 이를 짧은 인터뷰 과정이라고 생각한다. 질문이 계속되는 짧은 인터뷰를 통해 학생은 자신의 생각을 표현한다. 이렇게 두 모둠의 활동이 마무리되면 내용을 서로 공유한다. 대부분 뒤에 이어질 수업과 관련된 내용들이 포함되고, 나는 간략히 설명을 덧붙인다. "너희들이 조사하고 이야기한 것처럼 귀납법은 관찰을 통해서 알고 싶은 것을 찾아 나가는 방법이며, 연역법은 깊은 생각을 통해서 알고 싶은 것을 찾아 나가는 방법이야."

그런 다음 검색을 통해 학생들이 작성한 마인드맵을 바탕으로, 커다란 종이에 조사 내용과 인터뷰 내용을 기록한다. 이렇게 정리된 내용은 교실 안 학생 모두가 함께 작성한 우리만의 정의가 된다. 이것을 가지고 다시 우리가 배울 수업 내용을 함께 정리한다. 물론 이 과정에서도 인터뷰를 진행한 모둠의 학생에게는 의미 있는 배움이 일어나지 않을 수 있다. 하지만 적어도 하나의 주제를 두고 함께 만든 결과물이기에, 학생들의 의견 하나하나를 강조하며 교사가 눈 맞춤을 할 수 있기에, 이후에는 더 다양한 수업 구성이나 수정 과정을 고민하며 한층 개별화된 수업을 고민해 볼 수 있다.

<'고민하는 과학이 들려주는 자서전 시즌1' 활동지 모음>

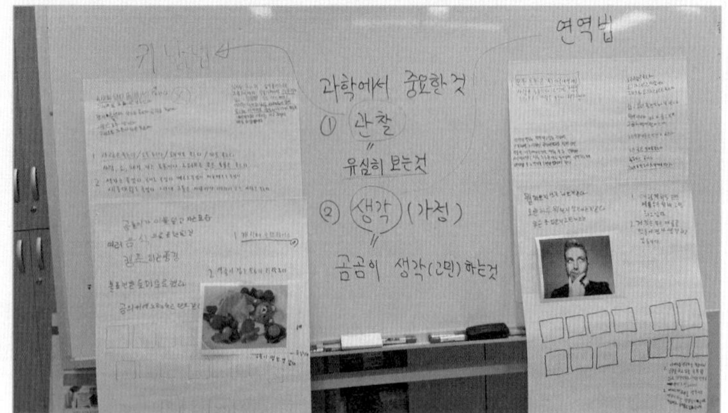

옆의 활동지 모음 사진들은 '관찰과 생각'을 사전 조사하면서 검색을 한 모둠과 인터뷰를 진행한 모둠의 의견을 모두 정리한 것이다. 사진에서 네모 칸은 인터뷰를 진행한 학생의 생각을 듣고 교사와 학생이 작성한 것이다. 이를 전체적으로 공유하는 과정은 다시 사진 자료를 활용한다. 관찰을 해야 하는 사진(다양한 식재료로 곰이 이불을 덮고 있는 사진)과 생각해 봐야 하는 사진(곰곰이 생각에 잠긴 사람 사진)을 제시했다. 아이들이 식재료 사진을 유심히 관찰하고 무엇을 표현했는지 말해 주길 바랐다. 인터뷰를 진행한 모둠의 학생은 사진을 보고 "곰돌이가 이불을 덮고 있어요"라고 대답했다. 내가 원한 '관찰'을 해 준 것이다. 또한 곰곰이 생각에 잠긴 사람 사진을 두고 질문했다. "아저씨는 과연 어떤 생각을 했을까?" 한 아이가 대답했다. "(위쪽을 쳐다보는 아저씨를 보고 시선이 형광등에 가 있다고 생각했는지)형광등은 어떻게 만들어졌을까 생각하고 있어요." 배경 지식을 확인하고 이를 정리하는 과정에서의 이런 수업 방식은 이후 이어질 어려운 수업 내용을 재미있게 배워 나가는 배경이 되었다. "귀납법과 연역법이라는 어려운 단어를 기억할 필요는 없어. 다만 우리는 주변을 유심히 관찰하며 사는 것이 얼마나 재미있는 일인지, 그를 통해서 '왜?'라는 질문을 던지고 곰곰이 생각하는 것이 얼마나 중요한지를 기억해 주면 좋겠어."

이런 방식이 모든 면에서 개별화되고 정교해진 수업은 아닐지 모른다. 하지만 우리가 다양한 방법으로 자신의 생각을 나누고 그 생각들이 수업 내용으로 이어진다면, '서로 다른 능력'을 가진 학생 모두가 참여하고 있는 수업이 아닐까? 교사로서 나는 이 과정에서 가장 중요한 것은 '내가 하려는 수업 주제나 내용이 아이들의 삶과 얼마나 연관되어 있고 중요한지'를 고민하는 일이라고 생각한다. 그리고 그것을 바탕으로 다시 모든 학생을 배려하는 수업 방법을 고민해야 한다.

배움은 혼자만의 것이 아닐 때 더욱 의미가 있다. 내가 배운 소중한 것을 누군가와 함께 나눈다면, 그 배움은 나누는 나에게도, 그것을 확인하는 누군가에게도 훌륭한 성장이 될 수 있다. 이번 '고과서' 재구성도 예외는 아니다. 이집트 사람들의 이야기를 접하면서 아이들이 배운 내용을 다른 사람과 함께 나누기를 바랐다.

이집트 사람들은 관찰을 중요하게 생각했다. 관찰은 이집트의 찬란한 역사를 이어 간 근본적인 힘이었다. 별을 관찰해 1년과 하루 등을 과학적으로 계산했으며, 나일강의 범람을 확인했고, 기록을 위해 문자를 만들었다. 그렇게 쌓아 온 과학적 지식을 가지고 미라와 피라미드를 만들었다. 이집트 사람들은 시체를 미라로 만들고, 죽은 왕이 다시 깨어나기 전까지 지낼 거처로 피라미드를 지었다. 이런 사실들을 바탕으로 미라 제작 과정을 '함께 나누는 배움'이라는 활동으로 계획했다. 학생들은 검색 등을 통해 필요한 자료를 조사했다. "자료를 조사하고 이를 어떻게 친구들에게 소개할지는 너희들끼리 협의해서 채워 나가면 좋겠어." 나는 한 발짝 물러서 아이들이 서로 협력하는지 체크하면서 필요한 역할 배분이나 반영되었으면 하는 사항을 조언했다. 또 적극적 지원이 필요한 학생들과는 미라 제작 과정을 함께 조사하며 개별 지원을 이어 나갔다. 시간을 충분히 들여서 조금 느려도 학생 모두가 참여하도록 신경 썼다.

아이들은 스스로 자료를 찾고 미라가 만들어지는 과정을 효율적으로 소개할 수 있는 구도를 짰다. 필요한 사진을 찾아 프린트하고, 삭자 좋아하는 색의 펜을 들고 또박또박 삐뚤삐뚤 사진에 관한 설명을 써 내려갔다. 지식을 습득하는 과정도 중요하지만 협력하는 과정도 중요하다. "미라 만드는 과정을 외우려고 하는 게 아니야. 우리가 미라 만드는 과정을 함께 소개한다는 게 중요해." 그런 과정을 통해 아이들은 자연스럽게 필요한 것을 배운다. 학생들이 함께 만든 결과물은 늘 기대 이상이다. 어설프고 산만해 보이지만 학교 안 모두와 함께 나누게 될 결과물이 눈앞에 놓여 있었다. 우리는 의기양양해하며 결과물을 교실 밖에 게시하고 모두에게 이 소식을 알렸다.

<'함께 나누는 배움'을 위해 교실 밖에 게시한 '미라 만드는 과정'>

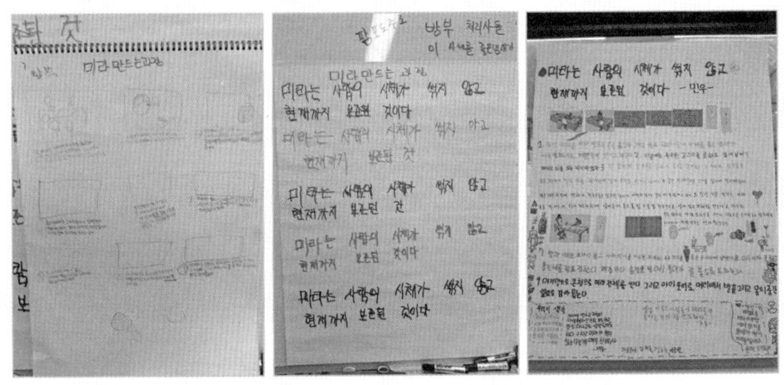

고과서는 욕심이 많이 반영된 교육과정 재구성이었다. 고교 학점제라는 시대 변화를 함께하지 못하는 특수교육의 현실이 답답했고, 그 사이에서 놓치고 있는 시골 작은 학교의 현실이 답답했다. 아무 것도 할 수 없다는 막막함이 마음속 깊이 자리 잡았다. 하지만 그런 순간에도 교사가 할 수 있는 것은 수업이라고 생각했다. '여행으로 배우는 삶의

지혜'와 '고민하는 과학이 들려주는 자서전'이라는 교육과정 재구성은 수업을 통해 변화하는 시대에서 내가 할 수 있는 것을 찾아보려 노력하고 고민한 증거다.

고교 학점제는 정해진 목표를 두고 있다. 모든 학생을 위한 제도적 변화지만 아직 준비되지 못한 부분도 엄연히 존재한다. 그래서 우려되는 바가 없지 않다. 미래 사회가 불확실한 가운데 중고등학교 시절에 진로를 결정해야 하는 점, 학령기 학생의 진로는 수시로 변하는 점, 교원 수급 문제, 평가 방법, 교사의 교육과정 자율성과 전문성 확보, 대입 제도 개선 등 고려해야 할 사항이 많다. 그런 상황에서 과목 선택과 책임은 학생에게 돌아간다. 과목을 선택할 때는 좋은 대학 진학에 필요한 것, 그 이상을 생각할 수 없게 될지 모른다. 다만 해결 방법이 아주 없지는 않다. 불확실한 미래의 삶과 연관된 배움이 수업 안에 살아 있다면, 고교 학점제의 맹점을 해결하는 하나의 대안이 될 수 있을 것이다.

상상력이 가미된 특수교육에서의 재구성은 앞으로 더 크게 강조되어야 한다. 재구성을 통해 장애 학생을 위한 선택 과목 개설을 적극적으로 고민해야 한다. 그리고 그 과목들은 분명 '모든 학생을 위하는' 방향이어야 한다.

나는 지금까지 사례로 든 재구성을 바탕으로 장애 학생과 비장애 학생이 함께 참여하는 수업을 기획해 볼 참이다. '함께 살아가는 삶의 중요성'을 고민해 보는 새로운 과목을 준비하려고 한다. 이를 통해서 통합교육과 혁신교육이 지향하는 '모든 학생을 위한' 교육을 목표로 한 발 한 발 차근차근 실천해 나가는 노력을 게을리하지 않을 것이다. 그것이 과학사와 여행 지리를 기반으로 한 특수교육 교육과정 재구성이 가진 의미라고 생각한다.

장애 학생과 비장애 학생이 함께 교실의 안과 밖에서 같은 주제로 수업하는 모습을 상상한다. 삶에 관해 이야기 나누고, 서로에게 필요한 것이 무엇인지 고민하며, 함께 부대끼는 풍경. 그 풍경 속에서 우리 교육이 원래 가지고 있어야 할 모습을 상상하고 싶다.

4장

실패해도 좋은 교육이 필요하다

- 교육과정 재구성 실패 사례를 중심으로

실패해도 좋은 교육이 필요하다

"학교에 맞는 수업 사례 적용이 필요하다."

"실패해도 좋은 교육이 필요하다."

– '장인교육 프로젝트' 재구성을 위한 메모에서

학교 혁신을 이끄는 리더 교사들과 이야기를 나눌 기회가 많았다. 지역의 혁신학교 네트워크, 권역의 혁신고 네트워크 등 다양한 협의회에 참석했고, 혁신교육의 성공과 실패 사례를 들을 수 있었다. 학교를 변화시키기 위해 시도했던 수많은 도전들과 이를 이끌어 가는 교사들의 버거운 외침도 들을 수 있었다. 성공적으로 보이던 혁신학교가 실패하는 모습을 보았고, 이를 다시 세우기 위해 교사들이 힘을 합쳐 노력하는 모습도 지켜보았다. 박한숙 외(2016)[1]는 혁신학교의 성공 요인을 분석하였다. 여기에는 학생에 대한 관심과 사랑, 자율성, 도전 정신과 반성적 역량, 열정이 포함되어 있다. 학생에 대한 관심과 사랑, 자율성이나 열정 등이 혁신학교의 성공을 위한 기본 요인이라면, 도전 정신과 반성적 역량은 이를 뒷받침하며 함께 성장할 수 있는 중요 요인이다. 그래서 작은 시행착오에서 오는 실패를 두려워하지 않고, 학생을 살피고 보다 좋은 대안을 함께 모색하려는 도전이 필요하다. 주변 사람들과 그 경험을 나눌 용기도 필요하다. 그리고 이를 발판 삼아 보다 의미 있는 배움이 일어날 수 있도록 함께 고민해야 한다.

실패한 경험을 나누기란 쉬운 일이 아니다. 하지만 우리는 안다. 성공한 경험보다 실패한 경험을 동료들과 나눌 때 더 의미 있는 성장이 일어난다는 것을. 알고 있으면서 경험을 나누는 데 인색한 경우가 많다. 한 번의 성공을 위해 수많은 실패가 뒤따르고 그 실패로 새로운 경험을 얻을 수 있다면, 우리에겐 실패해도 좋은 교육이 반드시 필요하다. 비록 실패했지만 동료들과 경험을 나누고 그들에게 격려받을 수 있다면 우리는 보다 나은 성공을 향해 다시 도전할 수 있다.

나 역시 그랬다. 실패담도 성공담도 동료들과 나누며 자신감을 가질 수 있었다. 그 자신감은 새로운 도전으로 이어졌고, 수많은 도전이 쌓이자 아이디어들이 계속 떠올랐다. 나는 앞으로도 고민하고 도전해서 더 많은 경험을 쌓아 나갈 것이다. 우리에게는 실패해도 좋은 교육이 필요하고, 실패를 함께 나눌 동료가 있다면 아무것도 두려울 게 없다.

---

1 「혁신학교 초등 교사들의 핵심 역량 모델링 : 따뜻한 교육 공동체 형성 역량을 중심으로 학습자 중심 교과 교육 연구」 박한숙, 박수홍, 2016

[수업 사례10] 너나울반 우체국

너를 위한

나의 좋은 편지

울고 싶어도 마음의 진심을 담아

반만큼만 말해 본다.

– 너나울반 우체국 운영을 위한 '너나울반 4행시'

2017년 어느 여름날 라디오에서 한 초등학교 이야기를 들었다. 최근 스마트폰이 보급되면서 문자나 SNS 등으로 소식을 전하는 것이 일상화되었다는 말과 함께, 그 학교에서는 손 편지의 의미를 되새기는 활동이 한창이라는 내용이었다. 구체적으로는 이랬다. 한 학급이 우체국이 되어 간이 우체통에 접수된 편지를 직접 배달해 준다. 간혹 사랑을 고백하는 편지도 있었는데 전달하는 학생도 편지를 받는 학생도 모두 즐거웠다고 했다. 라디오를 들으면서 문득 우리 학교에서는 너나울반이 우체국이 되면 좋겠다는 생각이 들었다.

학교에 가자마자 아이들과 우체국에 관해 이야기했다. 편지가 가진 의미와, 편지가 소식을 전하는 중요한 기능을 하던 시절과 그 시절 우체국의 역할을 들려주었다. 그리고 그 의미를 되새기며 너나울반이 우체국을 한번 운영해 보자고 제안했다. 칠판에 '너나울반 우체국'이라고 쓰고 운영에 필요한 사항을 간단하게 적어 주었다. 우체국은 운영 방법이 있어야 하며, 학교 내에 홍보도 필요하다는 등의 주제를 스치듯 던져 주고는 교실을 나왔다. 아이들이 자유롭고 편하게 이야기하기를 바랐기 때문이다. 실질적이고 구체적인 의견이 나오지 않아도 좋았다. 계획을 세우기 위해 저희끼리 자유롭게 이야기하고 의견 조율 과정을 경험하는 것이 더 중요하다고 생각했다. 30분이 지나고 돌아온 교실에는 칠판 가득 학생들의 생각이 적혀 있었다.

〈너나울반 우체국 운영을 위한 학생들의 계획〉

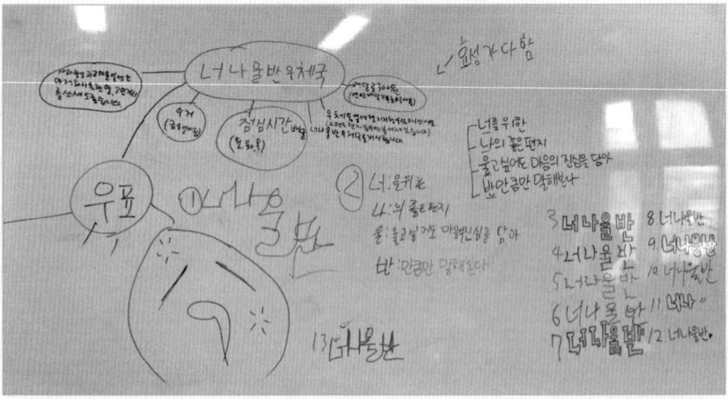

- 사과할 일과 고마운 마음 또는 미처 하지 못한 말, 고민거리를 쓰셔도 좋습니다.
- 수거(월, 화, 목)
- 점심 시간 배달(월, 화, 목)
- 우체통 옆 편지지함에 있으니 쓰세요.
- 배달료 300원(연탄 배달 봉사와 연계)

아이들이 정한 편지 수거 방법, 배달 시간, 배달료 등은 내가 고민한 것보다 직관적이어서 운영에 부담이 없어 보였다. 더구나 운영 계획을 학생들 스스로 만들었기에 의미 있는 교육 활동이 되겠다고 생각했다. 홍보가 잘 되어서 비장애 학생과 장애 학생 사이에 새로운 교류가 일어난다면 생각한 것 이상의 프로젝트가 될 것이었다.

우체국 홍보를 위한 문구 작성과 홍보물 디자인, 제작도 학생들에게 맡겼다. 정교하게 잘 만든 홍보물이 아니어도 상관없었다. 잘 디자인된 것보다 조금 어설픈 게시물이 더 눈에 띌 수도 있다. 누가 어떻게 어떤 의도로 게시했는지가 중요하다. 홍보물에 넣을 4행시와 다양한 글씨체로 쓴 '너나울반 우체국'이 칠판을 채웠다. 홍보 문구는 사진을 찍어서 프린트해 붙이면 된다. 우리가 함께 디자인한 홍보물이기에 의미가 컸다.

빨간색 우체통을 주문하고, 편지지와 봉투, 엽서도 구입했다. 우표 역시 아이디어를 모아 우리가 디자인했다. 홍보물은 3개를 만들어 학교 곳곳에 게시했다. 모든 교사에게 '너나울반 우체국'을 소개하는 메시지를 보냈고, 몇몇 선생님은 응원의 메시지를 보내 주었다. 그렇게 우리의 야심찬 프로젝트가 시작되었다.

〈너나울반 우체국 글씨체와 우표 디자인〉

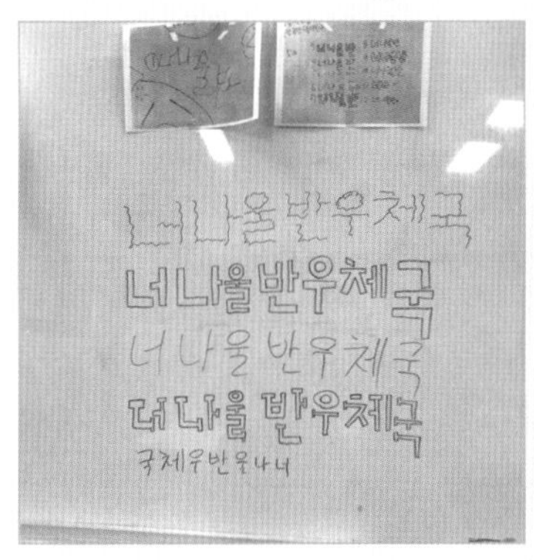

운영 첫날 교장선생님이 부장 교사들에게 보내는 손 편지를 시작으로, 학교 안의 작은 우체국은 영업(?)을 시작했다. 하지만 실적은 지지부진했다. 운영이 시작되고 몇 주 동안은 하루에 한두 통 정도 접수되었으나 이마저도 점점 사라져 거금을 들여 구입한 우체통이 부끄러울 만큼 편지는 들어오지 않았다. 상황이 이렇다 보니 어떤 때는 편지가 접수된 것조차 몰라 수일이 지나서야 겨우 배달되는 일도 생겼다. 실패였다. 잘 운영될 것이라는 기대는 우리들만의 생각이었다. 그렇다면 실패한 우체국 프로젝트는 아무런 의미도 없었을까?

너나울반 우체국은 운영을 기획했던 교사에게도, 운영을 함께 고민했던 학생에게도 의미가 컸다. 결과보다 함께하는 과정 자체가 주는 재미를 경험했기 때문이다. 당시 우리 반은 '연간 장기 프로젝트'라는 이름으로 장애인에게 특별한 지원이 없는 협회의 바리스타 자격증 2급을 준비하고 있었다. 수시로 기출문제를 풀며 필기시험을 준비했고, 필기시험에 합격한 뒤에는 실기 시험에 대비했다. 자격증을 취득하기 위해서 1년 동안 부단히 노력하는 과정을 아이들과 함께하고 싶어서 기획한 활동이었다. 우체국은 그 자격증 취득 과정 중 갑자기 기획되었고, 너나울반 우체국 역시 노력하는 과정이 얼마나 중요한지 한 번 더 깨닫게 된 경험이었다. 그리고 때로는 우리의 노력이 실패로 돌아갈 수도 있다는 걸 알게 해 주는 소중한 기회기도 했다. 이뿐만이 아니다. 특수학급 안에서의 특수교육이 단순히 장애 학생만을 위한 것이 아니라 우리 모두에게 영향을 줄 수 있음을 선명히 확인시켜 주었다. 다시 말해, 특수교육의 범위를 확장시키고 공동체와 함께할 수 있는 가능성을 보여 준 것이다. 비록 우체국이 기대한 만큼의 호응을 얻지는 못했지만, 학교 안의 모든 선생님과 학생들에게 작은 울림을 주었다면 우리는 분명 실패해도 좋은 교육에 한 발 더 다가간 셈이다.

그해 너나울반 우체국의 비싸고 멋진 우체통, 편지지와 우표가 들어 있는 상자는 너나울반 앞문 가장자리를 굳건히 지켰다. 학교 안을 오가는 수많은 사람은 새빨간 우체통을 무심히 지나쳤을 것이다. 하지만 누군가는 우체통을 보며 '너나울반 우체국'의 존재를 새삼 인지했을 것이다. 그리고 시간이 흐른 어느 날 무심코 특수학급 앞에 있던 우체통을 떠올린다면, 학교 공동체와 마음을 나누고 싶었던 특수학급의 노력을 기억해 줄 것이라 믿는다.

가끔은 나를 만난 학생들이 나중에 우리가 함께한 시간을 어떻게 기억할지 궁금해진다. 어른이 된 아이들은 바쁜 일상에서 불쑥 어느 순간을 떠올리고는 '맞아, 그때 그 선생님과 그랬었지' 하고 회상하지 않을까. 마찬가지로 너나울반 우체국도 어느 날 불쑥 튀어나와 우리 아이들을 미소 짓게 만드는 기억 한 편이길 바라 본다.

[수업 사례11] '정치, 그까이 꺼 나도 할 수 있다'

〈너나울반 규칙〉

① 선생님한테 "감사합니다, 고맙습니다" 말하기

② 선생님이 질문하면 잘 대답하기

③ 선생님이 말하고 있을 때 끼어들지 않기

④ 뜻밖의 상황이 일어나지 않도록 ○○을 모두가 힘을 합쳐 관리해 주기

⑤ 선생님한테 인사 잘 하기

⑥ 수업 종 치기 전에 교실에 들어가서 자리에 앉기

⑦ 선생님 말씀 잘 듣기

— 2017학년 너나울반 규칙 만들기 활동지에서

2016년 6월 27일은 코파아메리카[2] 결승전이 있는 날이었다. 고민할 것도 없이 우리는 경기를 함께 보기로 했다. 보고 싶은 경기에 관심을 갖는 것도, 일정을 찾아 챙기는 것도, 아이들의 일상에 흔한 일이길 바랐고, 축구 경기 관람은 그런 일상의 즐거움과 재미를 경험할 좋은 기회였다. 더군다나 코파아메리카 100년 역사를 기념하며 열리는 결승전이니 의미를 부여하기도 좋았다. 코파아메리카의 의미와 남미 축구 강국 등을 소개하는 수업 자료를 만들고 경기 전날부터 호들갑을 떨며 아이들에게 기대감을 불어넣었다. "내일 아침에는 학교에 오자마자 텔레비전 켜 놓고 과자 먹으면서 코파아메리카 결승전을 같이 보는 거야."

교육과정 재구성을 통해 새로운 교재를 만들고 다양한 수업을 시도하면서, 그때그때 세상 돌아가는 상황과 이슈를 수업 안에 녹여 내는 경우가 종종 있었다. 프로그램명은 '교과서를 벗어라'다. 코파아메리카 결승전처럼 교과 시간 내에 운영할 때는 수업 자료를 첨부해 내부 기안을 제출한다. 다음 날 아침, 교실 바로 옆이 교장실이지만 우리는 볼륨을 한껏 올리고 과자와 음료수를 먹으며 소파에 앉아 결승전을 시청했다. 어

---

2 Copa America, 남미축구연맹 소속의 축구 국가 대표 팀들이 출전하는 남미 대륙 축구 선수권 대회다.

른이 된 아이들에게 이런 소소한 경험이 때로는 큰 의미로 다가오지 않을까? 그래서 나는 작은 가능성이라도 보이면 고민하지 않고 부딪힌다.

그후 얼마 지나지 않아 우리 사회는 촛불 혁명을 시작으로 큰 변화를 겪었다. 학생들이 접하는 미디어나 매체에서는 연일 촛불 혁명 뉴스들이 넘쳐 났다. 이런 상황을 아이들이 제대로 이해하고 있는지 궁금했다. 일상에 난무하는 온갖 정보들을 아이들은 얼마나 소화하고 있을까? 대한민국 국민인 우리는 모두가 이 나라의 주인이며, 장애 학생 역시 마찬가지다. 하지만 우리 사회의 많은 부분에서 장애인은 '우리도 주인'임을 애써 강조해야 할 때가 많다. 그것이 장애를 바라보는 지금의 냉정한 현실일지도 모른다. 정치가 장애인, 특히 발달 장애인에게 좀 더 쉽게 다가온다면 얼마나 좋을까? 모두가 국민이기에 '나도 국민'이라고 목청을 돋워야 하는 우리 현실에서 학생들이 더 큰 세상을 바라볼 수 있는 희망의 이야기를 들려주고 싶었다.

그래서 재구성을 준비했다. 제목은 '정치, 그까이 꺼 나도 할 수 있다'로 정했다. 정치는 우리 일상에서 늘 일어나는 일이다. 수많은 상황에서 사람들은 서로 의견을 나누고 협의 과정을 거쳐 최선의 안을 결정한다. 이 과정에서 소수의 의견이 무시되어서는 안 되며, 결정된 사항도 이를 보완할 수 있어야 한다. 이처럼 정치는 수많은 논의를 통해 모두가 행복한 사회를 만들기 위한 행위다. 그러므로 장애 학생도 정치에 참여할 수 있게 정치 수업이 필요하다고 느꼈다. 재구성을 통해 정치가 무엇인지 알고 의사 결정 과정에 적극적으로 참여하려는 의지를 갖게 하고 싶었다. 계획이 거대한 만큼, 그와 연계한 현장 실습 계획도 거창하게 준비했다.

〈'정치, 그 까이꺼 나도 할 수 있다' 마인드맵〉

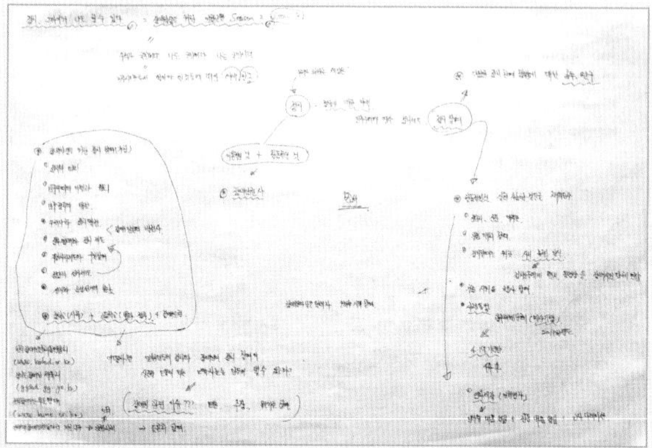

마인드맵1 : 재구성의 기본 방향

- 활동적인 것, 실천 가능한 것으로 채워 보자

  ① 전단지, 신문, 대자보

  ② 각종 교내 대회 참여

  ③ 정치 참여를 위한 사회 문제 인식 : 정치인들에게 편지 쓰기, 우리의 의견을 동영상으로 만들기 등, 장애인 시민 단체와 연합

  ④ 각종 시위 등 행사 참여(위안부 문제 등)

  ⑤ 광주비엔날레(역사 기행), 4·19기념관(4월 중)

  ⑥ 영화 제작(장애 인권 영화) : 인터뷰 내용 편집+활동 내용 편집+교사 내레이션

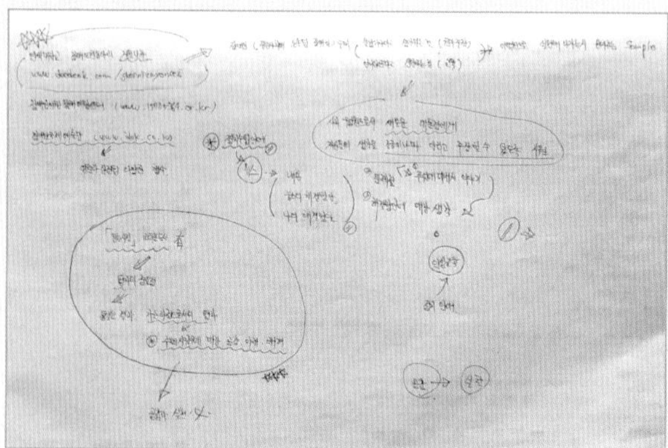

마인드맵2 : 현장 체험 학습과 연계

- 장애인 인권 대학 동아리(연세대 게르니카)와의 연계 방안 고민 : 장애인의 권리 주장을 어떤 방법으로 실천해 나갈 수 있는지 연계를 통해 체험
- 사회 구성원으로서 새로운 대통령에게 자신의 생각을 조금이나마 알리고 주장할 수 있도록 지원
- 공감한 것을 실천할 수 있도록

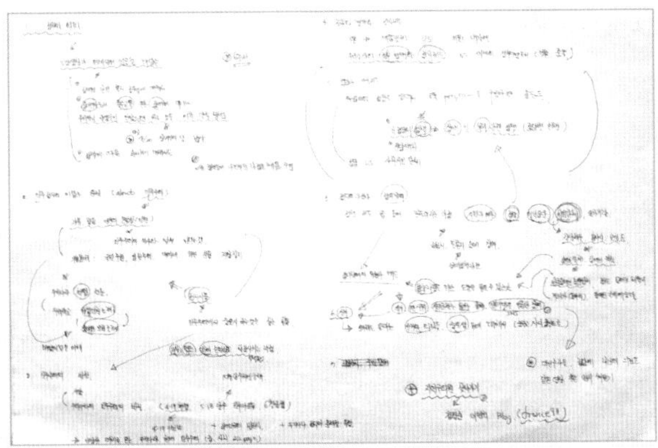

마인드맵3 : 교재 구성 목차

1. 정치의 의미 : 일상생활과 연계되어 있음
2. 민주 정치의 이념과 원리 : 자유, 평등, 인간의 존엄성, 학생 인권 조례, 장애인 인권 조례 등
3. 민주주의의 발전 : 4·19 혁명, 5·18 광주 민주화 운동, 6월 항쟁, 장애 인권의 발전사
4. 정부의 형태와 정치 제도
5. 정당과 선거 제도
6. 정치의 과정과 정치 참여 : 시민 단체로서 장애인 단체와 장애인 인권 살펴보자

마인드맵1과 2에 따르면, '정치, 그까이 꺼 나도 할 수 있다' 재구성의 핵심은 배운 내용을 현장 체험 학습으로 어떻게 연결시키느냐다. 민주주의와 정치에서 가장 중요한 것은 참여라고 생각했고, 체험 학습으로

다양한 활동에 참여해 보는 기회를 주고 싶었다. 이를 통해 자신의 권리와 생각을 적극적으로 표현하는 역량을 기를 수 있다고 판단했다. 하지만 수업에서는 이론만 풀어냈을 뿐 이와 연결된 구체적인 실천은 없었다. 여러 가지 현실적 이유로 현장 체험까지 이어지지 못한 것이다.

재구성 뼈대를 그리면서는 거창한 그림을 계획하기도 한다. 비록 실천하지 못하더라도 일단 계획과 목적은 이상적으로 잡고, 이를 운영하는 과정에서 현실적 조건을 반영하는 경우도 많다. 그러면 뼈대를 만드는 단계에서 생각의 범위가 넓어져 새로운 시도나 도전에 대한 색다른 아이디어가 많이 나온다. '정치, 그까이 꺼 나도 할 수 있다'가 그랬고, 전과는 다른 새로운 아이디어들을 생각해 냈다. 다만 실천이 따라주지 못했다. 분명히 아이들에게 필요한 교육과정 재구성이라고 판단했고, 이상적인 방향과 목적을 담은 뼈대를 만들 수 있었다. 결과에 아쉬움은 크지만 머지않아 그때의 마인드맵과 교재를 기반으로 '더 큰 새로움을 담은 재구성 개정'에 들어갈 계획이다.

사회적 약자들은 현실에서 종종 소외된다. 그들의 의견이 제대로 반영되지 않는 경우도 허다하다. 하지만 민주주의와 정치는 모든 사람의 행복한 삶을 위해 노력한다. 모든 이들의 인간다운 삶을 고민한다. 여기서 '모든'을 실현하기 위해서는 소외되는 소수의 사람을 생각하는 정치가 필요할 것이다. 그러려면 이들이 자신의 생각을 표현할 수 있게 돕는 교육이 필요하지 않을까. 교육적 상상력을 발휘하여 정치와 민주주의가 모두의 품 안에 들어올 수 있도록 다양한 시도와 실천이 이어져야 한다.

<'정치, 그 까이꺼 나도 할 수 있다' 수업 풍경>

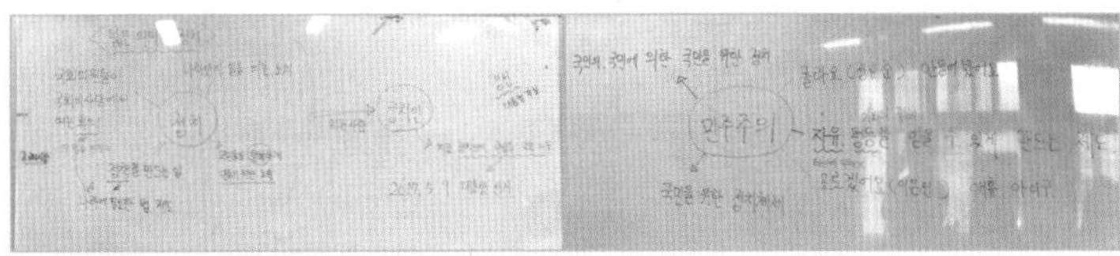

▶ 2017년 5월 9일 대통령 선거와 관련지어 정치에 관심을 가져야 함을 강조했다. 자유와 평등을 지키기 위한 제도로서 민주주의 개념을 쉽게 풀어 설명했다.

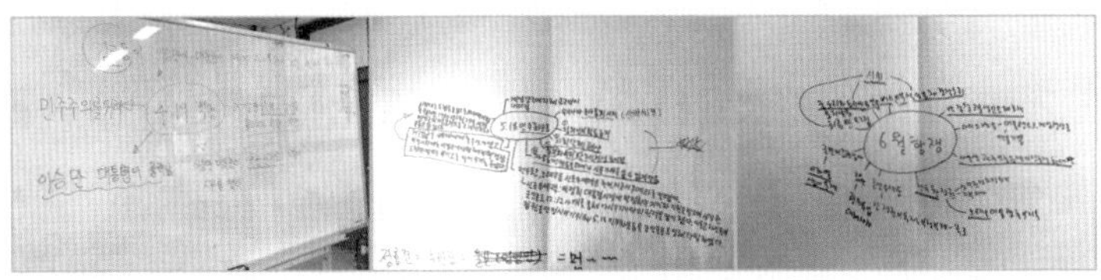

▶ 우리나라 민주화 운동으로 4·19 혁명과 5·18 광주 민주화 운동, 6월 항쟁을 해당 월별로 짧게 살펴보았다. 우리 역사에서 매우 소중한 순간이었음을 강조하며 아이들과 자료를 찾아 조사하는 활동을 진행했다.

<활동지>

1. 새로운 대통령에게 바라는 점
   - 국민의 행복을 가져다주고 국민의 의견도 들어주며 우리나라를 발전하게 할 수 있는 그런 대통령이 되어 주세요.

     (학생들 상호 평가)

     ① 대단해.

     ② 행복해지고 발전하면 참 좋을 것 같아.

     ③ 발전도 좋지만 남북한 통일 먼저인 것 같아.
2. 새로운 대통령이 만들어 주었으면 하는 법은?
   - 취업이 잘될 수 있는 법을 만들어 주세요.
3. 민주주의와 독재주의를 비교하여 설명해 주세요.
   - 민주주의는 국민의 행복과 자유를 위한 정치이고 독재주의는 행복과 자유를 박탈하는 개인주의 정치이다. 그러므로 민주주의는 국민을 위한 정치고 독재주의는 개인을 위한 정치이다.

[수업 사례12] '우리가 모르는 분단의 현실'

아이들 중에는 의외로 우리나라가 분단국가라는 사실을 모르는 학생이 많았다. 분단의 역사나 통일 문제는 우리나라 역사만 잘 안다고 이해할 수 있는 문제가 아니다. "6·25 전쟁 이후 우리나라는 둘로 나뉘었어"라는 단순한 설명으로 넘어갈 사항도 아니다. 배경과 과정이 복잡하니 장애 학생들은 생략해도 되는 교육은 더더욱 아니다. 아이들에게 다양한 관점을 이야기해 줄 수 있어야 한다. 그런 욕심을 바탕으로 통일 교육을 고민했고, '우리가 모르는 분단의 현실'이라는 제목으로 재구성을 시작했다. 이번 재구성은 뼈대를 먼저 만들지 않았다. 자료를 수집하는 과정에서 통일 교육과 관련된 좋은 자료를 찾았고, 그에 기초한다면 재구성을 조금 수월하게 진행할 수 있을 것 같았다.

재구성의 기초 자료는 '한반도의 오늘과 통일(중등)'[3]이었다. 지금까지의 재구성과는 달리 핵심이 되는 자료를 바탕으로 수월하게 교재를 만들 수 있었다. 이미 교재가 있는데 굳이 새로운 교재를 만들어야 할까 고민도 했지만, 장애 학생의 특수성을 고려해 주제를 어렵지 않게 구조화하고 흥미를 끌 수 있도록 활동지를 다시 만들 필요가 있었다.

재구성의 하위 주제 앞과 뒤에 '먼저 곰곰이 생각해 볼 문제', '스스로 찾아 해결해 볼 문제', '멍 때리며 곱씹어 생각해 볼 문제'라고 이름 붙인 활동지들을 배치했다. '먼저 곰곰이 생각해 볼 문제'는 하위 주제와 관련해 학생의 흥미를 끌기 위한 활동지다. 다소 딱딱해 보이는 통일 문제를 우리만의 관점에서 조금 쉽게 생각해 볼 수 있는 발문을 넣었다.

---

3 『한반도의 오늘과 통일(중학생용)』 김국현 외, 통일부 통일교육원, 2018

발문에 관해 학생 간 상호 평가도 실시해 서로 다른 생각을 나눌 수 있게 했다. '스스로 찾아 해결해 볼 문제'는 조사 활동이다. 주제와 관련된 수업을 진행하기 전에 관련 자료 혹은 검색을 통해 미리 정보를 찾아보는 활동지다. '멍 때리며 곱씹어 생각해 볼 문제'는 앞으로 배울 수업 주제를 바탕으로 내용을 정리하거나 자신의 의견과 생각을 나누는 활동지다. 여기에서도 상호 평가를 강조하며 서로의 생각이 다름을 확인할 수 있도록 구성했다. '분단'이라는 주제를 어렵게 느낄 수 있는 요소들은 참고 자료를 제시했다. '미국과 소련의 세력 확장, 한반도에 어떤 영향을 줬을까?', '독립운동가의 가난 대물림, 가난이 가난을 낳다' 등이다. 그렇게 하위 주제의 앞과 뒤에 자료를 넣어 분단의 과정과 서로 다른 길을 간 남과 북 그리고 통일의 의미를 담은 교재를 재구성했다.

〈'우리가 모르는 분단의 현실' 재구성〉

'한반도의 오늘과 통일' 목차 구성	재구성의 대주제와 하위 주제
1. 남북은 왜 분단되었나요? - 분단의 원인 - 분단의 과정 - 분단의 영향 2. 남북은 어떻게 지내 왔나요? - 남북 관계의 변화 - 평화적 교류와 협력 - 대한민국의 발전 3. 북한 사람들은 어떻게 살고 있나요? - 북한에 대한 이해 - 북한의 정치와 경제 생활 - 북한 주민과 학생 생활 4. 통일은 왜 해야 할까요? - 통일의 의미 - 통일의 필요성 - 통일 이후 한국의 미래상	1. 우리나라! 왜 두 개의 나라로 갈라지게 되었을까? - 1945년 8월 15일 한반도, 일제로부터 해방되다. - 한반도를 가로지르는 38선 - 미국과 소련의 대립과 한반도의 분단 - 한반도의 두 나라, 대한민국과 조선 민주주의 인민 공화국 - 반공을 전면에 내세운 대한민국 - 흐지부지되는 친일파 청산과 전쟁을 준비하는 북한 - 6월 25일 새벽, 전쟁의 시작 2. 같은 언어를 사용하는 두 나라, 어떻게 살아가고 있을까? - 전쟁까지 치른 두 나라, 아직까지 이어지는 전쟁의 그림자 - 우리나라 군인들은 이런 훈련을 통해 혹시나 있을 전쟁에 대비하고 있다. - 대한민국의 발전 - 북한의 어제와 오늘

5. 통일은 어떻게 해야 할까요? - 남북의 통일 방안 - 독일 통일의 교훈 - 통일을 위한 과제	- 북한 주민들의 생활 모습을 간단하게 살펴볼까? - 갈등과 협력의 남북 관계 3. 통일이 우리에게 주는 의미는? - 남과 북이 하나가 되어야 하는 이유는? - 그렇다면 통일은 어떻게 하면 될까요? - 분단은 우리만 안고 있는 문제였을까요?

특수학급에 통일 교육이 필요할까? 필요하다면 그 이유는 무엇일까? 통일 교육은 단순히 남한과 북한이 하나가 되어야 함을 강조하기 위한 것이 아니다. 분단의 역사와 현실을 파악하는 것 이상의 의미를 담아야 한다. 그 안에서는 전쟁의 무서움과 두려움, 평화의 중요성이 이야기되어야 한다. 아이들이 살아갈 미래 사회는 평화라는 거대한 우산 아래 공존할 것이므로, 보다 넓은 세상을 보고 타인을 존중하고 배려하는 민주 시민의 모습을 제시해야 한다. 이를 통해서 앞으로 어떻게 살아갈지 방향을 잡도록 안내해야 한다. 그것이 통일 교육의 시작이고 주요 목적이라고 생각한다. 그렇다면 다시 질문해 보자. 특수학급의 통일 교육에 '평화'의 의미를 담아낼 필요가 있을까? 이 고민의 시작은 통일과 관련한 우리의 현실이 매우 복잡하다는 사실 때문에 발생했다. 평화는 분명 중요하지만, 각종 이해로 얽힌 국제 관계, 서로 다른 생각과 이념, 국가 내의 권력 이동, 인권 문제, 당면한 정치적 상황 등 학생들이 이해해야 할 과제가 너무 많았다. 과연 이런 것들을 쉽고 재미있게 전달할 수 있을지 의문이 들었다. 이념을 명료하게 설명할 수도, 국제 관계를 단순하게 이해시킬 수도 없어 보였고, 당장 아이들에게 필요한 삶과 직결되는 문제도 아니라는 생각에 고민이 깊어졌다.

그렇다 하더라도 '우리가 몰랐던 분단의 현실' 재구성이 의미가 없지 않다고 판단했다. 당장은 아니지만 곧 당면할 문제고, 우리 사회에서 끊임없이 회자되는 주제기에 아이들에게 조금이라도 길잡이를 만들어 주고 싶었다. 일단 재구성으로 수업을 열었다. 우리나라가 분단되는 과정을 최대한 쉽고 자세하게 설명하고 다양한 사례를 들어 국제 관계를 이해시키려 노력했다. 아이들은 가난하게 살아가는 독립운동가의 후손들을 보며 안타까워했고, 세계가 인정하는 대한민국의 발전을 보며 자랑스러워했다. 더불어 대량 살상 무기를 만드는 데 전념하는 북한 지도부의 모습을 보여 주고, 북한 주민들의 힘든 상황에 놓인 이유가 이것이라고 이야기해 주었다. 이후 통일의 의미와 방법들에 관해 살펴보고, 마지막에는 통일이 필요한 이유와 통일 이후 우리나라의 모습을 그려 보았다.

분명 재구성은 군더더기 없이 잘 구조화되었다고 생각한다. 통일 교육의 의미를 전하려 노력했고, 구성 역시 일목요연했다. 수업도 재미있었다. 하지만 어려운 개념들을 이해시키는 데는 한계가 있었다. 국가 간에 이해관계는 왜 발생하는지. 이념은 무엇이고 왜 이념이 국가를 지배하며 서로 대립하게 만드는지, 권력이란 무엇이며 국가마다 권력 구조가 왜 다른지 등을 차근차근 풀어내는 데 많은 어려움이 따랐다. 과연 이 정도로 통일 교육과 학생의 삶에 연결 고리가 생길까? 여러 방면으로 질문해 봤지만 뚜렷한 해답을 찾진 못했다. 더 다양하고 새로운 형태의 통일 교육이 필요하다는 생각이 들었다. 적극적인 지원이 필요한 학생까지 아우를 수 있는 대안도 필요하다. '우리가 모르는 분단의 현실'은 또 하나의 실패한 교육과정 재구성일 수 있다. 하지만 실패해도 좋은 교육이 우리에게 필요한 이유를 다시 한 번 확인시켜 주었다.

〈'우리가 모르는 분단의 현실' 수업 풍경〉

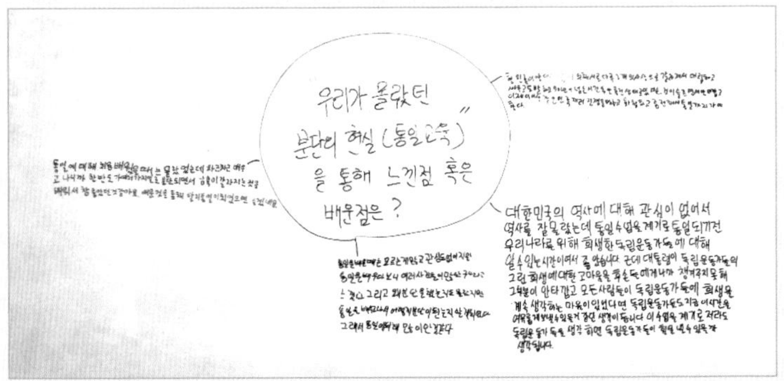

- 통일에 대해 처음 배웠을 때는 몰랐었는데 차근차근 배우고 나니까 한반도가 여러 가지 일로 분단되면서 남북이 갈라지는 것을 배워서 참 좋았던 것 같아요. 배운 것을 통해 빨리 통일이 되었으면 좋겠네요.
- 통일을 배울 때는 모르는 게 많고 관심도 없었지만 통일을 배우다 보니 여러 사람이 많았다고 느꼈다. 그리고 왜 분단을 했는지도 몰랐지만 통일을 배우고 나서 어떻게 분단이 되었는지 알게 되었다. 그래서 통일에 의해 많이 안 것 같다.
- 대한민국의 역사에 대해 관심이 없어서 역사를 잘 몰랐는데 통일 수업을 계기로 통일되기 전 우리나라를 위해 희생한 독립운동가들에 대해 알 수 있는 시간이어서 좋았습니다. 근데 대통령이 독립운동가들의 그런 희생에 대한 고마움을 후손들에게나마 챙겨 주지 못해 그 부분이 안타깝고 모든 사람들이 독립운동가들의 희생을 계속 생각하는 마음이 있었으면 독립운동가들도 지금 이 시간을 여유롭게 보낼 수 있을 것 같단 생각이 듭니다. 이 수업을 계기로 저라도 독립운동가들을 생각하면 독립운동가들이 힘을 낼 수 있을까 생각됩니다.
- 한민족이 양대 세력에 의해 서로 다른 2개의 사상으로 갈라져서 대립하고 싸우고 도발하고 70년이 넘는 시간 동안 휴전 상태로 있다는 것이 슬프면서도 안타깝고 이제 더 이상 같은 민족끼리 전쟁을 멈추고 화합하고 좀 친해서 통일까지 가야 한다.

활동을 마무리할 때면 늘 아이들에게 묻는다. 오늘 수업이 의미 있었는지를. 그럴 때마다 학생들은 생각한 것 이상의 답으로 되돌려 준다.

그래서 고맙다. 그래서 실패한 것 같아 보이는 교육도 다시금 의미를 살피게 되고, 또 다른 생각거리들을 고민하게 된다. '우리가 몰랐던 분단의 현실'을 통해 배운 것들이 앞으로 학생들의 삶에 어떤 영향을 줄지 지금은 가늠할 수 없다. 하지만 1년이라는 시간 동안 우리가 몰랐던 분단의 모습을 알고 이에 관해 나눈 이야기들이 아이들에게 새로운 경험이었음은 분명하다.

[수업 사례13] '멍 때리는 철학 이야기 시즌1'

"수업, 재구성을 통해 세상을 바꾸는 선생님이 되면 좋겠다."

– 2018 재구성 노트에서

3장에서 '멍 때리는 철학 이야기 시즌2'를 언급한 바 있다. 여기서는 시간을 거슬러 시즌1을 이야기하려 한다. 순서가 바뀐 이유는 예상하듯이 시즌1 재구성이 실패 사례로 남았기 때문이다. 실패한 이야기지만, 그렇기에 되짚어 보자.

시작은 이랬다. '아이들이 멍해 있지 않고 생각을 많이 하면서 살아가면 좋겠다.' 철학자들처럼 지혜를 사랑하고 끊임없이 나와 너와 우리 주변에 의문을 가지며 삶의 의미를 생각하길 바랐다. 이상적이고 과한 욕심처럼 보일지 모른다. 하지만 적어도 나는 학생들이 문제 상황이 발생하면 멍하니 서서 당황하거나 남에게 끌려 다니지 않고, 적극적이고 능동적으로 해결 방법을 고민하기를 바란다. 그런 연습을 통해 어른이 된 학생들의 삶이 행복해질 거라 믿는다. 철학 재구성은 이런 바람에서 시작되었다. '철학'이라면 그런 교육 목표를 잘 실현시켜 줄 수 있을 거라 기대했기 때문이다.

우선 철학이 탄생한 고대 그리스를 중심으로 재구성을 계획했다. 동양 철학을 다룬 시즌2처럼 철학자 개인의 삶의 모습을 조망하기 위해 그리스의 대표적 철학자 소크라테스, 플라톤, 아리스토텔레스를 수업 제재로 정했다. 이들은 서양 철학의 근간이며, 지금까지도 큰 영향을 미치고 있기에 학생들에게 배움이 일어날 것이라 생각했다. 세 명의 철학자들에 관해서는 자료도 풍부했다. '재미있는 철학 이야기'[4]와 『교과서를 만드는 철학자』[5] 등을 참고하였고, 이를 바탕으로 재구성을 만들어 나갔다.

〈'멍 때리는 철학 이야기 시즌1' 재구성 뼈대 요약〉

1. "우리는 아는 게 없어" 소크라테스	2. 소크라테스의 제자, 플라톤	3. 플라톤의 제자, 아리스토텔레스
- 철학이란 무엇인가? - 키도 작고 못생긴 소크라테스 - 소크라테스는 어떤 삶을 살았을까? - 소크라테스의 마지막 - 독배를 드는 소크라테스 (자크 루이 다비드의 그림 감상) - 소크라테스는 무엇을 이야기하고 싶었을까?	- 플라톤은 어떤 삶을 살았을까? - 플라톤의 이데아와 동굴 우화 - 플라톤의 이데아와 영혼론 - 플라톤의 이데아와 국가론 - 소크라테스의 제자 플라톤, 플라톤의 스승 소크라테스	- 아리스토텔레스는 어떤 삶을 살았을까? - 아리스토텔레스의 철학이 말하는 세상은 어떻게 되어 있을까? - 현실 세계는 질료와 형상으로 구성되어 있나. - 인간 삶의 목적은 행복이다. - 플라톤과의 차이 : 이성

4 네이버 지식백과 공개 자료

5 『교과서를 만드는 철학자』 이수석 외, 금남출판사, 2006

결론부터 이야기하면, 이렇게 야심차게 준비한 재구성은 아이들에게 의도한 배움을 일으키지 못했다. 철학자들이 말하는 세상에 대한 사유는 너무나 어려웠다. 가르치는 나 역시 이해하기 힘든 부분이 많았기에 아이들과 의미를 나누는 것이 버거웠다. 가령 죽음을 마다하지 않고 '악법도 법'이라며 자신의 신념을 지킨 소크라테스의 삶은 아이들에게 어떤 의미로 다가갈지 의문이었다. 신념은 분명 중요하지만 죽음을 선택한 것까지 오롯이 이해하기란 힘들어 보였다. 엘리트 교육을 강조한 플라톤은 다분히 보편적이지 않아 보였다. 그의 장애인에 대한 생각 역시 냉정했다. 이뿐만이 아니다. 동굴 우화와 이데아론은 어떻게 설명해야 할까? 아리스토텔레스도 마찬가지였다. 형이상학을 통해 세상이 무엇으로 구성되어 있는지 고민하는 일은 우리 삶에 어떤 도움이 될까? 인생의 목적은 행복이고 행복을 위해 중용을 실천해야 한다는 그의 가르침은 소중하지만, 세상을 바라보는 그의 생각은 이해하기 어려웠다.

무리한 재구성이었다. 내용은 어려웠고, 어디서부터 어디까지 이야기해야 할지 가늠하기 힘들었다. '멍 때리는 철학 이야기 시즌1'로 한 학기 동안 수업을 진행했지만 학생과 교사 모두에게 의미 있는 배움은 부족했다. 한 학기 만에 시즌1을 접었다. 하지만 전혀 무의미한 시간은 아니었다. 철학을 통해 '스스로 곰곰이 생각하는' 역량을 키우자는 목적은 여전히 유효했고, 그에 맞추어 계속해서 새로운 재구성을 고민하며 3장에서 소개한 시즌2를 통해 한계를 보완해 나갔다.

교육과정 재구성이 항상 성공적인 결과를 가지고 오는 것은 아니었다. 배움의 의미를 담으려 고민하고 그에 따라 뼈대를 작성하고 세부적인 재구성 단계를 거치지만, 그것이 실제로 아이들과 만났을 때 뜻한 대로 구현되지 않는 경우도 많았다. 그래서 많은 것을 느끼고 배울 수 있었다. 새로운 재구성에 도전하는 계기를 만들어 주었다. 그래서 다시, 우리에겐 실패해도 좋은 교육이 필요하다. 우리는 뭐든 다 잘하는 완성형 교사가 아니라 아이들과의 관계 안에서 꾸준히 노력하고 성장해 나가는 진행형 교사이기 때문이다.

5장

지금 우리에게 필요한 특수교육

우리는 장애를 어떻게 바라보고 있는가?

사람들은 장애를 어떻게 바라보고 있을까? 그리고 우리는 장애를 어떻게 바라보고 있을까? 특수교사로서 특수교육에 몸담으며 제일 먼저 배우는 장애의 정의는 WHO(세계보건기구)가 1980년에 정의한 '국제 손상 장애 핸디캡 분류(ICIDH, International Classification of Impairment, Disabilities and Handicap)'다. 장애에 대한 국제적인 최초의 정의며, 우리 사회에서 가장 널리 받아들여지고 있다. 이 기준에 따르면, 장애는 손상(impairment), 불능(disability), 사회적 불리(handicap)의 3단계로 구분할 수 있다. 먼저 '손상'이란 임상적으로 어떤 질병에 의해 한 개인이 신체적인 혹은 정신적인 손상을 입은 장애를 말한다. 이때 사람들은 개인의 손상을 '비정상'으로 인식한다. 이렇게 한 개인에게 손상이 발생하면 그로 인해 할 수 없는 것들이 생기는데, 이것이 '불능'이다. 불능은 개인 차원에서의 활동 능력 감소를 의미한다. 예를 들면, 어떤 사람이 백내장으로 시력에 손상을 입어 앞을 보는 데 어려움이 따른다면 불능이라고 할 수 있다. 나아가 이로 인해 사회적 활동에 참여할 수 없게 되면 결국 사회적으로 불리한 처지에 놓이게 되는데, 이를 '사회적 불리'라고 부른다. 정리하면, 장애란 한 개인에게 나타나는 손상(질병)으로 인해서 할 수 없는 것들이 생기고(불능) 이로 인해서 사회적으로 불리한 상태(사회적 불리)에 놓이는 것을 말한다. 물론 WHO 이후 장애에 대한 정의는 맥락적 요인을 추가하고 긍정적 용어를 수용하면서, 1997년에 ICIDH-2, 2001년에는 ICF로 수정되었다. 하지만 여전히 우리가 접하는 장애는 1980년 WHO의 정의를 근간으로 하고 있으며, 수십 년이 지난 지금도 장애와 관련된 정의의 기본이 되고 있다. 그런데 WHO의 장애 정의는 아무런 문제가 없을까?

'국제 손상 장애 핸디캡 분류(ICIDH)'는 장애를 쉽고 빠르게 이해할 수 있는 정의였다. 적지 않은 시간 동안 나는 이 정의를 의심 없이 맹신하며 학생들과 만났다. 손상, 불능, 사회적 불리로 개념화한 장애의 정의를 비장애 학생과 교사들에게 소개했고, 이를 사회적 맥락에서 이해해야 한다고 말했다. 하지만 ICIDH는 장애 당사자에 대한 고려가 부족했다. 철저하게 비장애인의 입장에서 '비정상'을 규정하고 그에 따라 장애를 정의했다. 비정상은 어떤 기준을 근거로 두어야 성립하는 것일까? 무엇보다 가장 큰 문제는 장애의 원인을 한 개인의 손상이나 질병에 따른 것이라고 전제하는 점이다. 즉, 장애인이 장애를 가지게 된 근본 이유는 손상에서 시작하고, 그로 인하여 할 수 없는 것들이 생겼으며, 사회 참여가 제한되었다는 것이다. 이를 두고 김도현은 그의 책 『장애학의 도전』[1]에서 손상, 불능, 사회적 불리로 이해되는 장애 정의의 문제점을 다음과 같이 지적했다.

"일정한 손상을 지닌 사람들은 '버스를 탈 수 없음', '의사소통할 수 없음', '책을 읽을 수 없음', '자립할 수 없음'이라는 장애를 경험할 수 있다. 그러나 앞서 설명한 것처럼 '무언가 할 수 없음'의 원인이 그들의 몸에 있는 손상이라고 결코 말할 수 없다. 그렇게 말하는 것은 기만이다. 그렇다면 그들이 무언가를 할 수 없게 되는 진짜 원인은 무엇일까? 그렇다. 검은 피부를 지닌 사람들이 노예가 되는 원인이 검은 피부가 아니라 차별과 억압인 것처럼, 일정한 손상을 지닌 사람들이 무언가를 할 수 없게 되는 원인 역시 손상이 아니라 바로 차별과 억압이라고 할 수 있다. 즉 '손상 – [차별과 억압] → 장애'인 것이다. 카를 마르크스는 '흑인은 흑인일 뿐이다. 특정한 관계 속에서만 흑인은 노예가 된다'고 말했다. 마찬가지로 우리는 이렇게 말할 수 있다. '손상은 손상일 뿐이다. 특정한 관계 속에서만 손상은 장애가 된다.' 이때 특정한 관계란 다름 아닌 '차별적'이고 '억압적'인 관계이며, 이런 맥락에서 우리는 장애인은 '장애인이기 때문에 차별받는 것이 아니라, 차별받기 때문에 장애인이 된다'고 말할 수 있다. 그러니까 손상을 지닌 무능력한 사람이어서 차별받는 것이 아니라, 차별받기 때문에 무언가를 할 수 없는 사람이 되는 것이다."

어느 가을날, 수업을 하던 중 학생들과 산책을 하려고 교실 밖으로 나왔다. 당시 우리 반에는 뇌병변 장애를 가진 학생이 있었다. 그 학생은 걷는 데 어려움이 있어 활동 보조 선생님의 도움을 받아 주로 휠체

---

1 『장애학의 도전』 김도현, 오월의 봄, 2019

어를 타고 다녔다. 하지만 산책할 때는 휠체어에서 내려 함께 걸었다. 학생들과 고즈넉하게 산책을 하고 있을 때였다. 막 퇴근하던 순회 상담 교사와 마주쳤다. 선생님은 그 학생이 힘들게 오르막을 오르는 모습을 보고 말했다. "아이고, 병이 많이 든 친구네." 순간 나는 귀를 의심하고 되물었다. "네? 병이 많이 든 친구라고요?" 선생님은 실수를 알아차리고 당황했는지 말끝을 흐리며 가던 길을 재촉했다. 학교 안에서 장애에 대한 잘못된 인식은 비일비재하게 드러난다. 선생님들의 말에서, 학생들 사이에 오가는 대화에서, 장애는 '우리(주류)'와는 다르며 때로는 무시의 대상이 되기도 한다. 김도현의 이야기처럼 장애는 단순히 한 개인의 질병이나 손상에서 출발할 문제가 아니다. 그들이 우리와 다른 비정상도 아니다. 우리가 장애를 어떻게 바라보고 있는지 생각해 봐야 한다. 지금까지 우리가 장애를 어떻게 배제하고 차별하고 억압했는지 되돌아봐야 한다. 그리고 그 결과가 이 시대의 장애와 장애인의 삶에 어떤 영향을 주는지 살펴야 한다.

그런 의미에서 특수교사로서 우리의 책임감은 더 커져야 한다. 특수교사의 모습이 그리고 특수교사가 특수학급을 운영하는 모습이 장애를 바라보는 사람들의 인식에 영향을 미칠 수 있기에, 우리의 역할을 늘 되새겨야 한다. 그것이 지금 필요한 특수교사의 모습이다.

일상의 경험으로서 특수학급을 만나다

한때 인문학 열풍이 불었다. 교육계에도 인문학 교육에 관심이 컸다. 학교 현장 역시 수많은 교육 활동이 계획되었으며, 각종 지원이 이어졌다. 이런 흐름을 타고 나 역시 장애 학생을 위한 인문학 재구성을 시도하기도 했다. 3장의 '장인교육 프로젝트'가 그것이다.

당시 근무했던 학교는 교육적 기반이 열악한 시골의 작은 학교였다. 사회 전반에 불어닥친 인문학 열풍의 수혜에서 우리 학교는 예외인 것 같아 안타까웠다. 몇몇 선생님과 고민을 나누었고 곧 '선생님이 들려주는 인문학 이야기'라는 이름으로 특별 수업을 기획했다. 참여를 희망하는 교사들과 함께 개인적인 관심 분야를 중심으로 인문학 강좌를 진행했다. 근육 운동의 기초, 통일 교육 등 2~3개 강좌가 열렸고, 아이들은 즐거워했다. 다음 해 혁신부장을 맡으며 '선생님이 들려주는 인문학 이야기'를 보다 체계적인 교육 활동으로 운영할 방법을 모색했다. 장애 학생을 위한 기존의 인문학 교육 프로젝트를 '모든' 학생을 위한 인문학 프로젝트로 확장시키고 싶었다.

특수교사가 운영하는 창의적 교육과정

인문학 강좌는 우리 사회의 제반 문제를 다룰 수 있도록 다양한 주제를 선정하였다. 강좌들을 통해 학생들이 세상을 이해하는 폭이 넓어지길 바랐기 때문이다. '세상은 넓어. 넓기에 우리가 살펴봐야 할 것도 많아.' 인문학 강좌를 듣고 아이들이 가져 주었으면 하는 마음이었다. 매월 셋째 주 수요일에 자율 참여를 전제로 강좌를 열었고, 강좌에 관한 짤막한 정보를 학교 곳곳에 게시했다. 학생들은 관심 있는 주제의 강좌에 신청서를 작성해 직접 제출했다. 아이들이 알고 있는 특수교사는 '장애 학생' 혹은 '특수학급'의 범위에 한정되어 있었기에, 처음에는 신청서를 접수할 '담당 교사(특수교사)'가 누구인지 모르는 아이도 많았다. 하지만 강좌가 차츰 자리를 잡을수록 특수교사를 대하는 아이들의 모습이 달라지기 시작했다. 신청서를 손에 쥐고 부리나케 달려오는 학생부터 강좌 내용이 뭐냐며 스스럼없이 묻는 학생, 자신이 원하는 강좌를 열어 달라고 어필하는 학생까지, 나는 그렇게 특수교사라는 인식의 범주에 갇히지 않고 '그냥' 교사로 아이들과 편히 이야기를 나누게 되었다.

한편 나는 강의 주제부터 강사 섭외까지 최선의 선택이 되도록 노력했고, 당일 강좌 운영에도 신경을 바짝 기울였다. 특히 강좌의 시작과 끝을 가장 중요하게 생각했다. 함께 참여하며 강좌의 시작을 열었고, 강좌를 마무리하면서 핵심 주제를 요약해 주었다. 이를 통해 아이들이 어떤 부분을 한번 더 생각해 보면 좋을지 정리해 주었다. 또 특수교사가 운영하는 인문학 강좌인 만큼 연간 8~9회 강좌 중 하나 이상은 '장애 인권' 문제를 다루도록 안배했다. "세상은 넓고 우리가 살펴봐야 할 것도 많은데, 장애 인권과 관련된 문제도 중요해." 장애와 관련된 문제에 모두가 관심을 가지고, 장애의 문제가 장애인만의 문제가 아님을 알아야 한다고 생각했다. 그 첫 시작은 2018년 10월 '김도현 선생님이 들려주는 인문학 이야기'였다. 이상하게도(?) 장애 인권을 다룬 인문학 강좌는 늘 가장 많은 학생이 참여하는 인기 강좌였다.

〈10월-'선생님이 들려주는 인문학 이야기' 강좌 안내〉[2]

10월 '선생님이 들려주는 인문학 이야기'는 장애에 대한 우리들의 생각 변화를 주제로 '장애와 장애 인권의 사회적 이해'라는 인문학 강좌를 열게 되었습니다. 여러분들이 크게 관심을 갖지 않을 수도 있다고 생각합니다. 하지만 장애와 장애인은 우리가 장애인이건 비장애인이건 제대로 알아야 할 우리 사회의 한 모습입니다. 우리들의 진로와 크게 관련이 없고 우리가 가려는 대학과도 관련이 없을 수 있지만, 이번에 열리는 강좌를 통해서 우리 사회를 보다 크게 이해하고 바라보는 계기가 되지 않을까 하는 생각을 조심스럽게 해봅니다.
꼭 많이 신청해 주세요. 강연해 주시는 선생님을 어렵게 모셨습니다.

1. 대　　상 : 참여를 희망하는 학생이면 누구나
2. 장　　소 : 기숙사 해오름관
3. 운영 시간 : 2018년 10월 24일(수) 15시~17시
4. 강사 안내
   가. 이　　름 : 김도현
   나. 전공 분야 : 특수교육
   다. 강의 방식 : 강의
   라. 주요 경력
      - 노들장애인야학 사무국장(2000~2003)
      - 장애인이동권쟁취를위한연대회의 정책 교육국장(2004~2005)
      - 전국장애인차별철폐연대 정책실장(2005~2010)
      - 발달장애 전문 계간지 『함께 웃는 날』 편집장
      - 저서 : 『장애학 함께 읽기』(그린비, 2009), 『당신은 장애를 아는가』(메이데이, 2007), 『차별에 저항하라』(박종철출판사, 2007), 『장애학의 도전』(오월의봄, 2019) 외 다수
5. 참여를 희망하는 학생은 아래의 신청서를 가지고 10월 19일(금)까지 담당 선생님(한재희)에게 제출해 주세요.

인문학 강좌가 성공적으로 운영되니 자신감이 붙었다. 다음 해의 인문학 강좌는 조금 다른 방식을 적용해 보았다. 당시 주목받던 다큐멘터리 영화 〈어른이 되면〉의 공동체 상영회와 감독과의 만남을 기획했다.

2　2018년 10월에 진행한 '김도현 선생님이 들려주는 인문학 이야기' 홍보물

먼저 4월에 상영회를 가졌다. 영화는 자신의 의사와 달리 18년 동안 장애인 시설에서 살 수밖에 없었던 동생의 탈시설과, 그를 돌보는 언니와의 관계, 사회 적응 과정 등을 다루고 있었다. 장애인의 탈시설은 장애 인권의 가장 뜨거운 감자였기에 아이들의 반응도 다양했다. 상영회 이후 영화사와 협업하여 7월에 '감독과의 만남'을 열었다. 영화를 만든 감독이자 주연으로, 탈시설한 동생과 살고 있는 장혜영 감독은 아이들과 함께 영화와 장애와 장애 인권에 관해 이야기를 나누었다.

나는 학생들이 따뜻한 마음을 가지고 세상을 살아가길 바란다. 우리 주변을 살피고, 관심을 가지고, 함께 풀어야 할 문제가 많다는 것을 알아 가길 바란다. 그것이 서로 다른 차이를 존중하는 배려이고, 함께하는 출발점이며, 같이하는 시작이 될 것이다.

〈'감독과의 만남' 이후 학생이 작성한 활동지〉

▶ 장혜영 감독님과의 만남이 앞으로 내 삶에 어떤 영향을 미칠까요?

- 내 삶에서 이 영화 작가님과의 만남은 정말 아주 큰, 정말 진심으로 큰 영향을 끼칠 것이라고 장담한다. 아직 직접 보지 못하고 느껴보지 못한 사회를 살아간 작가님은 장애인 동생을 두었고, 부모보다도 더 동생을 생각하고 동생을 대했기 때문에 우리 사회가 장애인을 얼마나 차별하고, 얼마나 차갑고 힘든지 알게 되었을 것이다. 그 이야기를 듣는 내내 정말 화가 나기도 했다. 진로나 공부에 영향을 끼치긴 했지만, 그보다는 내가 살아가는 데 인간으로써 영향을 많이 미칠 것 같다. 지금까지의 강연 중에 가장 집중을 했고, 공감을 했고 가장 영향을 끼친 강연이었다. 내가 나은 사람이 되기 위해 어떻게 해야 하고, 차가운 세상 속에서 희망을 잃지 말고, 어떤 상황에서는 분노도 하고 기뻐도 하며, 차별을 하지 말아야 한다는 생각이 들었다. 가장 많이 든 생각은 어느 누구의 사람들을 평등하게 대하고, 내가 앞으로 살아가면서 위의 작가님처럼, 작가님과의 마인드를 가지고 살아가면 세상과 충분히 맞닿을 수 있고, 부딪힐 수 있고, 포기하지 않을

수 있을 것 같다는 확신이 들었다. 또 내가 장애인과 같은 혹은 작가님과 같은 사람들에게 조금이라도 힘이 되고 많은 도움을 줄 수 있게 살아야겠다고 다짐하고 또 다짐했다. (정말로)

<자율 활동 기록장>

-7월 선생님이 들려주는 인문학 이야기 : 영화 "어른이 되면" 감독과의 만남-

2019 학년도	2 학년 2 반 32 번	이름		교사 확인	(인/서명)

참여 활동명	영화 "어른이 되면" 감독과의 만남	활동 장소	기숙사 해오름관
참여 일시	2019.07.17		

교육 활동 내용을 정리해 주세요.	감독님은 영화 예고편의 장면 중 가장 기억에 남는(좋아하는) 장면이 11살 어린 동생이 화를 내는 장면이라고 한다. 그 이유는 그전까지는 바르고, 웃고, 선하기만 했던 동생이 처음으로 좋지 않은 감정을 냈기 때문에, 그 감정이 너무 소중해서라고 한다. 나는 이 말이 너무 따뜻했고, 눈물날 만큼 소중한 감독님의 마음과, 사람을 대하는 시선, 감정을 느낄 수 있었다. ~~사람과 사람에게 시설과~~ 시설은 보호가 아니라 분리를 시키는 것이다. 감독님은 사람으로서 우리를 위로해주려고 했고, 인간의 삶, 인간의 모습을 이야기해주면서 본인의 이야기를 털어놓으셨다. 어느 것을 배운 것은 맞다. 하지만 그 배움은 이 작은 종이에 적을 수 없을 만큼 소중하고, 따뜻하고 큰 의미로 나에게 다가왔다. 작가님은 장애가 있는 동생을 키우면서 현실의 차가움을 맞닥뜨리고, 그러면서도 동생을 위해 강해지려고 했던 작가님은 그 누구보다 우리에게 진실로, 진심으로 다가왔다.
앞으로의 내 삶에 어떤 영향을 미칠까요? 또 앞으로 내 삶에 어떻게 변화를 가져 올 수 있을까요?	앞으로의 내 삶에서 이 영화, 작가님과의 만남은 정말 아주 큰, 정말 진심으로 큰 영향을 끼칠 것이라고 장담한다. 아직 보지 못하고 느껴보지 못한 사회를 사신 작가님은 장애인 동생을 직접 두었고, 부모님보다도 더 동생을 생각하고 동생을 대했기 때문에 우리 사회가 장애인을 얼마나 차별하고, 얼마나 차갑고 힘든지 알게 되었을 것이다. 그 이야기를 듣는 내내 정말 화가 나기도 했다. 진로나 학업에 영향을 끼치긴 했지만, 그보다는 내가 살아가는 데 인간으로서 영향을 많이 미친 것 같다. 지금까지의 강연 중에 가장 집중을 했고, 공감을 했고 가장 영향을 끼친 강연이었다. 내가 나은 사람이 되기 위해 어떻게 해야 하고, 차가운 세상 속에서 희망을 잃지 말고, 어떤 상황에서는 분노도 하고 기뻐도 해야, 차별을 하지 않아야 한다는 생각이 들었다. 가장 많이 든 생각은 어느 (누구) 사람들을 평등하게 대하고, 내가 앞으로 살아가면서 우리의 작가님(누나)처럼, 작가님과의 마인드를 가지고 살아가면

※ 다양한 경험을 통해 여러분들의 앞으로의 삶이 더 발전되는 계기가 되었으면 좋겠습니다. 아울러 참여한 활동을 정리해보는 것도 큰 의미가 있을 것이라고 생각해요. 꼭 성심성의껏 작성해주었으면 좋겠습니다.

평등x → 차별x

세상과 충분히 맞닥뜨릴 수 있고, 부딪힐 수 있고, 포기하지 않을 수 있을 것 같다는 확신이 들었다. 또 내가 장애인과 같은, 혹은 작가님과 같은 사람들에게 조금이라도 힘이 되고, 많은 도움을 줄 수 있게 살아야겠다고 다짐하고 또 다짐했다. (정말로).

"우리 사회를 바꿀 수 있는 사람이 되어야겠다."

수업을 통해 만나는 장애 이해 교육

교사에게 수업은 중요한 의미를 갖는다. 수업은 교사에게 일상의 삶이기에 교사의 생각과 철학이 고스란히 담겨 있다. 한 교사가 수업을 준비하는 과정을 보면서는 가르침과 배움에 대한 깊은 고민을 느낄 수 있고, 수업 안에서 일어나는 학생과의 관계에서는 삶의 태도를 알 수 있으며, 수업 내용과 교수 학습 방법에서는 교사로서의 노력을 어렴풋이나마 짐작할 수 있다. 그래서 수업은 아이들만의 성장을 위한 것이 아니다. 수업 안에는 교사의 성장 과정 역시 고스란히 담겨 있다. 그래서 수업을 공개한다는 것은 자신이 중요하게 생각하는 삶의 철학을 모두와 나누는 일이라고 생각한다. 수업을 통해 소통하는 것이다. 그리고 수업이 진정한 소통의 장이 되기 위해선 더 많은 수업이 일상적으로 공개되어야 한다고 믿는다.

나는 내가 하는 모든 수업이 장애를 만나는 새로운 소통의 장이 되길 바란다. 그래서 비장애 학생과 함께하는 '장애 이해 교육'은 대부분 공개 수업으로 운영하며, 특수학급에서의 수업 역시 항상 문을 활짝 열어 두고 있다. 그저 지나가다가도 특수학급의 수업을 들여다봐 주길 바랐고, 참여를 희망하는 사람이 있으면 언제나 환영했다. 이렇게 일상에서 일어나는 수업을 통해 특수교육, 특수학급, 특수교사 그리고 장애에 대한 바른 인식을 심어 주고 싶었다.

학생 A는 폭력성이 심했다. 폭력적인 행동은 특히 통합학급 교실에서 빈번하게 일어났다. 친구들을 너무나 좋아하지만, 자기 마음대로 일이 풀리지 않으면 물건을 집어던지거나 주먹을 사용했다. 화를 내는 상황 역시 예측하기가 힘들었다. 물건은 정해진 위치에 있어야 했고, 청각이 예민해서 특정 고음을 힘들어했다. 말을 하면 들어줘야 했고, 행동하면 받아 줘야 했다. A는 새 학기가 시작되고 적응이 어려워선지, 알고 있던 것보다 더 자주 폭력성을 드러냈다. 사소한 일에도 화를 내며 손에 잡히는 대로 물건을 지체 없이 던졌다. 또래를 밀치고 때리는 일도 잦았다. 같은 반 아이들은 그런 A를 힘들어했다. 특별한 조치가 필요했다. 동료 교사의 주도로 '위기관리 대응 계획'을 세웠다. 아이들에게 A가 폭력성을 보이는 상황을 설명하고, 그에 따른 대응 방법을 알려주자는 것이었다. 나는 A를 이해시킬 수 있는 통합학급 수업을 준비했다.

"장애란 장애인이 경험하는 '사회적 장벽'이야. 사회적 장벽이란 장애인을 향한 부정적인 언어, 부적절한 태도, 장애인의 몸을 고려하지 않은 물리적 환경 등을 말해. 장애를 단순히 한 개인의 문제라고 생각하기보다는 무엇을 정상으로 볼지에 대한 기준을 고민해 보면 좋겠어."

수업에서 나는 A가 보이는 폭력성은 장애를 바라보는 사회의 장벽 때문에 온전히 이해되기 어렵다고 설명하며, 아이들이 '장애를 가진' A의 상황을 먼저 이해하길 바랐다.

"A는 앞으로 지역 사회에서 너희와 함께 살아가야 해. 그래서 지금처럼 같은 학급에서 수업을 받고 있는 거야. 너희가 얘기한 것처럼 A는 감정을 제어하지 못하고, 예측하기 힘들며, 매일 기분이 변하는 친구지만, 표현이 조금 서툴 뿐 A도 너희와 똑같이 나이를 먹으면서 성장하고 변할 거야."

나는 수업을 통해 아이들이 기존에 가지고 있던 장애에 대한 편견을 벗어 주길 바랐다. 그래서 A의 행동을 먼저 이해해 달라고 부탁했다. 장애를 먼저 이해하는 것이 문제 해결을 위한 시작이라고 생각했기 때문이다.

"A에게는 지금의 환경이 힘들 수 있어. 친구들과 장난치는 건 너무 좋지만 시끄러운 건 너무 싫어. 신경이 거슬리면 그 감정을 마음에 담아 두지 못하고. 어쩌면 솔직한 성격을 가진 친구라고 생각해. 또 자신에게 관심을 가져 주길 바라는 것은 어린 시절에 친구들과 뛰어놀며 장난치던 추억이 그리워서일지 몰라. 그래서 너희들이 정말 좋지만, 마음대로 안 되면 거친 행동이 나오는 게 아닐까."

A를 그저 한 인간으로, 장애를 가진 친구가 아니라 성격이 예민한 친구로 바라봐 주길 바랐다.

"우리가 가진 사회적 장벽을 허물고 A를 이해하려는 마음을 가져 주면 좋겠어. 이미 너희는 A와 초등학교와 중학교를 같이 다녔으니 그 시간만큼 A를 더 많이 이해하고 있다고 생각해. 그러려는 마음의 준비도 되어 있고. 어떤 땐 너희들이 나보다 더 A를 신경 써 주고 이해해 줘서 고맙기도 해."

수업 끝자락에 나는 아이들에게 고맙다는 말을 전하며 한 번 더 '넓은 이해'를 강조했다. 수업은 숙연한 분위기 속에 마무리되었다. 겨우 한 시간으로 아이들의 생각을 변화시키기는 힘들지만, 두세 차례 더 수업을 계획하고 있었기에 이번 수업에 관한 아이들의 피드백이 중요했다. 미리 준비한 활동지를 나누어 주었고, 아이들은 조용히 자신의 생각을 한 자 한 자 적어 내려갔다. 얼마 지나지 않아 한 학생이 투덜대며 걸어와 활동지를 제출했다. 지금도 씩씩거리던 그때 B의 모습이 잊히지 않는다.

활동지를 모두 모아 교실로 돌아왔다. 가장 먼저 B의 활동지를 펼쳤다. 그리고 이내 가슴이 먹먹했다. "나는 A의 문제 행동(폭력)에 대해 선생님이 자세히 설명해 주실 줄 알았다. 허나 A를 이해시키기에 바빴다고 나는 생각한다. 실망했다." B의 감정 하나하나가 그대로 느껴졌다. "A는 통합교육을 받고, 차별받지 않을 권리가 있듯이 나도 폭력을 당하지 않을 권리가 있다. 오늘은 우산으로 맞았다." 어쩌면 나는 수업에서 장애에 대해 일방적인 이해만을 바랐는지 모른다. B의 마지막 말은 많은 것을 생각하게 만들었다. "위 글이 이기적으로 보일지도 모른다. 우리가 A를 이해했듯이 선생님도 글 속에 억울함을 이해하길 바란다."

나는 왜 이미 이해하고 있는 아이들에게 '더 넓은 이해'를 바랬을까? 수많은 생각이 머릿속을 복잡하게 만들었다. "A가 보이는 폭력성은 분명 문제다. 하지만 성장하면서 그런 행동이 조금씩 사라질 것이라 확신한다. 너희들이 조금 더 넓은 마음으로 이해해 주면 결국 해결될 것이다." 내가 한 수업은 결국 이런 단순한 논리에 지나지 않았고, 설득력이 약했던 것이다. B는 지나온 시간 동안 수없이 A를 이해해 왔을 것인데, 나는 그 이해의 폭을 더 넓히라고 강요한 셈이었다. B에게 그리고 A와 같이 생활하는 반 친구들 모두에게 미안한 감정이 밀려왔다. 더 이상 무엇을 어떻게 나누어야 할지 답을 찾을 수 없었다. 그냥 시간이 필요하다는 생각만 들었다. B에게는 나에 대한 실망감이 옅어질 시간, A에게는 학기 초 새로운 환경에 적응할 시간, 나에게는 A와 B 그리고 반 친구들과 어떻게 관계를 맺어 나가야 할지를 고민할 시간이 필요했다. 그것을 핑계로 많은 시간을 흘려보냈다. 그러는 동안 나는 A가 학교생활에 적응하도록 지원하면서 되도록이면 B와 갈등이 생기지 않게 살폈다. 그렇게 우리는 서로의 거리를 유지하는 선에서 '장애를 이해'하며 지냈다.

〈학생B의 활동지〉

활동을 통해 느낀 점을 이야기해주세요.	
앞으로의 내 삶에 어떤 영향을 미칠까요? 또 앞으로 내 삶에 어떻게 변화를 가져 올 수 있을까요?	

※ 다양한 경험을 통해 여러분들의 앞으로의 삶이 더 발전되는 계기가 되었으면 좋겠습니다. 아울러 참여한 활동을 정리해보는 것도 큰 의미가 있을 것이라고 생각해요. 꼭 성심성의껏 작성해주었으면 좋겠습니다.

"나는 솔직히 A한테 맞고 싶지 않다. 우리 모두가 거의 그런 생각을 할 것이다. 우리는 선생님들보다 A를 더 많이 봐 왔고, 어쩌면 우리가 더 A를 깊게 이해할지도 모른다.

나는 A의 문제 행동(폭력)에 대해 선생님이 자세히 설명해 주실 줄 알았다. 허나 A를 이해시키기에 바빴다고 나는 생각한다. 실망했다. 나는 A한테 폭력을 당하지 않고 싶을 뿐이다. 나는 더 이상 참지 못할 것 같다. 개학부터 쭉 문제 행동을 당해 왔으니 나도 그만큼 힘들 것 아닌가. A는 통합교육을 받고, 차별받지 않을 권리가 있듯이 나도 폭력을 당하지 않을 권리가 있다. 오늘은 우산으로 맞았다. A는 나에게 많은 영향을 끼치는 것 같다. A랑 같이 있는 시간이 소중하지만 A한테 맞는 시간이 소중하진 않다. (위 글이 이기적으로 보일지도 모른다. 우리가 A를 이해했듯이 선생님도 글 속에 억울함을 이해하길 바란다.)"

다시 '장애 이해 교육' 수업을 꺼내 든 것은 그로부터 1년하고도 8개월이 지난 겨울날이었다. 나는 같은 반 학생들을 대상으로 두 번째 차시 수업을 준비했다.[3]

3 설악고는 학년별 2학급으로, 보통 학생들은 3년 동안 같은 학급에서 생활한다.

2019년 설악고 '너나우리 그리고 장애' 수업 제안서
–혁신고 네트워크 및 가평 특수교육 교육과정 재구성 연구회–

1. 함께할 배움과 이를 위한 수업의 흐름

과목	화법과 작문, 중국어	수업 학년/반	2학년 1반
수업 공개 날짜	12월 23일(월) 6, 7교시	수업 공개 교사	한재희
나눌 배움	– 개인의 문제(질병 등)로서 장애의 의미에서 벗어나 사회와 환경적 맥락에서 장애의 의미를 이해할 수 있는 시간을 갖는다. – 살아갈 '인생철학'에 관해 생각해 보고, 사회적 소수자들에 대한 관심 역시 학생 개개인의 '인생철학'에 녹아드는 계기를 마련한다. – 우리 사회에서 놓치기 쉬운 수많은 문제에 관심을 갖고 함께 해결해 나가는 계기를 마련한다.		
수업의 흐름	– 배움을 위해 지켜야 할 규칙 안내(휴대폰 사용, 경청, 서로 묻고 배우기 등) – 마음 열기(수업 환기, 관심 끌기)(※구글 확장 프로그램 padlet 활용) ① **우리 학교의 '너나울반' 하면 떠오르는 생각은?** 혹은 **'너나울반 선생님들' 하면 떠오르는 생각은?** ② **만약 여러분이 '장애'를 가졌다는 이유만으로 장애인 시설에서 강제로 생활한다면 어떻게 해야 할까?** – 장애를 어떻게 보고 있을까? : ICIDH의 정의, 장애에 대한 사회의 인식(사진 자료 등) – 우리 사회는 '장애'를 어떻게 바라보고 있을까? (모둠 활동–5인씩 5모둠) ① (자료를 보고) **'장애' 하면 떠오르는 것은?** ② **떠오른 생각 공유하기** ③ **'장애나 장애인은 ________________ 이다'로 정의하고 공유하기** – 장애에 대한 사회의 시선 : 장애는 다수의 입장에서 정의되어 '비정상' 혹은 '질병'으로 바라보고 있음.(개인적 문제 → 차별 → 장애) – 마음 추스르기 : **나의 인생철학은? (※구글 확장 프로그램 padlet 활용)** – 오늘의 배움1 : **사회적 소수자들에 대한 관심이 각자의 인생철학에 녹아 있기를 바란다.** – 우리 사회의 불평등 사례 나눔 : 금수저 은수저, 교육 불평등, 학생 참정권, 여성, 비정규직, 사회적 소수자들 – 오늘의 배움2 : **놓치기 쉬운 사회적 불평등은 결국 '우리들의 문제'고 '우리들이 앞으로 직접 겪을지도 모를 문제'이기에 관심을 갖고 함께 고민하는 삶을 살아가길 바란다.** – (정리) 오늘 함께한 배움 정리 : 앞으로 만들어 나갈 우리들의 인생철학 속에 오늘의 배움이 한 부분을 차지하기를 간절히 바란다.		

'정상'의 입장에선 장애를 비정상으로 쉽게 정의 내릴 수 있다. 하지만 정상이라는 것은 누가 어떻게 규정할 수 있을까? 우리가 알고 있는 장애는 누구도 분명히 규정하지 못한 '정상'을 기준에 놓고 '비정상'을 이야기하는 것이다. 이런 구조적 한계 안에서는 '장애에 대한 이해'가 일방적인 요구가 될 수밖에 없다. 변화가 필요했다. 고민거리를 던져 주고 함께 생각할 시간이 필요했다.

2. **이번 수업을 위한 고민**
(수업을 준비하며 중점을 둔 사항, 수업에서 일어나길 바라는 배움 등등)

"2학년 1반에는 총 25명의 학생이 있습니다. 그중 특수교육 대상 학생 2명이 학급에 소속되어 통합교육을 받고 있습니다. 중학생 시절에는 통합교육 시간이 많아 장애 학생과 비장애 학생 사이에 작은 갈등이 자주 있었습니다. 장애 학생들은 때론 자기중심적으로 비쳐지는 '이해 받기 힘든 예상치 못한 행동'으로 비장애 학생들의 반감을 사기도 했으며, 비장애 학생들은 '우리와는 다른 일반적이지 않은 모습'에 때로는 거부감이 들어 장애 학생을 놀리고 회피하기도 했습니다.

하지만 고등학교에 올라와 삶의 목표가 서로 달라지면서 같은 교실에서 수업을 받는 일이 줄어들었습니다. 비장애 학생들은 당장 진학이라는 관문이 눈앞에 있기에 학업에 치중하느라 장애 학생들에게 관심이 없어지고, 장애 학생들 역시 당장 사회생활을 시작해야 하므로 특수학급 수업에 집중할 수밖에 없었습니다. 때문에 <u>의도치 않게 서로 무관심해지는 경향이 더 커질 것 같아 걱정이 되었습니다.</u>

학교에서 이루어지는 민주 시민 교육은 관심과 존중, 배려가 핵심이며, 이는 학교의 일상에 늘 함께해야 한다고 생각합니다. 또 다양한 생각이 공존하고 존중받아야 한다고 생각합니다. 그러려면 <u>지금보다 더 사회적 소수자들에 관심을 가져야 하며 이들을 존중하고 문제를 함께 고민하고 해결하는 연대의 힘을 길러 주는 교육이 필요합니다.</u>

사회가 어려워지면 늘 소외받는 것은 사회적 소수자입니다. 학교가 사회의 축소판이라면 사회적 소수자인 장애인과 특수학급은 민주주의를 다시금 생각해 볼 수 있는 실천 교육의 장이 될 수 있습니다.

이에 본 수업을 준비하면서 교사는 두 가지 배움이 학생들의 마음속에 일어나기를 바랐습니다. 첫째, 자신의 '인생철학'을 고민해 보고, 앞으로 살아가는 동안 계속해서 수정하고 보완할 인생철학에 사회적 소수자에 대한 관심이 포함되기를 바랍니다. 우리가 살고 있는 세상이 조금 더 따뜻해지기 위해선 작은 것에도 관심을 가지고 함께하려는 마음이 필요합니다. 치열한 경쟁 속에 세상은 바삐 돌아가지만 이 수업에 함께한 학생들은 그런 세상에서 외면받는 존재들에 관심을 가지는 어른으로 성장해 주길 바랍니다.

둘째, 우리가 다룬 사회적 소수자들의 문제는 결국 우리들의 문제고 우리들이 앞으로 직접 겪을지도 모를 문제라는 사실을 기억해 주었으면 합니다. 점점 더 심해지는 사회적 불평등과 이에 따른 각종 차별은 많은 사회적 문제를 일으키고 있습니다. 이는 어쩌면 개개인이 겪고 있는 수많은 문제에 대한 우리의 공감 부족이 원일인 수도 있습니다. 주변 문제들에 대한 작은 관심과 존중은 진지한 고민을 부르고 공감을 이끌어내 문제를 함께 해결할 힘을 줍니다. 본 수업에서 들여다본 '장애'가 우리 사회에서 일어나는 수많은 문제의 한 부분이고 우리의 문제로 다가올 수 있음을 이해한다면, 학생들의 공감 능력이 조금은 향상되리라 기대합니다. 본 수업을 통해 학생들이 '좋은 어른'으로 성장해 주길 간절히 바라며 수업을 준비했습니다."

나는 1년 8개월 전과는 조금 다른 이야기를 준비했다. '넓은 이해심'보다는 '관계를 중심에 둔 이해'를 강조했다. 장애인과 비장애인 사이의 관계가 이해의 바탕이 되어야 한다고 생각했기 때문이다. 정상과 비정상의 선을 넘어 장애를 그냥 일상에서 일어나는 모두의 문제로 바라볼 때, 진짜 필요한 것이 무엇인지 세심하게 살필 수 있을 것이었다. 사회적 소수자 문제 역시 우리와 별개가 아닌 우리 모두의 문제로 인식하고, 같이 고민하고 함께 해결하려는 마음을 가져 주기를 당부했다. 그리고 이런 마음이 학생들의 인생철학에 담기기를 희망했다.

수업 마지막에 나는 1년 8개월 전 B 학생의 이야기를 들려주었다. 오랜 시간 나를 고민하게 하고 정말로 필요한 것이 무엇인지 공부하게 만든 B의 활동지가 커다란 화면을 가득 채웠다. 나는 B와 반 친구들에게 미안한 마음과 동시에 고마운 마음을 전했다.

〈B의 활동지와 나의 당부의 말〉

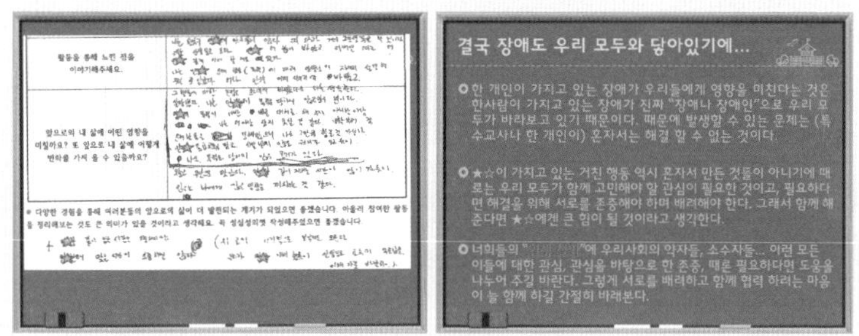

수업을 통해 아이들의 생각에 작은 변화를 일으키는 것이 특수교사로서 나의 책임 중 하나라고 여겨 왔는데. 그 변화는 아이들뿐만 아니라 내게도 끊임없이 요구되는 것이었다.

"너희 인생철학에 사회적 소수자에 대한 관심과 존중, 배려가 있으면 좋겠어. 경제력에 따른 불평등, 여성이기에 받는 불평등, 학생이기에 무시되는 불평등, 비정규직이기에 받는 불평등 그리고 장애 때문에 받는 불평등. 사회적 소수자의 이야기는 결국 우리 모두의 문제거든. 특수학급을 운영하며 세운 작은 목표는 우리 학급을 학교에서 두 번째로 중요한 학급으로 만드는 거였어. 모두가 1등이 되려 하지만 한 발 물러서서 2등, 3등을 목표로 하니까 정말 중요한 것이 무엇인지 더 잘 보이더라고. 너희도 그렇게 생각해 보면 어떨까. 모두 1등이 될 수는 없으니까. 그리고 정말 고마워. 너희에게 정말 많은 것을 배웠어."

〈'장애를 가졌다는 이유만으로 장애인 보호 시설에서 살아야 한다면 어떨까요?'라는 질문에 대한 학생들의 대답들〉

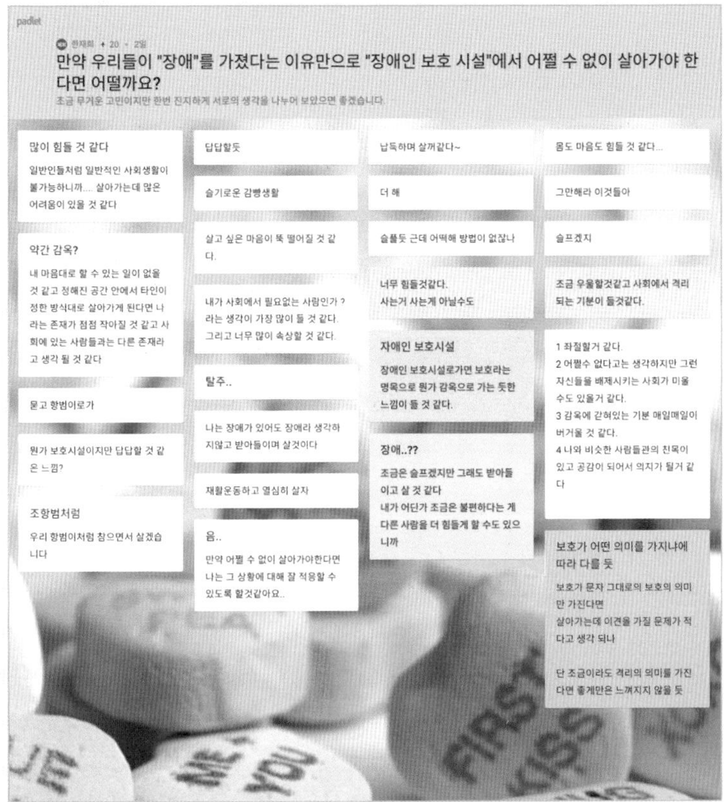

- 내 마음대로 할 수 있는 일이 없을 것 같고 정해진 공간 안에서 타인이 정한 방식대로 살아가게 된다면 나라는 존재가 점점 작아질 것 같고 사회에 있는 사람들과는 다른 존재라고 생각될 것 같다.
- 조금 우울할 것 같고 사회에서 격리되는 기분이 들 것 같다.
- 내가 사회에서 필요 없는 사람인가? 라는 생각이 가장 먼저 들 것 같다. 그리고 너무 많이 속상할 것 같다.

<‘장애나 장애인이란 ○○○이다’에 관한 학생들의 답변>

- 장애나 장애인은 누군가의 도움이 필요한 사회적 약자이다.
- 장애와 장애인은 조금의 차이다.
- 장애와 장애인은 우리의 거울이다.
- 장애나 장애인은 사회와 인식이 만든 무조건적 약자다.
- 장애인은 보통 사람들과 조금 다른 옷을 입은 같은 사람이다.
- 장애나 장애인은 정의할 수 없다.

스승의 날, 특별한 경험을 함께 나누며

특수교사들에게 스승의 날은 많은 생각을 하게 만든다. ‘교직 생활을 하는 동안 스승의 날에 나를 떠올리고 감사 인사를 챙기는 학생이 얼마나 될까.’ 교사가 되어 처음 맞은 스승의 날에 나는 이런 상념에 빠져 있었다. 비장애 학생 수업에 많이 들어가는 교사도 아니고, 어쩐지 우리 아이들은 스승의 날이라고 부러 나를 찾아오기 힘들 것도 같았다.

싱숭생숭한 마음을 달래며 '감사'를 주제로 수업을 진행했고, 아이들에게 감사의 마음을 표현하는 방법을 일러주었다. 그렇게 교사가 된 첫해에 억지로(?) 다섯 통의 편지를 받았다. 이후로도 5월의 언저리쯤 옛 스승을 만나러 학교로 찾아오는 학생들을 볼 때면 내심 부러웠다. 그러던 어느 해, 스승의 날 아침 라디오 방송에서 흘러나온 말을 듣고는 마음이 편안해졌다. "교사는 학생을 짝사랑하는 사람이에요. 짝사랑은 상대방이 제대로 살펴 주지 않아도 그냥 좋아서 계속 사랑을 표현하잖아요." 공감되는 말이었다. 교사 중에서도 특수교사가 더 그런 입장인 것도 같았다.

그러다 문득 챙김을 받으려고만 하지 말고 내가 다른 선생님들을 챙기면 좋지 않을까 하는 생각이 들었다. 그래서 그해 스승의 날에는 응원의 마음을 담아 특수교사들에게 카네이션을 선물했다. 해를 거듭하면서는 특수교사라는 이름 밖의 사람들에게도 눈을 돌리기 시작했다. 아직 많은 것이 낯선 신규 교사, 자주 마주치는 행정실 직원들, 학교 구석구석을 살펴 주시는 기사님들이 눈에 들어왔다. 학교 안의 모두가 아이들을 위하는 마음은 똑같으니 스승의 날에라도 다 같이 축하받으면 좋을 것 같았다. 그래서 카네이션을 사와서 아이들에게 부탁했다. "감사합니다"라는 인사와 함께 꽃을 배달해 달라고.

어느 해 5월 15일에는 요리를 준비해 감사 인사를 드리기로 했다. 아이들과 종종 요리 수업을 한다. 음식에 마음을 담아 대접하는 일은 삶의 중요한 부분이다. 청결한 준비와 조리 과정이 필요하기에 정성을 기울여야 하고, 음식을 대접한다면 상대를 고려해야 하기에 배려를 배울 수 있다. 좋은 맛을 위해선 섬세함이 필요하고, 재료 간의 조화 역시 고려 대상이다. 무엇보다 앞으로의 삶에서 아이들이 스스로 요리를 할 수 있어야 하기에 중요하다. "스승의 날에 드릴 예정이라 하고 어떤 샌드위치를 좋아하시는지 여쭤 보자." 요리 주제는 샌드위치였고 행정실과 보건실, 교무실로 학생들을 보냈다. 아이들은 부끄러움 반 설레임 반으로 주문을 받아 왔고, 레시피에 맞추어 필요한 재료도 직접 구입했다. 간단해 보였지만 우여곡절이 많았다. 그렇게 하루 종일 음식을 만들었고 늦은 오후가 돼서야 마무리가 되었다. 아이들은 샌드위치와 음료수를 들고 부지런히 배달을 다녔다.

행정실 선생님들은 "이 아까운 걸 어떻게 먹냐"며 고마움을 표현했다. 부끄러움이 많은 한 아이는 화장실 옆 정수기 뒤에 숨어서 청소를 마치고 나올 할머님을 기다렸다. 마음을 주고받는 모습이 아름다웠다. 감사를 표현하는 것만으로도 이렇게 사람을 설레게 만든다는 사실이 신기했다. 시작부터 끝까지 아이들과 함께였기에 내게도 의미 있는 스승의 날이었고, 자칫 소외받을 수 있는 학교 식구들까지 살폈기에 더 보람 있었다.

스승의 날을 보내며 오늘 일을 학교 전체와 공유하고 싶었다. 특수학급의 하루를 설명하는 글을 적어 메시지를 보내려는 순간, 나에게 한 장의 코팅된 롤링 페이퍼와 종이로 접은 카네이션이 건네졌다. 학생회가 준비한 스승의 날 선물이었다. 나뿐만 아니라 모든 선생님들과 행정실, 실무사 선생님, 기사님들도 예외가 아니었다.

모두 같은 마음이라는 생각에 가슴이 먹먹해졌다. 누군가는 소외될 수도 있었을 스승의 날, 같은 생각을 하고 빠짐없이 배려한 학생회가 고마웠다. 특수학급을 일상에서 만나길 바라는 나의 바람이 전해진 게 아닐까 싶어 들뜨기도 했다. 그 바람이 전해지든 아니든 이미 우리 안에는 작은 변화가 일어나고 있음을 느낄 수 있었다. 걷잡을 수 없이 눈물이 흘렀다. 학생회 아이들을 찾아가 고마움을 전하고 오늘 특수학급 아이들의 하루도 들려주었다. 앞으로도 우리 사회 구석구석을 살뜰히 챙기는 어른이 되길 바란다는 당부도 잊지 않았다.

우리 사회가 장애와 장애인을 소외한다면, 소외된 채로 '나를 좀 챙겨 달라'고 바라보고 있을 수많은 없다. 관심은 한 방향에서만 일어나는 것이 아니다. 관심을 서로 주고받을 때 상대방이 궁금해지고 알고 싶다는 마음이 생긴다. 이때부터 둘 사이의 관계를 어떻게 만들어 나갈지 고민해야 한다. 소외 역시 관계의 문제에서 살펴보고 싶었다. 그래서 챙겨 주기를 바라고 있지만 말고, 먼저 관심을 표현하는 것도 필요해 보인다.

이제 나는 더 이상 특수교사에게 스승의 날이 어떤 의미인지 묻지 않는다. 그 의미는 누가 주고 누가 받는 관계에서 찾는 게 아니라는 것을 알기 때문이다. 먼저 다가가 관심을 표현하면 그 관계 속에서 의미도 새롭게 만들어진다. 우리가 함께 만든 스승의 날은 앞으로도 전통처럼 계속 이어질 것이다. 그 과정에서 누군가에게는 작은 울림이 일어나고, 울림 안에서 장애 학생과 특수학급에 대한 새로운 의미도 생겨날 것이다. 지금 우리에게 필요한 특수교육이 이런 모습이길 기대해 본다.

모든 학생을 위한 쉼터, 특수학급

"얘들아, 우리 반에 학생들이 놀러 오는 거 힘들지 않아? 우리도 쉬어야 하는데 학생들이 왔다 갔다 하면 불편할 것 같아서." 특수학급은 모든 학생들을 위한 공간이다. 다만 조금 특별한 공간이기에 우선 고려 대상은 당연히 우리 아이들이다. 그래서 수시로 아이들에게 물어본다. 하지만 언제나 돌아오는 대답은 "괜찮아요"다. 아이들은 북적이는 우리 교실을 좋아한다. 일상에서 서로가 서로에게 자연스럽게 다가가는 모습이 보기 좋다.

특수학급의 문턱을 낮추기 위해 다양한 방법을 시도했다. 특수학급이 장애 학생만을 위한 공간에서 벗어나 학생 모두를 위한 공간이자 학교의 모든 공동체를 위한 공간이길 바란 때문이다. 점심시간에는 모든 학생에게 열려 있는 카페를 운영했다. 맛있는 차나 아이스티, 녹차라테 등을 메인 메뉴로 두었다. 일주일에 1~2일은 제빵 수업과 연계해서 쿠키도 만들었다. 카페 운영은 비장애 학생들과 역할을 나누었다. 교내 봉사 계획에 카페 활동을 반영했으며, 사전 공지를 통해 희망자를 선발했다. 서로 역할을 나누었다. 우리 아이들은 연습한 레시피대로 음료를 만들고 비장애 학생들은 주문 접수와 계산 등을 맡았다. 그렇게 점심시간의 특수학급은 '너나울 카페'가 되어 아이들로 북적였고, 누구라도 오고 가며 자연스럽게 대화를 나누는 공간이 되었다.[4]

더불어 특수학급의 수업 내용을 모두가 볼 수 있게 교실 안과 밖에 게시했다. 활동지에는 아이들 생각이 그대로 담겨 있었다. 특수학급에서는 무엇을 배우는지 아이들이 관심을 가지고 봐 주길 기대했다. 어느

---

4 카페 운영에도 몇 번의 실패가 있었다. 카페 메뉴나 운영 방식을 특수학급 아이들에게 가장 쉽고 편한 쪽으로만 선택한 결과였다. 동료 특수교사의 주도로 카페 운영을 재정비했다. 선생님은 '아이들이 찾아올 수 있는 카페'를 만들자며, 운영 방식과 메뉴 선정을 아이들 중심으로 구성했다. 선생님의 생각은 정확히 맞아떨어졌고, 매점이 없는 학교 상황과 맞물려 카페는 큰 성공을 거두었다.

날 4교시 수업을 마쳤을 때다. 과학 하는 방법에 관해 수업을 했고, 칠판에는 '과학에서 제일 중요한 것은?'이라는 질문 아래 ① 관찰, ② 가정(생각)이라는 수업 내용이 적혀 있었다. 그날 역시 칠판을 지우지 않은 채로 점심시간에 너나울 카페를 열었다. 카페를 찾은 학생 몇몇이 칠판을 기웃거렸고, 나중에 보니 칠판에는 '③ 그리고 사랑', '④ 우리들의 우정?'이라는 글이 적혀 있었다. 이렇게 해서 과학에서 중요한 것은 '관찰과 가정 그리고 사랑과 우리의 우정'으로 새롭게 규정(?)되었다.

〈학생들이 새롭게 정의한 '과학에서 제일 중요한 것'〉

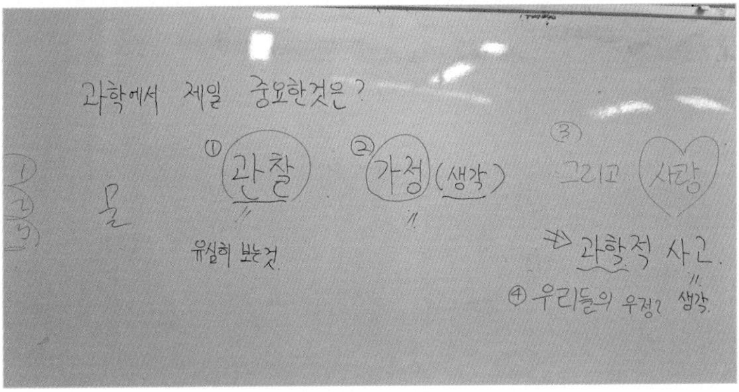

수업 공개, 활동지 게시, 카페 운영 등은 모두 일상에서 자연스럽게 특수학급을 만나는 기회를 만드는 게 목적이었다. 그리고 늘 궁금했다. 아이들은 나의 바람대로 특수학급을 모두를 위한 공간으로 생각하고 있을까? 다행히 그에 대한 답을 들을 수 있었다. 연말 학교 축제에서 우리는 부스에 카페를 차렸다. 1년간 카페가 꾸준히 운영될 수 있게 도움을 준 학생들에게 감사의 마음을 전하고 싶어서였다. 원하는 음료를 무료로 나누어 주면서, 몇 가지 미션으로 작은 추억도 만들기로 했다. 미션에는 특수학급에 대한 아이들의 생각을 엿보는 의도가 숨어 있었다.

〈너나울 카페 무료 음료 미션〉

1. 주문자의 이름 학번 말하기
2. 존중하는 말로 주문하기(1인 1음료)
3 음료가 나오는 동안 칠판 질문 채우기
4. 질문
   ① 너나울반 친구들에게 전하는 한마디
   ② 1년 동안 너나울 카페 어땠나요?
5. 너나울반 친구들과 사진 찍고 음료 받기

칠판 한가득 너나울반에 대해 아이들의 생각이 담긴 메모와 함께 사진이 채워졌다. 가장 눈에 띄는 말이 있었다. 아이들의 기억 속에 특수학급은 '학교의 작은 쉼터'가 되어 있었다.

〈아이들이 미션으로 가득 채운 칠판〉

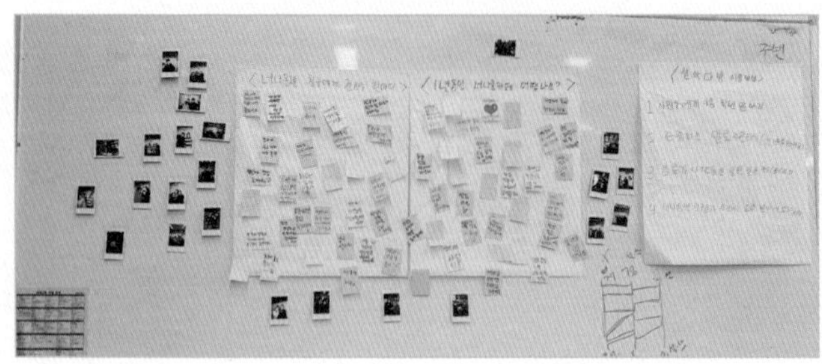

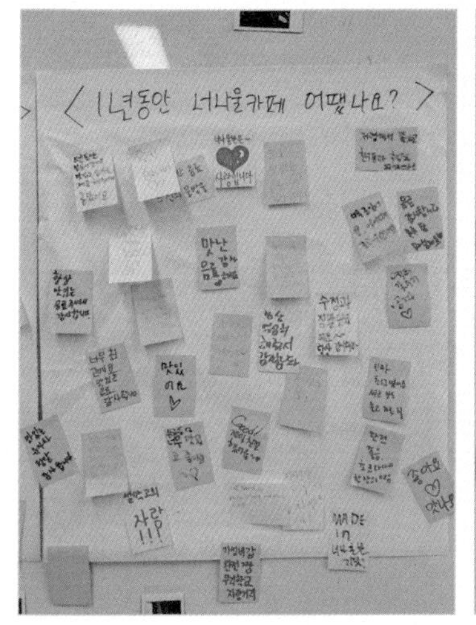

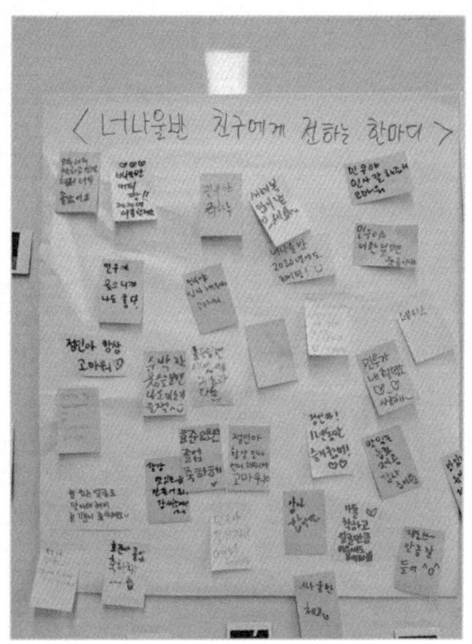

'따뜻함'을 주는 교사를 바라며

우리 교육 안에는 '경쟁'이라는 단어가 짙게 배어 있다. 이를 두고 독일의 신학자이자 철학자 이반 일리히(Ivan Illich)는 "지금의 교육은 사람을 출신 학교와 학력으로 계층화시키고 있다"고 지적했다. 좋은 성적을 받은 학생이 좋은 대학에 가고, 좋은 대학에 가야 좋은 직장에 들어갈 수 있다. 아이들은 친구를 이겨야 하고, 교사는 아이들을 구분해야 한다. 개인의 가치가 존재 자체가 아닌 점수에 있다면, 가르치는 사람도 배우는 사람도 마음 어딘가 텅 비어 있을 것이다.

다행히 이를 가만히 지켜보고 있지는 않았다. 경쟁이 깊이 스며든 우리 교육을 변화시키기 위한 노력들이 지금도 계속되고 있다. 수업을 바꾸고 학교를 바꾸려 노력한 끝에 혁신학교 운동이 일어났고, 협력을 강조하는 배움의 공동체가 번져 나갔다. 개정되는 교육과정은 학생의 성장을 중심에 둔 평가를 지향하고 미래를 위한 역량을 강조하며 삶을 고민하는 교육을 강조한다. 배움을 중심에 둔 수업, 교사의 전문성과 자율성에 기반한 교육과정 운영을 독려한다. 그렇지만 아직 부족하다. 좋은 성적과 좋은 대학 그리고 좋은 직장이 성공을 대변하는 우리 사회의 인식이 바뀌지 않는 이상, 우리가 가야 할 길은 여전히 멀다.

이런 상황에서 특수교사와 특수학급은 어떤 역할을 할 수 있을까? 앞서도 이야기했지만, 특수교육은 경쟁에 따른 평가보다는 학생의 삶 속에서 일어나는 성장 과정을 중요하게 여긴다. 그래서 특수교사들은 묵묵히 자신의 역할을 챙기며 아이들을 위한 교육 활동에 전념해 왔고, 행복한 삶을 위해 필요한 것이 무엇인지 늘 고민했다. 우리의 교육 활동에는 진정성이 있었고, 따뜻함이 살아 있었다. 옆에서 우리를 지지하고 지켜봐 준 동료 교사들은 많은 시간 이런 온기를 느끼며 특수교사를 살펴보았을 것이다. 그들이 느낀 따뜻함이 지금의 학교 현장에 필요하지 않을까? 학교에서 특수교사는 과연 어떤 역할을 해야 할지 숱하게 고민해 왔다. 교사들에게는 편하게 다가가는 동료이길 바랐고, 학생들에게는 쉽게 다가갈 수 있는 선생님이길 바랐다. '따뜻함을 느낄 수 있는 교사'라면 이 모두가 가능하지 않을까 생각했다.

어느 늦은 저녁, 교사들이 힘듦을 토로하는 회의에 참여하고 있었다. 나는 그런 선생님들을 보며 감히 한마디 거들었다. "저는 선생님들께 항상 감사해요. 선생님들 덕분에 이만큼이라도 학교가 변했고 그 수혜를 제가 받고 있으니까요. 그래서 저는 더 치열하게 미래를 고민하려고 합니다. 그게 제가 할 수 있는 일이라고 생각해요. 그리고 그 안에서 특수교육도 함께 고민하고 있습니다. 감히 말씀드리지만, 조금만 더 힘을 내 주세요. 전 분명 선생님들의 모습을 보고 여기까지 달려왔거든요."

회의는 '혁신고 네트워크'라는 이름의 협의회였고, 경기 동북부 지역의 고등학교 혁신부장들이 모여서 학교 혁신에 관해 이야기하는 자리였다. 그날도 어김없이 선생님들은 고등학교에서 혁신 철학을 실천하기가 얼마나 어려운지 토로했다. 경쟁, 평가, 대입 등 눈앞의 현실에 치여 변화를 모색하고 감당하기가 버겁다는 이야기가 오갔고, 선배 교사들은 많이 지치고 힘들어하고 있었다. 나는 선배 교사들을 통해 혁신교육을 접했고, 그들과 소통하며 학교 혁신을 위해 내가 해야 할 일들을 고민했다. 그들을 보며 특수교육과 혁신교육이 함께 가야 한다는 나름의 철학을 세웠고, 이를 실천하기 위해 노력하고 있었다. 그런 나에게 그들의 '번아웃'은 너무나 안타까웠다. 그래서 무슨 말이라도 해 주고 싶어서 꺼낸 것이 겨우 "힘내 주세요"였다. 할 수 있는 것은 별로 없지만 힘들어하는 동료들에게 감사의 마음과 온기를 나누어 주고 싶었다. 나 역시 그들의 따뜻함을 통해 동력을 얻고 싶기도 했다. 장애 학생도 당연히 함께하는 혁신학교, 이를 위해 할 수 있는 작은 실천들에 힘을 얻고 싶었다.

평소 나는 따뜻한 한마디가 학생들에게 큰 위로와 힘이 된다고 생각해 내가 먼저 다가가려고 노력했다. 운동을 좋아하는 학생에게는 체대 입시에 관해 들려주고, 사회 복지사가 꿈인 학생에게는 특수교육과 사회 복지사에 관해 설명해 주었다. 공부 방법이 서툰 친구에게는 나의 학창 시절 경험을 들려주었다. 가끔 만나는 수업에선 1등만이 최고는 아니라고 강조하고, 교실이 답답하다고 토로하는 학생은 특수학급과 함께 특별 수업을 하고 체험 학습에도 참여시켰다. 화장실에서 마주쳐 어색할 때는 이름을 물어보았고, 혹시 나중에 기억 못하더라도 이해해 달라고 말했다. 나는 말 한마디에도 따뜻함을 담으려 했다. 아이들이 그 마음을 느끼고 자신도 누군가에게 따뜻한 말 한마디를 건네고 싶어지면 그보다 더 기쁜 일이 없을 터였다.

나 하나쯤으로 세상이 갑자기 달라지지는 않는다. 하지만 거대한 변화로 가는 더딘 걸음에 우리의 노력이 보탬이 된다면 발걸음이 조금은 더 가볍지 않을까? 따뜻함을 느낄 수 있는 특수교사의 모습이 그 시작이 되면 좋겠다.

교사의 책무와 희생, 해방구로서 연대를 되돌아보며

"교사가 행복해야 학생도 행복하다"는 말이 있다. 다른 한편으로는 교사에게는 '희생정신'이 필요하다고 한다. 또 다른 한편에서는 모든 교사가 주어진 '책무'를 다하면 변화는 더 쉬울 거라고 말한다. 사회는 교사들에게 '행복할 것'과 '희생할 것' 그리고 '책무를 다할 것'을 요구한다. 교사로서 우리가 감내해야 할 범주가 아득하기만 하다. 그런 가운데 교사마다 역할이 다양하고 역량이 달라, 요구 사항이 누군가에게는 과중하고 누군가에게는 여유로웠을 수 있다. 그렇게 혁신교육과 특수교육은 다양한 교사의 역량과 역할 범위가 공존하면서 학교를 변화시키고 정체성을 구축해 나갔으며, 해결 과제들을 고민해 왔다. 어쩌면 지금만큼이라도 학교가 변할 수 있었던 가장 큰 이유는 책무성이 강한 누군가가, 희생정신이 강한 누군가가 그렇지 못한 이의 몫까지 떠안았기 때문인지도 모른다. 그래서 쉽게 지치고 그것을 토로하며 다시 힘을 얻기 위해 학교 안팎의 '함께하는 연대'를 필요로 했을지 모른다.

2016년 12월의 어느 날, 교장 선생님과 교감 선생님이 나를 불렀다. "내년에 혁신부장을 맡아 주었으면 하는데"라는 교장 선생님 말씀에 내가 물었다. "교장 선생님이 하라면 할 수는 있습니다. 다만, 저는 특수교사이고 비장애 학생들의 수업에 들어가지 않아서 비장애 학생들에 관해서는 잘 모릅니다. 일반 교육과정에 대한 이해도 부족하고요. 단점이 이렇게 많은데 제가 혁신부장을 해도 되겠습니까?" 처음 교장실에 들어섰을 때 두 분의 근심스러운 표정은 이야기가 오가면서 차츰 편안해졌고, 마지막에는 입을 모아 당부했다. "많이 벌리지 말고 기본만 해도 돼."

그렇게 '혁신'에 대한 이해가 전무한 상태로 나는 혁신부장이 되었다. 솔직한 고백이지만 특수교사에게 혁신부장이라는 수식어는 번듯한 명함일 수 있다는 생각도 한 켠에 있었다. 근거 없는 자신감으로 그해의 4년 차 혁신학교 종합평가 및 콘퍼런스를 무사히 치러 냈다. 지금 생각해도 '치러 냈다'라는 표현이 맞다. 그런데 시간이 지날수록 이해할 수 없는 부분이 하나둘 생겨났다. 혁신교육을 배우기 위해 찾아다닌 수많은 연수에서 '번아웃'이라는 단어가 계속해서 들렸고, 네트워크나 실천연구회라는 이름으로 학교 밖으로 나오라는 공문이 시도 때도 없이 내려왔다. 바쁜 일 제쳐 놓고 나가면 번아웃을 토로하기에 이럴 거면 왜 모이라고 하는지 이해가 안 되었다. 내심 그런 자리가 불편했고 학교에 집중하는 편이 더 낫겠다는 생각이 들었다. 평범하게 기본에 충실한 혁신학교를 운영하는 것이 나의 목표였기에 그런 상황들이 부담스러웠다.[5] 그래서 이후 웬만한 네트워크 활동에는 참여하지 않았다.

그러다 덜컥 2권역 혁신고 네트워크 대표 교사가 되었다는 소식을 들었다. 2권역이 뭔지, 네트워크는 또 뭔지, 당황스러웠다. 그렇게 아무것도 모르던 혁신부장은 네트워크부터 알아 나가야 했다. 경기도는 전 지역을 총 4개 권역으로 나누어 혁신고등학교 간의 연대를 강조하며 네트워크와 실천연구회를 두고 있다. 당시 우리 학교는 2권역(동북권)에 포함되어 있었다. 2권역은 포천, 동두천, 양주, 의정부, 가평, 양평, 구리, 남양주를 말한다. 2권역에는 17개의 혁신고등학교가 포함되었고, '네트워크라'는 이름으로 학교의 변화를 모색하는 협의체가 있었다. 각 권역마다 네트워크와 실천연구회를 중심으로 혁신고등학교의 변화를 위한 실천과 연구를 공유했고, 매해 4개 권역의 네트워크와 실천연구회가 경기도 전체 고등학교를 대상으로 혁신교육 철학을 공유하기 위해 합동 포럼을 개최했다.

사실 네트워크나 실천연구회는 불만만 이야기하는 곳이 아니었다. 번아웃을 토로하며 그럼에도 계속해서 앞으로 나아갈 방향을 모색하는, 열정과 노력이 살아 숨 쉬는 곳이었다. 나처럼 혁신에 문외한인 교사도 기대어 힘듦을 말하고 배울 수 있는 곳이 네트워크와 실천연구회였던 것이다. 그곳에서 나는 분명히 보았다. 지금까지 고등학교 혁신교육을 위해 부단히 노력하고 고생한 선배 교사들의 모습을. 그들에게 감사했고, 특수교사로서 앞으로 추구해야 할 방향을 같이 의논했다.

5 '기본에만 충실한다'는 것이 얼마나 어려운지 그때는 정말 몰랐다.

"공동체라는 이름을 다시 한번 되돌아봐야 하지 않을까?", "공공성을 회복하기 위한 노력이 필요하지 않을까?", "학교 민주주의는 제대로 작동하고 있을까? 그 속에서 민주 시민 교육은 제대로 기능하고 있을까?", "기초 학력은 혁신교육에서 가장 대안이 부족한 것이 현실이며, 혁신교육이 원래 가장 신경 써야 했던 부분이 아닐까?", "10년 동안 변하지 않는 아이들과 선생님들을 보면서 나는 무엇을 해 왔을까?", "이렇게 변하지 않는데 어쩌면 혁신의 미래도 없지 않을까?", "결국 경쟁과 경쟁에 따른 대입이 근본 의미를 빼앗아 가는 것은 아닐까?", "교사들은 왜 변하지 않을까?", "모든 학생을 위한 학교에 장애 학생은 고려되고 있을까?" 당장 해결되지 않는, 답을 찾을 수 없는 수많은 고민을 나누며, 나 역시 번아웃을 지척에 두고 그렇게 그들과 함께했다.

교사가 행복해야 학생도 행복하다고 한다. 그렇다. 학교를 행복하게 바꾸기 위해선 다른 어떤 교육 주체보다 교사의 역할이 중요하다. 모두가 같은 마음으로 자신의 책무를 다한다면, 앞에서 이야기한 것처럼 누군가의 희생은 필요 없어진다. 각별히 열정을 쏟고 시간을 할애할 이유도 없어진다. 그렇게 되면 교사는 행복할 것이고, 학생도 행복해질 것이다. 하지만 세상일은 그렇게 당연한 공식대로만 흘러가지 않기에 지치고 답답해진다. 교사들의 희생과 지침, 답답함은 결국 함께 나누는 수밖에 없다. 분명 혁신교육이 모든 교육의 대안이 될 수는 없다. 학생의 행복을 위해서 다른 누군가의 희생과 책무를 강조하기 때문이다. 다만, 다른 어떤 교육 운동보다 '함께하는 가치'의 중요성을 일깨워 준 것만은 분명하다. 특수교사로서의 책무와 희생, 해방구로서 연대를 되돌아보며 함께하는 것의 가치를 되돌아보고 싶다.

혁신교육이라는 것이 태어나고 10년이라는 시간이 훌쩍 흘렀다. 그 사이 학교에는 많은 변화가 있었지만 여전히 수많은 문제가 산적해 있기에 '제대로 된 되돌아봄'이 반드시 필요하다. 비슷한 시기, 비슷한 시간 동안 특수교육은 통합교육을 선두로 학교 안에서의 특수교육에 변화의 바람을 일으키며 자리를 잡아 나갔다. 그 중심에는 특수학급이 있었다. 특수교사는 소수였기에 서러움도 많았다. 소외도 무시도 많았다. 하지만 묵묵히 자신의 위치에서 최대치를 만들어 가며 학교를 변화시키기 위해 노력했다. 무거운 책무를 어깨에 지고 희생하며 학교 안에서의 변화를 위해 애써 온 것이다.

혁신교육과 특수교육은 같은 목표를 가지고 있다고 생각한다. 다르다면 대상과 범주일 뿐, 단 한 명의 학생도 포기하지 않는 교육을 고민한다는 점은 일치한다. 하지만 둘은 서로 다르다고 생각한다. 그렇게 두 교육 주체는 번아웃을 이야기하며 각자의 색으로 나아가고 있다.

혁신교육의 버팀목인 네트워크나 실천연구회를 보며 변화를 고민하는 특수교육에도 이제 연대와 협력이 필요해 보인다. 덩그러니 떨어진 작은 섬들은 힘을 합쳐 연대를 모색해야 한다. 섬과 섬 사이에 다리를 놓아 쉽게 오고 갈 수 있어야 한다. 학생을 중심으로, 수업을 중심으로 함께 나눌 이야기가 너무나 많다. 혁신교육 안에서 보여 준 교사들의 책무와 희생 그리고 해방구로서 연대를 고민하면서, 힘듦을 나누며 함께 나아갈 우리를 꿈꾸어 본다.

수업, 특수학급, 특수교육 재정의가 필요한 시간

'적응'이라는 단어를 떠올려 본다. 변화에 적응하려면 많은 노력이 필요하다. 새로움을 받아들일 마음가짐이 필요하며, 새로움에 대한 고민이 필요하고, 이를 대하는 올바른 태도 역시 중요하다. 적응 과정에는 혼란도 발생하고, 이전의 적응이 주는 안정감 때문에 거부감이 생길 수도 있다. 또 이런 적응엔 개인차가 있기 마련이다. 상황을 이해하는 방식에 차이가 있고, 이해한 것을 실천하는 데도 차이가 존재한다. 중요한 것은 또 있다. 적응할 때는 반드시 '제대로 된 안착'이 필요하다. 제대로 안착되었는지에 따라 새로움이 가진 기본 철학을 견지하는 데 영향을 미치기 때문이다. 그렇게 새로움과 적응, 개인차, 안착은 서로를 바라보며 영향을 주고받는다. 그러니 변화도 적응도 결코 쉬운 일이 아니다.

혁신교육 역시 새로운 변화와 그에 대한 적응을 요구했다. 동시에 제대로 안착시키기 위해 고민했다. 지난 시간 동안 혁신교육은 1.0, 2.0, 3.0라는 이름으로 단계적으로 변화해 왔다. '혁신 철학'과 나아갈 방향을 공유하며 제대로 된 안착을 유도해 온 과정이기도 하다. 그리고 이제는 한 발 더 나아가 미래 교육을 논하고 있다. 특히나 2020년의 코로나19 사태는 미래 교육의 모습을 급히 앞당겼고, 우리는 새로운 변화에 빠르게 적응해야 했다. 팬데믹 상황에 대처하는 학교들의 모습에서 제대로 된 안착이 얼마나 중요한지도 새삼 느낄 수 있었다. 교사들은 변화에 적응하기 위해 모여 자유롭게 의논하고 협의했다. 수많은 정보를 공유하며 같이 배웠고 그렇게 서로가 서로에게 버팀목이 되어 주었다. 준비 과정이 짧았음에도 불구하고 빠른 시간 안에 원격 수업과 등교 수업을 모두 해내는 놀라운 능력을 발휘했다. 그간 혁신 철학을 바탕으로 한 안착 과정이 없었다면 상상하기 힘든 모습이었다.

특수교육은 장애 학생의 보편적 교육을 위해 힘든 날들을 거쳐 왔고, 이를 구체적으로 실현하며 정체성을 형성했다. 그리고 이제는 혁신교육과 미래 교육의 변화를 바라보며 그들과 함께할 수 있는 변화를 고민할 때다. 하지만 둘 사이에 걸어온 길이 다르기에 새로운 변화로의 적응은 접점을 찾기 힘들어 보인다. 그렇다면 어떻게 해야 할까? 지난 2019년 '경기혁신교육 10주년 국제 콘퍼런스'에서 미래 교육을 말하는 세션에 참여한 적이 있다. 여기에서 갈매고등학교의 김태호 교사는 학제 혁신에 있어 보편적 학습 설계를 교육과정 안에 전면적으로 도입하자고 주장하며, 이를 위해 특수교육을 재정의하자고 입장을 밝혔다. 그는 학제 혁신에서 고려해야 할 외부 사항으로 다양한 원인에 기인한 학습 부진 학생을 예로 들었다. 또 이런 문제를 해결하기 위해서 일반교육과 특수교육의 협력을 강조했다. 그래서 누구라도 필요하다면 특수교육을 받을 수 있는 '파트타임 특수교육'을 고민해야 한다고 주장했다.

특수교육과 일반교육의 협력을 전제한 그의 주장도 인상적이었지만, 무엇보다도 특수교육의 역할을 재정의할 필요가 있다는 그의 말에 전적으로 공감했다. '재정의'란 이미 정해진 뜻을 다시 밝혀 규정하는 것을 말한다. 기존의 뜻을 살펴 새로움을 더하는 일이라 부담이 적으니 변화를 시도하기에 좋은 방법이다. 또한 새로운 뜻을 더하려면 기존 정의에 대한 성찰이 필요하므로 정체성에 관해 근본적인 반성이 일어날 수도 있다. 다만 누가 '재정의'를 주도해야 하는가에 대한 주체의 문제가 큰 걸림돌로 보인다. 하지만 나는 그 주체를 명확하게 설정하고 싶지 않다. 누가 주체가 되어야 할지의 문제보다 '재정의'에 관한 개별 교사들의 변화된 생각이 더 중요하다고 본다. 우리가 하는 수업을 재정의하고 우리가 운영하는 학급을 재정의하며, 이를 통해 특수교육을 재정의하려는 우리의 실천 의지가 중요하다. 그러기 위해서는 철학을 지척에 둔 삶의 방식이 필요하다. 나와의 만남을 통해 아이들은 어떤 어른으로 성장하면 좋을지, 이를 위해 나는 어떤 교사가 되어야 할지, 그런 교사가 되기 위해 나는 어떤 교육 활동을 계획해야 할지, 어떤 교육과정을 운영하고 어떤 수업을 할지, 이를 통해 나와 아이들은 어떤 성장을 이룰 수 있을지 끊임없이 생각하며 방향을 찾아야 한다. 수업과 특수학급, 특수교육의 재정의 역시 이런 철학을 전제해야 한다. 그리고 그 주체는 우리 모두가 되어야 한다. 그것이 다시 지금 이 시대에 필요한 수업, 특수학급, 특수교육의 모습이다.

교사의 시선

김태현 지음

'교사의 시선'으로 교사가 매일 경험하는 일상, 그 보통의 하루가 가지는 가치를 깊이 들여다본다. 시선, 심미안, 메시지, 커뮤니티, 콘텐츠, 디자인으로 교사의 삶을 만나보자. 그리고 교사이기 이전에 한 인간으로서 겪어야 하는 보편적인 고통에 대해서도 생각해본다.

그림책으로 펼치는 회복적 생활교육

황진희 지음

저자가 1년 동안 학급에서 아이들과 함께 24권의 그림책을 읽으며 '회복적 생활교육'을 실천한 사례를 담은 책이다. 회복적 생활교육으로 가는 길이 더디기는 할지언정 충분히 가능하다는 것을 확인할 수 있을 것이다.

그림책 성교육

김경란, 신석희 지음

어떻게 하면 아이들과 자연스럽게 성에 대해 이야기 할 수 있을까? 성교육의 중요성과 필요성은 누구나 공감하지만, 무엇을 어떻게 가르쳐야 할지 고민이 생기고 망설여지기도 한다. '성교육'을 그림책을 통해 편안하고 친근하게 접근할 수 있게 안내한다.

예술, 교육에 스며들다

이다정 지음

우리 교육이 동일한 것으로 환원하는 것에서 벗어나 차이를 생성하고, 고정된 틀을 벗어나 상상하고, 자신만의 철학과 이야기를 다양한 감각을 통해 공유하기 위해서는 어떻게 해야 할까? 그 해답의 하나로 저자는 교육 전반에 예술이 스며들어야 가능할 것이라고 이야기한다.

유치원 교실놀이 100

김연희, 양효숙, 이경미 지음

개정 누리과정의 유아중심, 놀이중심 교육과정을 기반으로 실제 유치원 현장에서 할 수 있는 5개 영역의 100가지 놀이를 소개한다. 동화 100개, 동요 100곡, 반주 100곡의 QR코드를 제공하여 현장에서 쉽게 사용할 수 있도록 했다.

초등독서수업 끝판왕 1~6학년

안진수, 김도윤 지음

학습의 튼튼한 기초 체력은 꾸준한 독서 습관, 생각하는 힘, 함께하는 즐거운 책 읽기가 어우러질 때 비로소 완성된다. 이 책에서 이 3가지 모두를 조화롭게 경험할 수 있다.

소피아의 화를 푸는 방법

제인 넬슨 지음, 빌 쇼어 그림 | 김성환 옮김

'긍정의 훈육' 창시자 제인 넬슨은 이 책에서 화가 나 엉킨 마음을 자신이 선택한 방법으로 풀어내게 함으로써 다른 사람에게 해를 끼치지 않고 화를 건강하고 안전하게 풀어내는 방법을 알려준다.

실천교육학

마이크 샤플스 지음 | 사람과교육 번역연구팀 옮김

가르치고 배우고 평가하는 혁신적인 40가지 새로운 방법을 소개한다. 교실만이 아니라 비공식적인 환경, 온라인 학습공간에서의 다양한 교수법에 대한 사례연구를 만날 수 있다.

그림책 학급운영 1, 2

그림책사랑교사모임 지음

수업에서뿐만 아니라 학급의 일상에서 학생들과 그림책으로 만나고 싶어한 교사들이 일 년 동안의 학급운영 이야기를 엮었다. 학급의 중요한 연간 활동을 소개하고, 그림책으로 아이들과 상담한 사례를 소개한다.

슬기로운 유치원 생활

김진희, 이미영, 이여빈, 홍표선, 이은주 지음

갑자기 찾아온 코로나19 상황, 감염병을 지혜롭게 이겨내기 위한 방법을 안내하기 위해 여러 유아교육 기관과 가정에서 실천했던 좋은 사례를 모았다.

리질리언스 : 다시 일어서는 힘

천경호 지음

현직 교사인 저자는 '어떻게 하면 아이들이 역경을 성장의 밑거름으로 삼도록 도울 수 있는지', 아이들에게 리질리언스를 키워주려면 가정과 사회가 어떤 노력을 해야 하는지 이야기한다.

크리스천을 위한 긍정의 훈육

제인 넬슨, 메리 휴스, 마이크 브록 지음 | 안미영 옮김 | 김성환 감수

성경적 지혜를 아들러와 드라이커스의 입증된 이론을 바탕으로 하는 '긍정의 훈육'과 엮어낸 이 책은 자녀를 훌륭하게 키우고자 하는 부모들에게 현실적이며 가치 있는 가이드를 제공한다.

다시, 교사를 생각하다

박종근 지음

대한민국 교사의 미래에 대해 이야기한다. 학교와 교육의 문제의 해결과 그 변화의 중심에는 교사가 있어야 하며, 교사가 학교 문제를 해결하는 열쇠라고 말한다.

초등교육실습운영시스템

김동민, 고은별, 김호정, 노진영, 안나, 정호중, 정유진 지음

교육실습생과 지도교사에게 꼭 필요한 교육내용과 효과적인 교육 방법, 지원체계 등을 통합해 '교육실습운영시스템'을 체계화했다. 교육실습에 필요한 운영 서식과 지도안, 큐시트도 수록했다.

격려수업, 격려수업 워크북

김성환 옮김

새로운 사람처럼 생각하고 느끼고 행동하게 하는 아들러 심리학에 기반한 8주간의 '격려 상담' 당신이 겪고 있는 문제와 관련된 정보를 찾고 그로부터 그 문제를 해결하도록 돕는다.

그림책 생각놀이

그림책사랑교사모임 지음

단순히 정보를 떠올리는 기억 놀이에서부터 정보를 조합해 새로운 가치를 만들어내는 창의 놀이까지 그림책을 처음 접하는 사람도 쉽게 이해 하고 활용할 수 있도록 친절하게 안내한다.

아마도 난 위로가 필요했나보다

이의진 지음

'학교' 라는 직장으로 출근하는 교사이며, 가족 들의 끼니를 걱정하고 집안일을 챙기고 자녀의 육아에 힘쓰는 엄마와 아내이기도 하며, 또 때때로 딸과 며느리로 살아가는 당신의 이야기.

그림책, 교사의 삶으로 다가오다

김준호 지음

삶에 지쳐 힘들 때 그림책을 펼쳐보자. 그림책은 삶에 지친 우리의 마음에 지금 충분히 잘하고 있다고, 억지로 무엇을 더 할 필요가 없다고 위로와 위안을 건네줄 것이다.

민주학교란 무엇인가

이대성, 이병희, 이지명, 이진희, 최종철, 홍석노 지음

민주시민 교육과정에서 민주적 학교문화까지 민주학교의 길을 먼저 걸어간 저자들이 민주적인 구조와 과정을 실천하는 학교문화 속에서 민주시민교육을 핵심 교육과정으로 민주시민을 양성하는 '민주학교' 가 무엇인지를 보여준다.

그림책 놀이 82

성은숙, 이미영, 이은주, 한혜전, 홍표선 지음

상상놀이에서 인성놀이, 자연놀이, 문제해결놀이까지 그림책을 읽고, 아이들과 함께 쉽고 재미있게 할 수 있는 다양한 놀이를 소개한다.

놀이중심 교육과정

정나라, 정유진 지음

유아의 놀이를 지원해줄 수 있는 연간, 월간, 주간교육계획 수록! 실제 사례로 살펴보는 놀이중심 교육과정의 의미와 궁금증에 대한 해답, 놀이 속 교사의 역할과 기록을 담았다.